Die Wunder von Lourdes

Alfred Läpple

Die Wunder von Lourdes

Berichte · Tatsachen · Beweise

Pattloch

Die Deutsche Bibliothek – CIP-Einheitsaufnahme

Läpple, Alfred:
Die Wunder von Lourdes : Berichte – Tatsachen – Beweise /
Alfred Läpple. – Augsburg : Pattloch, 1995
    ISBN 3-629-00645-0

Pattloch Verlag, Augsburg
© Weltbild Verlag GmbH, 1995
Umschlaggestaltung: Peter Engel, Grünwald
Titelbild: © Foto-present, Essen, Lothar Stein
Redaktionelle Mitarbeit: Dr. Thomas Grethlein, Gundelfingen
Satz: 10/12½ P Palatino von Cicero Lasersatz, Augsburg
Reproduktionen: Repro Mayr, Donauwörth
Druck und Bindung: Bercker Graphischer Betrieb GmbH, Kevelaer
Printed in Germany

ISBN 3-629-00645-0

Niemals werde ich das erschütternde Erlebnis vergessen,
als ich sah, wie ein großes, krebsartiges Gewächs
an der Hand eines Arbeiters vor meinen Augen
bis auf eine kleine Narbe zusammenschrumpfte;
verstehen kann ich es nicht, aber ich kann nicht bezweifeln,
was ich mit meinen eigenen Augen gesehen habe.

Alexis Carrel,
Nobelpreisträger für Medizin 1912

Inhalt

Inhalt

Inhalt

III. Kapitel
Ist Lourdes überall?

IV. Kapitel
Dokumente

Einführung

Menschen von heute sind durch die Medien und die Schnelligkeit ihrer Nachrichtenvermittlung in Bild und Ton verwöhnt. Wir sind oft der Ansicht, die Bestinformierten der Menschheitsgeschichte zu sein. Die Menschen früherer Jahrhunderte hätten, so meinen wir, nur punktuell in ihrem unmittelbaren Umfeld gelebt und über wenige Informationen verfügt.

Ist das Ereignis »Lourdes« im Jahre 1858, als die 14jährige Bernadette Soubirous achtzehnmal Marienerscheinungen erlebte, am Anfang des beginnenden Medienzeitalters kaum bekannt gewesen? Ist es erst viel später der Welt publik gemacht worden?

Es ist erstaunlich und beweist die damalige »Sensation«, die sich wie ein Lauffeuer herumgesprochen hat: Bereits zu Beginn des Medienzeitalters wurden die Ereignisse in dem damals fast unbekannten Dorf mit seinen etwa 3300 Einwohnern überraschend früh von der Presse aufgegriffen. Schon unmittelbar nach den ersten acht Marienerscheinungen, die letzte davon war am 24. Februar 1858, war bereits am folgenden Tag eine ausführliche Berichterstattung über Bernadette und die Erscheinungen Marias in der Grotte von Massabielle in dem lokalen Wochenblatt »Le Lavedan« zu lesen.

Mit diesem ersten Artikel ist Bernadette und mit ihr Lourdes auf die Bühne der modernen Journalistik getreten und bis zum heutigen Tag dort geblieben. Wie sieht aber die journalistische Berichterstattung und die damalige Kommentierung der Marienerscheinungen, vor allem die journalistische Beurteilung und Wertung der Persönlichkeit und Frömmigkeit von Bernadette aus?

»Le Lavedan«, Ausgabe vom 25. Februar 1858, berichtet von »einer recht seltsamen und recht ernsten, wenn nicht bedauerlichen Tatsache« (. . . un fait bien étrange et bien sérieux s'il n'est pas déplorable). Der Artikel schließt mit den Sätzen: »Wir müssen hinzufügen, daß sich alles in Schweigen, in Ruhe, wir sagen sogar, in vollkommenster, religiöser Sammlung vollzieht. Dieses Kind ist für die Masse der Interpret, wenn nicht das Bild einer höheren Macht ... Warten wir den Ausgang ab! Ist Bernadette krank?«

Hinter dieser Berichterstattung ist die menschlich-religiöse Unsicherheit, heute würde man sagen »Betroffenheit«, des schreibenden und wertenden Journalisten nicht zu überhören. Der damalige mit dem Phänomen Lourdes und Bernadette erstmals konfrontierte Journalist ist nur ein erster Repräsentant unzähliger Menschen, die sich mit dem »Fall Lourdes« beschäftigt haben und noch beschäftigen werden. In vorliegendem Band wird aus der Lourdes-Geschichte ein Aspekt besonders dargestellt – die Dimension der Wunderheilungen.

Das Geburtshaus der Bernadette Soubirous (historische Aufnahme).

25 Février 1858.   *Paraissant le Jeudi.*   10me année.— N° 8.

LE LAVEDAN

Abonnements.
Lourdes : Un an . . . . . . 8 fr.
 — . Six mois . . . . . 4 »
 — . Trois mois . . . . 2 »

Un numéro isolé, 15 centimes.

JOURNAL DE L'ARRONDISSEMENT D'ARGELÈS,
LITTÉRAIRE, AGRICOLE, INDUSTRIEL
ET D'ANNONCES.

Insertions.
Annonces, la ligne de 30 lettres 10 c.
Réclames, ... 25 »

On s'abonne
A Lourdes, au bureau du journal;
A Paris, chez MM. Norbert Estibal
et Fils, 12, place de la Bourse.

Lourdes.

L'événement dont nous avons parlé dans notre dernier numéro et qui ne cesse d'agiter la population, est, il faut oser le dire, un fait bien étrange et bien sérieux s'il n'est pas déplorable.

Il est inutile de rapporter les diverses scènes dont on a été témoin devant cette grotte. Nous n'en citerons qu'une, parce qu'au fond toutes sont les mêmes, à part quelques démonstrations ou actes pieux que nous ferons connaître.

Bernadette (c'est le nom de cette enfant à peine âgée de 14 ans), part chaque matin de Lourdes, à six heures. Elle chemine tranquillement et a l'air de se soucier fort peu des personnes qui la précèdent, l'escortent ou la suivent. Elle arrive en face de la grotte : là, tout disparaît pour elle ; elle se met à genoux, prend ses chapelets et prie ; elle est déjà en rapport avec la jolie dame, comme elle l'appelle ; elle part ; depuis deux jours, c'est à l'espace qui la sépare de la grotte ; elle allume son cierge ; mais déjà son corps se raidit, sa tête est immobile, ses yeux sont ouverts et fixes, son regard ne s'écarte pas de l'excavation qui est dans la grotte... Bernadette est dans l'extase. Son petit corps se fatigue ; bientôt un léger sourire effleure ses lèvres ; ses yeux paraissent fatigués, on les voit humides. Ses lèvres remuent comme si elle parlait. Elle a ri aussi, mais d'un rire bref, brisé, nerveux, et quelquefois elle incline son corps comme pour saluer.

Bernadette descend, et selon ses inspirations ou celle de sa jolie dame, elle fait un signe, et huit cents, mille ou douze cents personnes sont à genoux. Celles qui ne peuvent se baisser assez, la foule étant trop compacte, prennent de la terre et la portent à leurs lèvres.

Un autre jour, Bernadette montre ses chapelets, et les assistants qui en sont pourvus se hâtent de les tirer et de les montrer.

Nous devons ajouter que tout se passe dans le silence, dans le calme, nous dirons même dans le recueillement le plus complet, le plus religieux. Cette enfant est aujourd'hui pour la masse l'interprète, si elle n'est pas l'image d'une puissance supérieure... Attendons le dénoûment.

Bernadette est-elle malade? ou bien aurons-nous Notre-Dame des Grottes?

Tout nous porte à nous prononcer pour le premier de ces cas.

En vertu d'une décision prise par S. Exc. le maréchal ministre de la guerre, dans le but de diminuer les dépenses de l'État, MM. les généraux commandant les divisions territoriales sont autorisés à accorder des congés, dans la limite de six mois, aux officiers de toutes armes qui en feront la demande, à la condition toutefois que les besoins du service

*Bericht der Zeitung »Le Lavedan« vom 25. Februar 1858:
Bernadette Soubirous betritt die Bühne der Öffentlichkeit.*

I. KAPITEL

Wie eine Heilung zum Wunder wird

Wer heute von Lourdes spricht, denkt dabei an Pilgerzüge und Prozessionen, Heilungsuchende auf Krankenwagen oder in Hospizen. Vor allem erinnert er sich an Wunder über Wunder. Nicht wenige sind der Meinung, daß sich die Wunderrekorde in Lourdes Jahr für Jahr überschlagen und sie inzwischen auch eine schwindelnde Höhe erreicht haben.

Bei unvoreingenommenen Menschen, die durchaus im christlichen Glauben beheimatet sind, kann sich daher der Verdacht einschleichen und festigen, in Lourdes hätten Bigotte und Hysteriker, Scharlatane, Schwindler und Gaukler ein leichtes, vielleicht sogar kirchlich abgesegnetes Spiel, »Wunder« am laufenden Band zu produzieren. Diese »Geheilten« könnten vor der schaulustigen Menge agieren und sich von dieser als überfrommes, wundersüchtiges Grüppchen herumreichen und bewundern lassen!

Fördert und überreizt die typische Wallfahrtsatmosphäre mit den vielen Devotionalienläden, vollgestopft mit süßem Kitsch, vor allem die allabendliche Lichterprozession mit dem Refrain des von Tausenden von Pilgern mitgesungenen, 60 Strophen umfassenden Lourdes-Liedes »Ave, ave, ave Maria!« Hoffnungen und Erwartungen der Heilungsuchenden, der Schwerst- und Todkranken, ihrer mitgereisten und mitbetenden Verwandten und Bekannten? Was tut die Kirche, um Lourdes nicht durch eingeschleuste Schwindler und Gauner zum Jahrmarkt der Lächerlichkeiten, der Peinlichkeiten werden zu lassen? Hält sich die Kirche mit einer da und dort notwendigen Kritik zurück? Macht sie sich durch Schweigen, durch Nichteingreifen schuldig oder meint sie, ein emotional opulenter Jahrmarkt der Illusionen würde Menschen wieder zum Glauben zur Kirche zurückführen?

Tummelplatz der Scharlatanerie?

Daß sich unter die Heilungssuchenden aus recht unterschiedlichen Beweggründen auch »Wichtigmacher« einmischen und als »Geheilte« von den Ärzten nach kurzer Zeit entlarvt werden, belegt folgende Geschichte eines etwa 21jährigen Mädchens mit Namen Lucie M. Sie meldete sich strahlend vor Freude im Ärztebüro von Lourdes als »Geheilte«, die seit drei Jahren bettlägerig und gehunfähig gewesen sei. Seit heute morgen aber, so sagte sie – unmittelbar nach dem Eintauchen in die Wasserbäder –, könne sie durch die Fürbitte Marias wieder gehen.

Der Bericht, der den Namen der Frau nicht preisgibt, enthüllt eine Schwindelgeschichte. Bereits bei der ersten Untersuchung konnten die Ärzte eine gut trainierte und starke Beinmuskulatur konstatieren. Hier der Bericht:

> »Die Ärzte wollten sehen, wie sie die Füße setzte; denn ein normaler Mensch setzt die Füße natürlich anders, als jemand, der lange bettlägerig war. Sie setzte ihre Füße wie jemand, der sie täglich benutzt. Die Ärzte sagten streng: ›Du lügst. Du hast immer gehen können. Was soll diese ganze erlogene Geschichte?‹
> Da brach sie zusammen, weinte und erzählte schluchzend die Wahrheit. ›Wissen Sie, Doktor, im Nachbardorf wurde eine meiner Freundinnen letztes Jahr auf wunderbare Weise geheilt. Bei ihrer Rückkehr empfing man sie mit Blumen und Triumphbögen. Der Pfarrer segnete sie und der Bürgermeister küßte sie. Ich wollte, daß es mir genauso ergeht.‹«[1]

Auf fast allen Ebenen des öffentlichen Lebens der Kirche, der Gesellschaft, der Wirtschaft, der Politik und der Kunst gibt und wird es geben die unerwünschte Einmischung und Zur-Schau-Stellung unbezahlter, nicht selten auch bezahlter und bewußt eingeschleuster »Schauspieler«. Diese spielen sich geschickt und gut gesteuert in den Vordergrund, fügen aber gleichzeitig »der Sache« selbst – in Lourdes dem Heilswirken Gottes – schwersten Schaden zu.

Wie viele andere religiöse Wallfahrtsorte, so wird auch Lourdes von hysterischen und krankhaften Gauklern und Traumtänzern jetzt und in Zukunft nicht verschont bleiben.

Die schwierige und notwendige Aufgabe der Kirche ist und bleibt es, mit einfühlsamer und doch klarer Hand dafür zu sorgen, daß Stätten wie Lourdes nicht zur Treff- und Aktionsstätte von Illusionisten werden. Wenn wirklich Gott durch die Fürbitte Marias, wie sie Bernadette Soubirous in den Erscheinungen in der Grotte von Massabielle angekündigt hat, Gnade, Heil und Heilung schenken will, dann muß die Kirche mit allen verantwortungsbewußten Christen dafür Sorge tragen, daß Lourdes ein Ort des Gebetes leidender und Heilung erflehender Menschen bleibt. Lourdes steht gerade deshalb in adventlicher Hoffnung und bleibt ein Ort immer neu geschenkter Gnade, Hilfe und Erhörung Gottes.

Kriterien für ein Wunder

Für die Wunderheilungen in Lourdes brauchte die Kirche Beurteilungskriterien nicht erstmals und völlig neu erarbeiten. Das Thema »Wunder« hat die Christenheit von Anfang an begleitet: Wunder im Alten Testament – Wunder im Neuen Testament – Wunder im Umfeld der Bibel.[2] Das gläubige Ja zu Jesus, dem Christus, schließt mit dem Ja zu seiner gottmenschlichen Person, zu seiner Botschaft und zu seinem Heilswerk das Ja zu seinen Wundern ein. Es ist mit Recht gesagt worden: »Ohne die Wunder ist Jesus nicht der Christus.«[3]

Im Laufe der christlichen Glaubensgeschichte haben vor allem die Verfahren der Heiligsprechungsprozesse zu einer sehr genauen Kontrollinstanz der vorgelegten Wunder und zu einer immer schärferen Präzisierung der dabei verwendeten Kriterien in der Zusammenarbeit der Theologen mit den Ärzten geführt. Dem christlichen Glauben, ja der Glaubwürdigkeit des gesamten kirchlichen Wirkens ist nicht gedient, mit immer neuen Bilanzen von »Erfolgsmeldungen« (Wunderheilungen) die Frommen zu entzücken, wenn sich diese nachträglich als billiger Bluff entpuppen. Es gilt heute mehr denn je, in erster

Linie der Ehre Gottes zu dienen und Wunderheilungen als seine Großtaten in freudiger Dankbarkeit zu preisen. Gleichzeitig gilt es, alle
hysterischen und bigotten Suggestionseffekte zurückzuweisen und für
die Läuterung, Reifung und Vertiefung des Glaubens, der Anbetung
Gottes wie der Verehrung der Heiligen Sorge zu tragen. Nachdrücklich hatte bereits Papst Pius X. (1903–1914) in einer Audienz gegenüber
dem Präsidenten des Ärztebüros von Lourdes, Dr. Boissarie, gesagt:
»Das Wort ›Wunder‹ darf nicht leichtfertig ausgesprochen werden.«[4]

Es gab bereits vor Lourdes in der Kirche Regeln und Kriterien für
die Anerkennung und Verkündigung von Wundern bei der Durchführung von Heiligsprechungsprozessen. Neben dem heroischen Leben
eines Verstorbenen rückte in das Zentrum der Diskussionen und
Beschlüsse der Nachweis von Wundern. In der Epoche der Auf-
klärungsphilosophie und -theologie, deren kritisches Denken der
deutsche Philosoph Immanuel Kant (1724–1804) im Titel eines seiner
Hauptwerke »Die Religion innerhalb der Grenzen der bloßen Vernunft« (1793) überdeutlich erkennen läßt, sah sich die Kirche veranlaßt, klare, der kritischen Wissenschaft standhaltende Leitlinien und
Kriterien für die Wunderbeurteilung zu erarbeiten. Mit diesen Maßstä-
ben müssen die angeblichen von den echten Wundern unterschieden
werden.

Für die Anerkennung und Proklamation von Wundern sind heute
noch, wenngleich verfeinert, jene Kriterien gültig, die Papst Benedikt
XIV. (1740–1758)[5] in seinem vierbändigen, schon vor seiner Papstwahl
veröffentlichten Werk »De servorum Dei beatificatione et beatorum
canonisatione« (Bologna 1734/38) im 4. Buch, 8. Kapitel genannt hat.
Für die Anerkennung eines Heilungswunders sind sieben Kriterien
erforderlich:

1. Es muß sich um eine schwere Krankheit handeln, die unmöglich
   oder wenigstens schwierig zu heilen ist.
2. Die geheilte Krankheit muß nicht schon zurückgehen, so daß sie
   kurz nach der Heilung sowieso verschwunden wäre.
3. Es darf keine Arznei verabreicht worden sein oder, wenn Medikamente angewandt wurden, deren Wirkungslosigkeit bestätigt worden ist.
4. Die Heilung muß sich plötzlich und augenblicklich vollziehen.

5. Die Heilung ist vollkommen.
6. Es darf vorher unter Einfluß eines bestimmten Mittels oder zu gewohnter Stunde keine unvermutete Krise eingetreten sein; in diesem Falle könnte man nicht sagen, daß die Heilung wunderbar, sondern nur, daß sie ganz oder teilweise natürlich erklärbar ist.
7. Nach der Heilung darf kein Rückfall der geheilten Krankheit eingetreten sein.

Klärung der Kompetenzen

Auf dem Weg von den ersten Heilungswundern im Erscheinungsjahr 1858 bis zu dem letzten Heilungswunder (Nr. 65: Delizia Cirolli, geheilt am 25. Dezember 1976; kirchliche Wunderbestätigung am 28. Juni 1989) hat es eine wichtige, kirchlich wie wissenschaftlich notwendige, wenn auch bisweilen recht schwierige und mit manchen psychologischen Verletzungen auf seiten der Ärzteschaft wie auf seiten der Kirche, erreichte Klärung der Kompetenzen gegeben.

Bei den ersten sieben, von der Kirche – genauer gesagt –, von Bischof Bertrand-Sévère Laurence von Tarbes als Wunder anerkannten Heilungen des Jahres 1858 (siehe dazu unter »Dokumente«: Hirtenbrief vom 18. Januar 1862) war der Entscheidungsapparat sicherlich klein. Dies soll keineswegs heißen, daß damals nicht mit größter Akribie und Verantwortung diskutiert und entschieden worden sei. Es fehlten gewiß langjährige Erfahrungen im Umgang mit Geheilten und Heilungen und mit ihrer Qualifizierung als Wunder.

Ohne Zweifel hat im Jahr 1858, wie auch in den unmittelbar folgenden Jahren, der Hausarzt von Bernadette Soubirous, Dr. Dozous aus Lourdes, »mit seinem Chronometer«[6] wie sein bescheidenes wissenschaftliches Instrumentarium als Landarzt von ärztlichen Kollegen etwas herablassend bezeichnet wurde, eine hervorragende, von ihm selbst mit großem Ernst vollzogene Rolle gespielt. Er selbst war gegenüber den Marienerscheinungen, von denen seine Patientin Bernadette Soubirous sprach, überaus skeptisch. Zu der angekündigten Marienerscheinung am 21. Februar 1858 war er nach seinen eigenen Worten nur hingegangen, »in der geheimen Hoffnung, mit einem Wort im Namen der Wissenschaft, diesen ganzen kindlichen Zauber von pathologischem Mystizismus zu erledigen«.[7]

Auch die kirchlichen Behörden reagierten sehr schnell auf die Marienerscheinungen und den gewaltigen Zulauf von Menschen mit unterschiedlichsten Erwartungen. Bereits im Erscheinungsjahr wurde ein erstes Verhör Bernadettes am 17. November 1858 vor der bischöflichen Untersuchungskommission durchgeführt. Am 17. Dezember 1860 mußte Bernadette in einem Verhör vor dem Bischof Bertrand-Sévère Laurence von Tarbes Rede und Antwort stehen.

Der zuständige Bischof Bertrand-Sévère Laurence von Tarbes wiederum hat über die ärztlichen Gutachten hinaus seine Entscheidung eingebunden in die Entscheidung, die eine von ihm am 28. Juli 1858 eingesetzte kirchliche Kommission getroffen hat.

Die große Gewissenhaftigkeit der ärztlichen wie der kirchlichen Beurteilungen, gerade der ersten Heilungen, wird durch die Tatsache belegt, daß nach Aussage des Sekretärs der ersten, damals eingesetzten bischöfichen Kommission, Abbé Fourcade, von den 16 vorgelegten Heilungen nur sieben die Wunderbestätigung erhielten. Immer wieder mußten und muß sich die Kirche mit Vehemenz gegen den Vorwurf wehren, die Wunderheilungen in Lourdes seien nichts anderes als psychologisch und propagandistisch geschickt inszenierte Manipulationen. So schrieb Dr. Ferron[8]:

»Die Heilungen in Lourdes erfolgen nach einem im voraus geregelten Zeremoniell, das seltsamerweise den in den Tempeln des Äskulap vorgenommenen Zeremonien ähnelt. Prozessionen ziehen Tag und Nacht an der Unzahl der Kranken vorbei. Heilungen erfolgen während der Sakramentsprozession. Bei allen Prozessionen werden von der frommen Menge, die von einer zunehmenden Ergriffenheit erfaßt wird, Gebete gesprochen. In diesem Augenblick erheben sich Schwerkranke, von den Priestern dazu aufgefordert, von ihren Bahren und erklären sich für geheilt. Andere werfen ihre Krücken weg und gehen.«

Die anfänglich problemlose und vertrauensvolle Zusammenarbeit von Ärzten und Vertretern der katholischen Kirche in Lourdes stand sehr bald unter schärfstem Beschuß antikirchlicher, liberaler, atheistischer und akademischer Kreise und nicht weniger Journalisten. Den Ärzten, die an Untersuchungen von Geheilten mitwirkten, wurde vorgeworfen, sie würden sich als Handlanger kirchlicher Wunder-Manipulationen mißbrauchen lassen. Es ging um die Ehre und das Ethos dieser Ärzte!

Ausführlicher ist die antikirchliche Stimmung in der zweiten Hälfte des 19. Jahrhunderts, und die von ärztlichen Kollegen inszenierte Diffamierung jener Ärzte, die in Lourdes mitarbeiteten, im Kapitel »Das rätselhafte Intermezzo« beschrieben. Es wurde den Ärzten auch vorgeworfen (bisweilen von kirchlicher Seite), sie würden ihre ärztliche Kompetenz überschreiten und »Wunder« signalisieren. Es ist sicherlich mehr als ein bloßer Verdacht, daß auch der eine oder andere Mitarbeiter aus dem kirchlichen Bereich in ärztliche Untersuchungen und Gutachten hineingeredet hat, so daß auch er seine theologische Kompetenz überschritten und nicht wenige, gerade auch gläubige und kirchentreue Ärzte verletzt und betrogen hat.

Um nicht im Kompetenzgerangel hoffnungslos und lächerlich hängen zu bleiben, kristallisierte sich von ärztlicher wie von kirchlicher Seite immer deutlicher das Anliegen heraus, die Kompetenzen der Ärzte, wie auch die Kompetenzen der kirchlichen Mitarbeiter mögen klar umschrieben, und auch der Modus procedendi, der Gesamtablauf aller Untersuchungen und Erklärungen, möge genau geregelt werden. Es sollten durch diese Regelungen Verdächtigungen und Animositäten abgebaut und eine wissenschaftlich verantwortbare Arbeitsweise der überkritischen Öffentlichkeit präsentiert werden.

Um der »Durchsichtigkeit« wie gewiß auch um der Glaubwürdigkeit der in Lourdes praktizierenden Ärzte willen wurde auch der Gedanke in die Tat umgesetzt, für in Lourdes anwesende Ärzte oder für an den Untersuchungen in Lourdes interessierte Ärzte kollegial und konfessionsunabhängig, aber unter Nachweis der ärztlichen Approbation, die Teilnahme an Untersuchungen im Ärztebüro zu ermöglichen.

Nicht nur die Kompetenzbereiche sollten abgesteckt werden. Gleichzeitig mußte der kritische und hochsensible Bereich der Begegnung und Zusammenarbeit der ärztlichen wie der kirchlichen Kompetenzebenen sehr genau geklärt werden: Der Arzt soll nicht »Wunder« bestätigen. Der Priester soll nicht ärztliche Atteste ausfertigen.

Vor dem Forum der Kritik

Die lange und detaillierte Entwicklungsgeschichte, die die ärztlichen und kirchlichen Entscheidungsgremien von Lourdes durchlaufen haben, soll hier nur kurz angedeutet werden. Das Hauptgewicht soll der Beschreibung der heutigen und bewährten Strukturen zufallen, um einen genauen Einblick in die kaum bekannten Vorgänge und den vorgeschriebenen Modus procedendi zu geben.

Grabenkämpfe zwischen Medizinern und Theologen?

Bereits die ersten Verhöre, die Bernadette Soubirous am 21. Februar 1858 durch den Kaiserlichen Staatsanwalt Dutour und den zuständigen Polizeikommissar Jacomet – es regierte im damaligen Frankreich Kaiser Napoleon II. (1852–1870) – über sich ergehen lassen mußte, wie auch die ersten ärztlichen Atteste über Bernadette und über die ersten Heilungen durch Dr. Dozous sind dokumentarisch erhalten geblieben und befinden sich heute in den Staatsarchiven.[9] Sehr früh schon hatten sich die staatlichen Behörden Frankreichs für die rätselhaften Vorgänge in Lourdes interessiert, weil sie bigott-hysterische Unruhen und soziale Spannungen witterten und im Keim ersticken wollten.

Seit 1859 hatte der in Lourdes wohnhafte Arzt Dr. Dozous einen qualifizierten Mitarbeiter erhalten in Professor Vergez von der Medizinischen Fakultät der Universität Montpellier. Dieser befaßte sich bis zu seinem Tod 1886 mit den Wunderheilungen von Lourdes. Er hat seine Untersuchungen und Atteste schriftlich niedergelegt, die heute noch erhalten und einsehbar sind.

Die schwierige Anfangsphase beleuchten auch jene Dokumente der »ersten Stunde«, die als Protesttexte des Bürgermeisters und der Bewohner von Bartès zu werten sind, wo die jugendliche Bernadette vom Juni 1857 bis Ende Januar 1858 bei ihrer Amme Marie Laguës lebte und als Schafhirtin arbeitete. Bürgermeister und Bewohner von Bartès (3 km von Lourdes entfernt) wehrten sich vehement und hörbar in

24

Bernadette Soubirous, die erste fotografierte Heilige.

ganz Frankreich gegen die Entstellungen und Unterstellungen, die der französische Schriftsteller Émile Zola (1840–1902) wider besseres Wissen über die Kindheit und Jugend von Bernadette veröffentlicht hatte.[10]

Auch die schriftlichen Proteste der Ärzte sind heute noch einzusehen, die sie erhoben gegen die verzerrend-verhöhnende Darstellung von Lourdesheilungen, die Zola vor allem in seinem Roman »Lourdes« als historische Wahrheit auszugeben wagte. Es handelt sich dabei vor allem um Marie Lebranchu,[11] die als »Grivotte« und um Marie Lemarchand,[12] die als »Elise Roquet« in Zolas Roman in ihrem Persönlichkeitsbild wie in ihrer Krankheit und in ihrem Heilungszustand wider besseres Wissen (Zola hatte wiederholt im Ärztebüro Einblick genommen) nicht nur verzerrt, sondern entgegen der geschichtlichen Tatsache und Wahrheit auftreten.

Zu den unersetzlichen und wichtigen Dokumenten der »ersten Stunde« zählen nicht zuletzt die schriftlichen Unterlagen über die Einberufung, Kompetenz, Durchführung und Beschlußfassung des ersten kirchlich-kanonischen Prozesses über die ersten Wunderheilungen in Lourdes. Bischof Bertrand-Sévère Laurence von Tarbes ließ peinlich genau jeden einzelnen Fall recherchieren, ehe er die Wunderbestätigung von sieben Heilungen im Erscheinungsjahr 1858 in seinem Hirtenbrief vom 18. Januar 1862 veröffentlichte. Diese kirchlichen Erstlingsdokumente befinden sich heute im Bischöflichen Archiv von Tarbes.

Die von Ärzten und kirchlichen Gremien, vor allem von den Bischöfen von Tarbes, in deren Diözese der Ort Lourdes liegt, angeregten und diskutierten, verbesserten Verfahrensordnungen sahen sich in ihrem Vorhaben durch Papst Pius X. (1903–1914) bestätigt. Dieser Papst ließ nämlich durch seinen persönlichen Arzt Dr. Lapponi dem damaligen Leiter des Ärztebüros von Lourdes, Dr. Boissarie, den dringenden Wunsch vortragen, die auffallendsten Heilungen von Lourdes einem medizinischen Verfahren zu unterwerfen, in einem eigenen Dokumentationszentrum aufzubewahren und interessierten Persönlichkeiten vorzulegen.

Diese 1905 mitgeteilte, päpstliche »Anregung« wurde aufgenommen, aber nur äußerst langsam und erst nach Überwindung nicht weniger Schwierigkeiten und Rückschläge erst im Jahr 1946 in die Tat umgesetzt. Das 40jährige Intermezzo zwischen 1905 und 1945 deutet aber an, daß es große und immer neue Schwierigkeiten im wissenschaftlichen Bereich gegeben hat.

Heftige Spannungen, vielleicht sogar Grabenkämpfe vor und hinter den Kulissen der Öffentlichkeit zwischen Ärzteschaft und Kirche werden sichtbar, wenn es von 1913 an bis einschließlich 1945 – aus welchen Gründen oder Scheingründen auch immer! – unterlassen wurde, bereits abgeschlossene Akten des Ärztebüros an kirchliche Stellen weiterzuleiten. Auch hinter dem Ansuchen von Dr. Vallet, auf eigenen Wunsch aus dem Amt des Präsidenten des Ärztebüros von Lourdes vom Jahr 1947 an auszuscheiden, lassen sich Verstimmungen, vielleicht sogar Verärgerungen und Ablehnung der neuen Entscheidungsstruktur ablesen. Der von den Ärzten bedauerte Rücktritt des Präsidenten Dr. Vallet kann, ja muß als Signalzeichen für die neuen Entscheidungsstrukturen angesehen werden, weil im unmittelbaren Anschluß daran der damals neue Bischof Pierre Marie Théas von Tarbes und Lourdes beschloß, das Ärztebüro von Lourdes und die gesamte wissenschaftliche Struktur nach langen Jahrzehnten der Verzögerung nun endlich zu reorganisieren.

Der heutige Verfahrensablauf

Folgender Instanzenweg wird heute beachtet und durchlaufen:

■ *Erste Untersuchungsinstanz:* Das Ärztebüro von Lourdes mit dem angeschlossenen Büro der wissenschaftlichen Untersuchungen und dem kooperierenden »Nationalen Ärzte-Komitee«.

Erste Anlauf- und Meldestation von Geheilten ist das Ärztebüro in Lourdes (Bureau Médical de Lourdes, abgekürzt: B.M.L.). Hier stellen sich die Geheilten meist unmittelbar nach ihrer Heilung vor. Nach dem Meldeverfahren und der Anlegung einer Akte wird der Geheilte zu den Untersuchungen in das Büro der wissenschaftlichen Untersuchung (abgekürzt: B.E.S.) weitergeleitet.[13]

Hier werden nach der Heilung die ersten Untersuchungen vorgenommen. In Lourdes gerade anwesende Ärzte werden über Zeit und Stunde der Untersuchungen unterrichtet und dazu eingeladen. Im

Laufe eines Jahres und unter Beifügung der Untersuchungsunterlagen des heimischen Hausarztes werden die Geheilten zu einer zweiten Untersuchung nach Lourdes gebeten. Vielfach werden nach den beiden ersten Untersuchungen die Geheilten auch noch in nachfolgenden Jahren wiederholt zur Untersuchung nach Lourdes bestellt, um zur Gewißheit einer definitiven Heilung zu gelangen. Alle Untersuchungen der Geheilten werden in den Räumen des Büros der wissenschaftlichen Untersuchungen vorgenommen.

Das Team der Lourdes-Ärzte ist dankbar für die Mitarbeit und Kontrolle teilnehmender, gerade in Lourdes anwesender oder zu einem Spezialfall angereister, ärztlicher Kollegen. Unter ihnen sind Internisten und Chirurgen, Psychiater, zahllose Fachärzte und international anerkannte Kapazitäten.

Das weitläufige Büro der wissenschaftlichen Untersuchungen ist ausgestattet mit den erforderlichen wissenschaftlichen Geräten. Sehr wichtig erweisen sich der Röntgensaal sowie das Labor für histologische Untersuchungen. Schwierige Fälle werden zur Untersuchung und Klärung an Universitätsinstitute weitergeleitet. Im Büro der wissenschaftlichen Untersuchung werden auch die Akten der Geheilten archiviert.

■ *Zweite Untersuchungsinstanz:* Das Internationale Ärzte-Komitee von Lourdes (oft »Internationales Medizinisches Komitee von Lourdes« bezeichnet).

Dieses Internationale Ärzte-Komitee von Lourdes (das meist in Paris tagt) setzt sich zusammen aus der von Bischof Théas geschaffenen »Nationalen Ärztekommission« und hervorragenden Vertretern der ärztlichen Wissenschaft, die in dieses Gremium berufen werden. Das Internationale Ärzte-Komitee von Lourdes stellt eine Appellationsinstanz dar. Es wird häufig in schwierigen Fällen als zusätzliche und letzte Instanz angerufen und um Entscheidung gebeten.

Es hat aber auch die Funktion, die Ärzteschaft und die verantwortlichen Gremien der Kirche über die Entwicklung der wissenschaftlichen Forschung auf dem Gebiet der Medizin und über die weltweite Entwicklung von Krankheiten und ihre Schwerpunktbildungen zu informieren. Das Internationale Ärztekomitee hat sicherlich auch die Aufgabe, neue Kriterien für die Beurteilung von Heilungen zu diskutieren und vorzuschlagen, aber auch für hygienische und krankenpsychologische Verbesserungen und Schulung des Lourdes-Personals sich einzusetzen.

Zu unterscheiden vom Internationalen Ärzte-Komitee von Lourdes ist die von Dr. Vallet gegründete Internationale Ärzte-Vereinigung von Lourdes (Association Médicale Internationale de Lourdes; Abkürzung: A.M.I.L.). Es handelt sich um eine Art ärztlicher Standesvereinigung, deren wichtiges und lesenswertes Verbandsorgan, das »Bulletin de l'Association Médicale Internationale des Lourdes« ist. Es erscheint alle drei Monate und zwar in französischer, italienischer, englischer und deutscher Sprache. Wer sich über noch laufende Verfahren von Heilungen in Lourdes informieren will, kann dies mit diesem Bulletin ausgezeichnet tun.

■ *Der kirchlich-kanonische Prozeß und die Wunderbestätigung:* Für die ärztliche Sach- und Entscheidungskompetenz ist der Hinweis wichtig und wissenswert für alle Diskussionen über Wunderheilungen in Lourdes, den der langjährige Präsident (1959–1971) des Ärztebüros von Lourdes, Dr. Alphonse Olivieri, gegeben hat. Er legte besonderen Wert auf die Tatsache, »daß wir (als Ärzte) *vor* einer bischöflichen Entscheidung über eine Heilung niemals das Wort ›Wunder‹ gebrauchen.«[14] Der zuständige Bischof hat den letzten Schritt zu tun und die schwierigste Entscheidung zu treffen. Der kanonische Prozeß wird in jenem Bistum durchgeführt, in dem der (die) Geheilte wohnt und zwar zum Zeitpunkt der Durchführung des kirchlichen Prozesses. (Vgl. dazu Nr. 53: Thea Angele, die zur Zeit ihrer Heilung im württembergischen Tettnang wohnte, aber zur Zeit der Durchführung des kanonischen Prozesses als Ordensschwester in Lourdes lebte. Daher wurde der kirchliche Prozeß ihrer Heilung vom Bischof von Tarbes und Lourdes durchgeführt.)

Der zuständige Bischof ernennt die Kommission für das kanonische Verfahren. Das Urteil dieses diözesanen Prozesses wird dem Diözesanbischof zur persönlichen Letztentscheidung übergeben. In einem feierlichen Dekret wird durch ihn die Wunderbestätigung veröffentlicht.[15]

Gerade diese letzte Etappe des gesamten Entscheidungsverfahrens ist die schwierigste, seine Entscheidung die kühnste. Das Faktum einer »medizinisch nicht erklärbaren« Heilung scheint im Mysterium der »Güte und Menschenfreundlichkeit« (Tit 3,4) des heilenden Gottes auf die Fürsprache Marias im Unfaßbaren zu entschwinden. Es ist ein Wagnis des Sprechens, des Urteilens und des Entscheidens über ein Mysterium, das man nicht sezieren, nicht analysieren, nicht definieren, das man nur staunend und meditierend umschreiten kann, um eine Aussage zu treffen. Wer kennt schon die Gedanken Gottes?

Nur im Gebet und vertrauend auf die Führung des Heiligen Geistes, des von Christus verheißenen Weggeleiters in alle Wahrheit (Joh 16,13), kann das Wagnis der Wunderbestätigung vollzogen werden.

Was in der Urkirche geschehen und in der neutestamentlichen Apostelgeschichte festgehalten ist, kann dann auch heute und immer wieder Ereignis der Wunderbestätigung werden: »Der Heilige Geist und wir haben beschlossen« (Apg 15,28).

Gerade an dieser heilsgeschichtlichen Wirklichkeit und göttlich-menschlichen Kooperation scheiden sich die Geister und werden sich die Geister scheiden. Lourdes wird deshalb im Zentrum der Auseinandersetzungen bleiben – von den einen gläubig bejaht, von anderen belächelt bis hin zur Reaktion des zynischen Spottes. Lourdes wird wie Jesus Christus »Zeichen sein, dem widersprochen wird« (Lk 2,34).

»Verstehen kann ich es nicht...«

Ärzte, die seit vielen Jahren im Ärztebüro von Lourdes tätig sind, sprechen auf Grund ihrer Erfahrungen und in Verantwortung ihres beruflichen Wissens wie ihres ärztlichen Gewissens von Tausenden von Heilungen, die sich seit 1858 in Lourdes ereignet haben.[16] Von mehreren tausend Heilungen in etwa 150 Jahren wurde nur die erstaunlich geringe Zahl von 65 Heilungen als »Wunder« bestätigt.

Übrigens verpflichtet die Kirche niemand, trotz ihrer Wunderbestätigungen, den wunderbaren Charakter der Heilungen von Lourdes zu glauben. Sie überläßt es der persönlichen Urteilsfindung und freien Entscheidung jedes einzelnen Gläubigen, die Wunder von Lourdes in seine persönliche Glaubensgeschichte einzubringen und daraus die Konsequenzen für sein Leben, Glauben und Beten zu ziehen.

Viele Heilungen sind deshalb nicht mit dem hohen Prädikat »Wunder« bestätigt worden, weil Geheilte sich den Untersuchungen, vor allem den späteren Nachuntersuchungen, in Lourdes nicht gestellt haben oder sie für die ärztlichen Verfahren, wie vor allem für die kirchlich-kanonischen Prozesse, nicht alle erforderlichen Unterlagen vorlegten und daher viele wichtige Fragen nicht geklärt werden konnten. Der Faktor »Zeit« spielt bei der Beurteilung von Heilungen eine nicht unwichtige Rolle. Momentane, aber zeitlich begrenzte Linderungen von Schmerzen können durchaus Gnadengeschenk Gottes sein, werden aber nicht von der Kirche mit dem Prädikat »Wunder« versehen.

Jeder ärztlichen Untersuchung entziehen sich die unsichtbaren Heilungen der Seele, Gnadengeschenke der Bekehrung, einer erneuerten und vertieften Nachfolge Christi, einer Berufung zum Priester- oder Ordensstand. Nicht jeder Lourdespilger wird wie der amerikanische Arzt Dr. Alexis Carrel, der für seine Krebsforschungen 1912 den Nobelpreis erhielt, Augenzeuge einer unmittelbar neben ihm geschehenen Wunderheilung sein. Alexis Carrel schreibt darüber: »Niemals werde ich das erschütternde Erlebnis vergessen, als ich sah, wie ein großes, krebsartiges Gewächs an der Hand eines Arbeiters vor meinen Augen bis auf eine kleine Narbe zusammenschrumpfte; verstehen kann ich es nicht, aber ich kann nicht bezweifeln, was ich mit meinen eigenen Augen gesehen habe.«[17]

Ob die Kriterien und Maßstäbe Gottes über die Wunder in Lourdes andere sind als die der Entscheidungsgremien der Kirche? Man darf durchaus der Überzeugung sein, daß Gott keine anderen Kriterien gebraucht als die zur Entscheidung herausgeforderte Kirche. Ergänzend darf hinzugefügt werden: Im Urteil Gottes ist die Zahl der Wunder sicherlich größer als die von irdischen Gremien anerkannte und bestätigte Zahl der Wunder.

Die Wundergeschichte von Lourdes ist in diesem Buch nur ein kleiner Ausschnitt der Großtaten Gottes – mit sicherlich noch ungezählten Fortsetzungen!

II. KAPITEL

Die Wunder von Lourdes auf dem Prüfstand

In der Geschichte Gottes mit den Menschen, wie sie in heilsgeschichtlichen Schwerpunkten im Alten und Neuen Testament vorliegt, gibt es Ereignisse, Personen und Stätten, die von der Fülle der Liebe und Menschenfreundlichkeit Gottes und vom Reichtum seiner allmächtigen, wunderwirkenden Phantasie berichten. Bereits das Ereignis der Schöpfung – aufgezeichnet in zwei Schöpfungshymnen (Gen 1,1–2,4a und Gen 2,4b–2,25) – ist beschrieben als eine sich steigernde, auf die Erschaffung des Menschen zielende Aneinanderreihung von Wundern. Mit immer neuen Lobpreisungen hat das Volk Israel das militärisch und politisch unfaßbare Ereignis des Auszuges aus Ägypten besungen (Ex 2,23–14,31).

Während Kreuzigung und Tod Jesu in fast wunderloser Gottesfinsternis (Mk 15,34; Mt 27,46) verlaufen, ist das Mysterium seiner Auferstehung mit einer Vielzahl von Auferstehungsgeschichten bestätigt. Es ist dem Apostel Paulus zu verdanken, daß er allein von der überzeugenden und auch noch imponierenden Begegnung des auferstandenen Christus mit »über fünfhundert Brüdern auf einmal« (1 Kor 15,6) berichtet, die von keinem der vier neutestamentlichen Evangelisten aufgezeichnet wurde. Das Ereignis, da die Kirche auf die Bühne der Weltgeschichte tritt, ist nach den Berichten der Apostelgeschichte (Apg 2,1–13) überraschend für alle Beteiligten.

Immer wieder beglückt Gott die Menschen mit Engeln und Heiligen, die in seinem Auftrag als Wundertäter helfend, heilend und heiligend tätig werden. Es scheint, daß Gott auch an ganz bestimmten Orten geographisch punktuell seine Gegenwart und Wirksamkeit bekundet. Mancher Ort würde kaum in einem Lexikon zu finden sein, wenn nicht dort etwas Rätselhaftes, etwas Wunderbares geschehen wäre. Niemand wird ergründen können, warum ausgerechnet dieses französische Städtchen ausgewählt wurde und warum ausgerechnet ein knapp 14jähriges Mädchen, Bernadette Soubirous, die damals weder lesen noch schreiben konnte, achtzehn Marienerscheinungen hatte. Sie hat nur nachgesprochen, aber nicht verstanden, was die »schöne Dame« in der Erscheinung am 25. März 1858 über sich sagte: »Ich bin die Unbefleckte Empfängnis« (und zwar im bigorrisch-südfranzösischen Dialekt: »Que soy era Immaculada Councepciou.« Der Satz ist auf dem Podest angebracht, auf dem in der Grotte von Massabielle die 1864 aufgestellte Madonna steht). Nie werden Menschen erklären können, warum ausgerechnet von der Grotte von Massabielle bei Lourdes soviel Segen und unermeßliche Gnaden ausgegangen sind und warum ausgerechnet hier staunenerregende Wunderheilungen geschehen sind.

Man muß wohl sagen: Gott hat sich in Lourdes der Kirche, der Menschheit aufgedrängt und nachdrücklich in Erinnerung gebracht. Was hat Gott in seinem Heilsplan, in der Zukunftsperspektive der Menschheit vor? Wollte Gott der Kirche, der Menschheit die Botschaft aufdrängen und durch Wunderheilungen nachprüfbar machen, welche Bedeutung in seiner Liebesgeschichte mit den Menschen Maria, die Mutter Jesu, durch ihre Fürbitte und bei der Vermittlung seiner Gnaden hat?

Die ersten Wunderheilungen

Die Nachricht von den Marienerscheinungen in der Grotte von Massabielle bei Lourdes hat sich wie ein Lauffeuer in der ganzen Gegend verbreitet. Sie wurde vor allem von kranken und heilungsuchenden Menschen, die in großer Zahl zur Grotte kamen oder von ihren Angehörigen dorthin gebracht wurden, wie ein Signal der göttlichen Hoffnung auf Gesundung verstanden. Der Arzt von Lourdes, Dr. Dozous, der auch Hausarzt von Bernadette Soubirous war, hat allein im Jahr 1858 über hundert »Heilungen« registriert.[18]

Der Bischof von Tarbes Bertrand-Sévère Laurence, zu dessen Diözese das Städtchen Lourdes gehörte, sah sich daher veranlaßt, bereits am 28. Juli 1858 (nachdem die letzte und achtzehnte Marienerscheinung am 16. Juli 1858 war!) eine aus Ärzten und Theologen gebildete kirchliche Untersuchungskommission mit Kanonikus Fourcade als Sekretär einzusetzen, um abzuklären, »ob diese Heilungen sich auf natürliche Art und Weise erklären lassen, oder ob sie übernatürlichen Kräften zugeschrieben werden müssen ... Wir empfehlen der Kommission dringend, möglichst oft Sachverständige aus den Gebieten der Medizin, der Physik, der Chemie, der Geologie usw. einzuberufen, damit sie über schwierige Fragen aus ihrem Spezialgebiet diskutieren und ihre Meinung dazu äußern. Die Kommission darf keine Gelegenheit versäumen, sich zu unterrichten und die Wahrheit ausfindig zu machen, ganz gleich wie sie nun lauten möge.«[19]

Nach knapp dreijähriger Tätigkeit der eingesetzten Untersuchungskommission konnte Bischof Laurence in einem Hirtenbrief vom 18. Januar 1862 seinen Diözesanen und der gesamten Weltöffentlichkeit von sieben vorgelegten, gewissenhaft geprüften Heilungen erklären, »daß das Wasser von Massabielle Kranke geheilt hat, die bereits aufgegeben und als unheilbar erklärt worden waren ... Die Heilungen sind das Werk Gottes ... Hier ist der Finger Gottes!«[20]

Fügt man – wie auf nachfolgender Tabelle – in die Daten der achtzehn Marienerscheinungen, die Bernadette Soubirous vom 11. Februar bis zum 16. Juli 1858 erlebte, die ersten sieben, medizinisch und kirchlich anerkannten Wunderheilungen ein, so ergibt sich die erstaunliche Erkenntnis: Noch ehe die achtzehn Marienerscheinungen abgeschlossen waren, kam es bereits seit der zehnten Erscheinung am 27. Februar 1858 zu den beiden ersten Wunderheilungen. Noch vor Abschluß der achtzehnten und letzten Marienerscheinung am 16. Juli 1858 kam es zu drei weiteren Wunderheilungen, denen im Oktober 1858 und im November 1858 noch je eine Wunderheilung folgte. Auch wenn diese sieben Wunderheilungen »nicht zum Gegenstand einer formellen kanonischen Anerkennung gemacht worden«[21] sind, werden sie an die Spitze aller bisher kirchlich anerkannten Wunderheilungen in Lourdes gestellt.

Marienerscheinungen	Erste Wunderheilungen
1858	1858
Donnerstag 11. Februar: **Erste** Erscheinung der »weißen Dame«.	
Sonntag 14. Februar: **Zweite** Erscheinung.	
Donnerstag 18. Februar: **Dritte** Erscheinung – Worte Marias: »*Willst Du mir die Freude machen, vierzehn Tage zu kommen? – Ich verspreche Dir nicht, Dich in dieser Welt glücklich zu machen, aber in der anderen.*«	
Freitag 19. Februar: **Vierte** Erscheinung.	
Samstag 20. Februar: **Fünfte** Erscheinung.	
Sonntag 21. Februar: **Sechste** Erscheinung.	
Dienstag 23. Februar: **Siebte** Erscheinung.	
Mittwoch 24. Februar: **Achte** Erscheinung – Worte Marias: »*Bete zu Gott für die Sünder! Buße! Buße! Buße! Küsse die Erde in Reue für die Bekehrung der Sünder!*«	
Donnerstag 25. Februar: **Neunte** Erscheinung – Worte Marias: »*Gehe zur Quelle, trinke und wasche Dich dort. Bitte Gott für die Sünder. Iß das Gras, das Du dort finden wirst.*«	
Samstag 27. Februar: **Zehnte** Erscheinung.	27. Februar: Louis Bouriette (1) Blaisette Soupenne-Cazenave (2)
Sonntag 28. Februar: **Elfte** Erscheinung.	
Montag 1. März: **Zwölfte** Erscheinung.	1. März: Catherine Latapie-Chouat (3)

Marienerscheinungen	Erste Wunderheilungen
1858	1858
Dienstag 2. März: **Dreizehnte** Erscheinung – Worte Marias: »*Gehe zu den Priestern und sage ihnen, man soll in Prozessionen hierherkommen und eine Kapelle errichten.*«	
Mittwoch 3. März: **Vierzehnte** Erscheinung.	
Donnerstag 4. März: **Fünfzehnte** Erscheinung.	
Donnerstag 25. März (Fest Mariä Verkündigung): **Sechzehnte** Erscheinung – Worte Marias: »*Que soy era Immaculada Councepciou – Ich bin die Unbefleckte Empfängnis.*«	
Mittwoch 7. April: **Siebzehnte** Erscheinung.	
	29. April: Henri Busquet (4)
	2. Mai: Louis-Justin Duconte-Bouhort (5)
Freitag 16. Juli: **Achtzehnte und letzte** Marienerscheinung in der Grotte von Massabielle.	28. Juli: Erlaß des Bischofs Bertrand-Sévère Laurence von Tarbes (Gründung einer Kommission zur Feststellung der Echtheit und der Natur der Marienerscheinungen und der Wasserquelle in der Grotte von Massabielle bei Lourdes)
	17. Oktober: Madeleine Rizan (6)

Marienerscheinungen	Erste Wunderheilungen
1858	1858
	9. November:
	Marie Moreau (7)
	1862 (18. Januar) Hirtenbrief des Bischofs Bertrand-Sévère Laurence von Tarbes (Bestätigung der Echtheit der achtzehn Marienerscheinungen zwischen dem 11. Februar und 16. Juli 1858 in der Grotte von Massabielle bei Lourdes und der ersten sieben Wunderheilungen im Jahr 1858
	1864 (4. April) Aufstellung und Einweihung der vom Bildhauer Joseph Fabish (Lyon) erstellten Marienstatue in der Grotte von Massabielle
	1866 (19. Mai) Einweihung der Krypta in Lourdes (Dienstag, 3. Juli) Letzter Besuch der Grotte von Massabielle durch Bernadette (Mittwoch 4. Juli) Übersiedlung Bernadettes von Lourdes nach Nevers in das Kloster und Mutterhaus Saint-Gildard
	1876 (2. Juli) Einweihung der Basilika in Lourdes
	1878 (22. September) Ablegung der Ewigen Gelübde durch Schwester Marie-Bernard
	1879 (16. April) Tod von Schwester Marie-Bernard auf der Krankenstation des Klosters Saint-Gildard in Nevers (gegen 15.15 Uhr)

Die ersten sieben, von der durch Bischof Laurence von Tarbes eingesetzten kirchlichen Untersuchungskommission anerkannten Heilungswunder in tabellarischer Übersicht:[22]

Nr.	Name	Krankheit	Heilungsdatum
1	Louis Bouriette	Traumatische Erblindung des rechten Auges	27. Februar 1858
2	Blaisette Soupenne-Cazenave	Augenleiden: Lidentzün-dung mit Auswärtskehrung der freien Augenlidränder (Blepharitis, Ektropium)	27. Februar 1858
3	Catherine Latapie-Chouat	Lähmung infolge Zerrung des rechten Plexus brachialis (Nervengeflecht vom Rückenmark zum Arm)	1. März 1858
4	Henri Busquet	Typhöse Muskelentzündung	29. April 1858
5	Louis-Justin Duconte-Bouhort	Tuberkulose, Lähmung der unteren Gliedmaßen	2. Mai 1858
6	Madeleine Rizan	Lähmung der unteren Glied-maßen	17. Oktober 1858
7	Marie Moreau	Augenleiden: Erblindung eines Auges	9. November 1858

1. »Die Helligkeit blendete ihn . . .«
Louis Bouriette (geheilt am 27. Februar 1858)

Louis Bouriette hatte den Beruf eines Steinhauers ausgeübt. Bei
einer Explosion einer Sprengmine, bei der sein Bruder unmittelbar
neben ihm getötet wurde, verlor er die Sehkraft des rechten Auges.
Die Sehkraft seines linken Auges wurde auch immer schwächer. Er
trat daher bei der Schnellpost von Cazenave in Dienst, wo der Vater
von Bernadette Soubirous sein Arbeitskollege war.

Als Louis Bouriette von der Entdeckung einer Quelle in der Grotte
von Massabielle am Donnerstag, den 25. Februar 1858, hörte, war er

von der festen Zuversicht erfüllt, er könne dort Hilfe erfahren. Seiner sechsjährigen Enkelin, die mit Bernadette befreundet war, vertraute er seine Bitte an: Bringe mir etwas von der feuchten Erde, mit der Bernadette sich im Auftrag Marias gewaschen hat.

»Als ihm das Kind das Gewünschte brachte, setzte er sich in den Stall, strich den Schlamm auf ein Taschentuch und legte diese eigenartige Kompresse auf seine Augen, worauf er mit lebendigem Glauben eine Zeitlang betete. Als er dann aus dem Stall in das volle Tageslicht hinaustrat, fuhr er zurück; die Helligkeit blendete ihn. Er schloß das linke Auge, mit dem er noch ein wenig sehen konnte. Tatsächlich vermochte er mit dem rechten Auge die Umrisse der Dinge zu unterscheiden.«[23]

Louis Bouriette war 54 Jahre alt, als ihm nach 20jähriger Erblindung des rechten Auges am 27. Februar 1858 die Sehkraft plötzlich wieder geschenkt wurde. Der behandelnde Arzt Dr. Dozous hat bestätigt, daß es sich um eine unheilbar Blindheit handelte, und daß die plötzliche Heilung medizinisch nicht erklärbar sei. Über seine damalige persönliche Stimmung und Reaktion hat Dr. Dozous später geschrieben:»Ich muß ehrlich gestehen, daß diese Heilung mich tief erschüttert hat. Ich sah in dieser ersten Tatsache die Enthüllung von Wahrheiten, die ich noch lange nicht glauben konnte.«[24]

Auf Grund der Ergebnisse der kirchlichen Untersuchungskommission hat Bischof Laurence von Tarbes in seinem Hirtenbrief vom 18. Januar 1862 die Heilung von Louis Bouriette als erstes, kirchlich anerkanntes Wunder von Lourdes erklärt.

2. Nach ärztlichem Attest: ein unheilbares Augenleiden
Blaisette Soupenne-Cazenave (geheilt am 27. Februar 1858)

Blaisette Soupenne-Cazenave litt nach ärztlichem Attest an einem unheilbaren Augenleiden, einer Lidentzündung mit Auswärtskehrung der freien Augenlidränder (Blepharitis, Ektropium). Sie wohnte in

Lourdes, war etwa 50 Jahre alt und hatte vom Geheimnis des heilbringenden Wassers gehört.

Am 27. Februar 1858 kam sie in ihrer Not zur Erscheinungsstätte und zur neu entdeckten Wasserquelle. Am gleichen Tag wurde sie nach Waschungen mit diesem Wasser von ihrem Augenleiden plötzlich geheilt. Groß war in ganz Lourdes die Freude über das Heilungswunder, das für die anfänglich eher skeptisch eingestellten Einwohner von Lourdes einen erheblichen Zuwachs an Glaubwürdigkeit für Bernadette Soubirous bedeutete.

Auf Grund der Ergebnisse der kirchlichen Untersuchungskommission hat der Bischof Laurence von Tarbes in seinem Hirtenbrief vom 18. Januar 1862 die plötzliche und dauerhafte Heilung des Augenleidens von Blaisette Soupenne-Cazenave als kirchlich anerkanntes Wunder von Lourdes erklärt.

3. Heilung des rechten Arms
Catherine Latapie-Chouat (geheilt am 1. März 1858)

Da bei den Wunderheilungen in Lourdes häufig von Waschungen mit dem Wasser der gefundenen Quelle die Rede ist, sei an dieser Stelle eine Information vorangestellt.

Die beiden Wochen vom Donnerstag, 18. Februar 1858, bis zum Donnerstag, 4. März 1858, waren für Bernadette Soubirous Tage außergewöhnlicher Freuden und Begnadigungen, denn an jedem Tag dieser zwei Wochen wurde ihr eine Begegnung mit Maria in der Grotte von Massabielle geschenkt. Was Bernadette im Auftrag der Marienerscheinung vom 25. März 1858 zunächst fand, war »nur etwas feuchte Erde«. In einem Brief an Pater Gondrand vom 28. Mai 1861 beschrieb Bernadette sehr genau den Vorgang: »... Ich sah nur ein wenig schmutziges Wasser, ich führte meine Hand hin, ich konnte es nicht nehmen. Ich scharrte, das Wasser kam, aber trübe. Dreimal habe ich es weggeschüttet, beim vierten Mal konnte ich trinken.«[25] Man kann durchaus annehmen, daß an dem Felsen der Grotte bereits Wasser langsam sickerte, und daß daher die Erde in diesem Bereich feucht war. Das »Wunder« ist die Tatsache der Entdeckung einer klar und reichlich sprudelnden Quelle. (Vgl. dazu »Analysen des Wassers aus der Grotte von Massabielle«, in »Dokumente«)

Bereits am Sonntag, 28. Februar 1858, gruben Arbeiter und Steinhauer in ihrer Freizeit mit Pickeln und Schaufeln einen etwa ein Meter langen und einen halben Meter tiefen Erdbehälter[26] für das Wasser der eben aufgefundenen Quelle. Das überfließende Wasser wurde durch einen kleinen Kanal in eine Piszine geleitet, an der die ersten Heilungen durch Waschungen und Untertauchen stattfanden.[27]

Für viele, gesunde wie kranke Menschen aus Lourdes und der näheren Umgebung rückte seit dem 25. Februar und gewiß auch seit dem 28. Februar 1858 die aufgefundene Quelle in den Mittelpunkt ihres Interesses. Sie schöpften aus dem eben angefertigten Behälter das heilbringende Wasser und wurden an kranken Verwandten und Bekannten Zeugen von Wundern und Zeichen Gottes.

Die beiden ersten, kirchlich anerkannten Wunderheilungen in der Grotte von Massabielle erlebten zwei Bewohner des Städtchens Lourdes als Gnadenerweise. Daß wenige Tage später das dritte Wunder eine Frau aus dem Nachbarort Loubajac (Hautes-Pyrénées) erlebte, bestätigt die Verbreitung der geheimnisvollen Geschehnisse und Heilungen weit über Lourdes hinaus. Es handelt sich um Catherine Latapie-Chouat, die sicherlich nicht wissen konnte, daß am gleichen Montag, 1. März 1858, Bernadette Soubirous vor etwa 2500 Schaulustigen die zwölfte Marienerscheinung erlebte. Am gleichen Tag pilgerte sie in ihrer Not zur Grotte von Massabielle.

Seit Oktober 1856 war ihr rechter Arm gelähmt – Lähmung infolge Zerrung des rechten Plexus brachialis. Sie tauchte ihren gelähmten Arm in eine erst am 28. Februar 1858 gefertigte und mit dem Wasser der durch Bernadette entdeckten Quelle gefüllte Piszine und wurde augenblicklich geheilt.[28] Auch diese Heilung wurde durch den Hirtenbrief des Bischofs Laurence von Tarbes vom 18. Januar 1862 als drittes Wunder von Lourdes kirchlich anerkannt.

Zapfstelle für das kostbare Wasser von Lourdes.

Sehnsucht nach Heilung zieht die Menschen nach Lourdes.

4. Die erste Fernheilung
Henri Busquet (geheilt am 29. April 1858)

Der erste Fall einer Fernheilung mit Lourdeswasser ereignete sich im benachbarten Nay an dem 15jährigen Henri Busquet. Im Heilungsbericht ist ausdrücklich festgehalten, daß schon sehr früh von Pilgern zur Grotte von Massabielle Lourdeswasser in Behältern an ihre Wohnorte und für ihre bettlägrigen oder transportunfähigen Angehörigen mitgenommen wurde.

Henri Busquet war nicht in Lourdes, wohl aber hatte ihm eine hilfsbereite Nachbarin vom Besuch in Massabielle Lourdeswasser mitgebracht. Genau am 28. April 1858 hat er seine Wunden, die durch eine eitrige Geschwulst in der Brust (typhöse Muskelentzündung) entstanden war, mit Lourdeswasser gewaschen. Dieser äußere Vorgang ist festgehalten; er dürfte aber sicherlich mit innigem Gebet um Heilung verbunden gewesen sein. Die Gesamtwirkung von Waschung und Gebet wird mit folgenden Worten beschrieben: »Am nächsten Tage waren die Wunden geschlossen. Die Heilung war vollkommen, ohne eine längere Zeit der Genesung.«[29]

Hier ist erstmals festzuhalten: Die Anwesenheit in Lourdes ist nicht die Voraussetzung der Heilung. Auch der Gebrauch des Lourdeswassers allein kann nicht Ursache der Heilung gewesen sein, denn wiederholte Analysen des Lourdeswassers haben eindeutig ergeben, daß es sich dabei um reines Quellwasser handelt, das keine Heilkraft irgendwelcher Art besitzt. Man sollte sich daher für die Ansicht öffnen, daß das Gebet des Kranken oder seiner Umgebung, seiner Verwandten und Bekannten zum »Ort der Gnade« und der göttlichen Hilfe durch die besondere Fürsprache Marias gewesen ist. Der langjährige Präsident der Ärztebüros in Lourdes, Dr. Leuret, hat von der »Zeichenhaftigkeit« des Lourdeswasser gesprochen und geschrieben: »Das Lourdeswasser ist ganz gewöhnliches Wasser. Bei den in Lourdes vorgekommenen Heilungen spielt es nur die Rolle eines sinnlichen Zeichens, eines Mittels, unseren Glauben an die göttliche Allmacht, unsere Liebe zur Heiligsten Jungfrau, unsere Hoffnung auf ihre Fürsprache, ihre zeitlichen und geistlichen Wohltaten, die sie uns zukommen lassen will, zu konkretisieren.«[30]

Die am 29. April 1858 festgestellte Heilung von Henri Busquet
wurde durch den Hirtenbrief des Bischofs Laurence von Tarbes vom
18. Januar 1862 als viertes Wunder von Lourdes und zwar als Fernheilung kirchlich anerkannt.

5. Das Kind konnte weder stehen noch gehen
Louis-Justin Duconte-Bouhort (geheilt am 2. Mai 1858)

Ein Wunder ganz eigener und überaus bedenkenswerter Art verbindet sich mit der Heilung von Louis-Justin Duconte-Bouhort. Er war
das viel jüngere Nachbarskind Bernadettes und war zum Zeitpunkt
der Heilung nur achtzehn Monate alt. Bernadette, damals knapp
14 Jahre alt, wußte um das elende Kind, das hilflos und zum Schmerz
seiner Eltern dem Tode ausgeliefert schien. Bemerkenswert ist dieser
Heilungsfall, weil das geheilte Kind Louis-Justin selbst nicht um seine
Heilung beten konnte, da es zu jung war. Es war seine Mutter, die in
ihrer Not sich betend an Gott wandte und sich gerade von jener Quelle
in der Grotte von Massabielle Heilung für ihr sterbenskrankes Kind
erhoffte, die erst vor wenigen Wochen durch Bernadette entdeckt worden war.

Louis-Justin litt an Tuberkulose, die eine vollständige Lähmung
der unteren Gliedmaßen zur Folge hatte. Der behandelnde Arzt von
Lourdes, Dr. Dozous, schrieb in seinen Krankenbericht: »Die Diagnose
schwankt zwischen Meningitis und Poliomyelitis.«[31] Das 18 Monate
alte Kind konnte weder gehen noch stehen und sitzen. Seine Anfälle
wurden immer heftiger, so daß der Arzt sich gegenüber den Eltern zu
der bitteren Aussage verpflichtet fühlte: »Es kann sich nur noch um
Stunden handeln.«[32]

Eine allerletzte Hilfe erblickte die Mutter des Kindes in der neu-
entdeckten Quelle in der Grotte von Massabielle. Es war ihr plötz-
licher, einsamer Entschluß, als sie am 2. Mai 1858 ihr todkrankes Kind
aus der Wiege nahm, in ihre wärmende Schürze wickelte und zur
Grotte lief. Was die Mutter dort tat, grenzt an die Auslieferung
ihres Kindes an den sicheren Tod. In mütterlicher Kühnheit und
mit grenzenlosem, bergeversetzendem Gottvertrauen tauchte sie ihr

schwerkrankes, hilfloses Kind 15 Minuten in das eiskalte Wasser bis zum Hals hinein.

Mit stummem Entsetzen sahen ihre Nachbarinnen zu. Auch Bernadette wie Dr. Dozous erlebten diese schreckliche Szene, in der eine Mutter ihr krankes Kind dem sicheren Tod auszuliefern schien. Der kleine Körper des Kindes war steif und blau, als ihn die Mutter aus der Piszine herausnahm. Sie trug ihn nach Hause und legte ihn zurück in seine Wiege. Betend kniete die Mutter neben der Wiege nieder und beschwor in einem kühnen Sturmgebet Gott um Heilung ihres Kindes, vertrauend auf die besondere Fürsprache Marias, die bisher schon siebzehnmal Bernadette in der Grotte bei Lourdes erschienen war.

Nach wenigen Minuten schon schlief das Kind ruhig ein und hatte die ganze Nacht hindurch einen einzigartig tiefen Schlaf. Am nächsten Morgen geschah das Unfaßbare: Das Kind Louis-Justin, das bisher weder gehen noch stehen noch sitzen konnte, stieg ohne fremde Hilfe aus seinem Bettchen und trippelte wie ein gesundes Kind der staunenden, vor übergroßer Freude zu Tränen gerührten Mutter zu.

Diese Heilung wurde in einem medizinischen Konsilium kritisch untersucht. Professor Dr. Vergez (Medizinische Fakultät in Montpellier) schrieb im Protokoll:

> »... Frau Duconte hat die Heilung ihres Kindes durch ein Verfahren gefördert, das von Erfahrung und medizinischer Vernunft völlig verurteilt wird, nicht aber von Gott, der den Glauben und die Liebe einer Mutter belohnt.«[33]

Auch diese Heilung wurde im Hirtenbrief des Bischofs Laurence von Tarbes vom 18. Januar 1862 als kirchlich anerkanntes Wunder bestätigt. Nicht unerwähnt soll bleiben, daß der geheilte Louis-Justin Duconte-Bouhort fünfzig Jahre später am Zug der Geheilten aus Anlaß der Jubiläumspilgerfahrt am 23. August 1908 in Lourdes teilnahm; ihm war im Alter von 77 Jahren noch die Gnade zuteil, als Ehrengast die Heiligsprechung Bernadettes in Rom durch Papst Pius XI. (1922–1939) am 8. Dezember 1933 zu erleben.

6. Nach zwei Jahrzehnten Lähmung gesund
Madeleine Rizan (geheilt am 17. Oktober 1858)

In der Zeit zwischen der siebzehnten und der achtzehnten und letzten Marienerscheinung in der Grotte von Massabielle hat es in Lourdes nicht wenige Turbulenzen und unschöne Szenen gegeben. Dabei wurde Bernadette Soubirous sowohl verehrt als auch als Geisteskranke deklariert, die in eine psychiatrische Anstalt eingeliefert werden müsse. Der Bürgermeister Lacadé von Lourdes witterte ein gewaltiges Geschäft und hoffte aus Lourdes einen vielbesuchten und finanziell einträglichen Kurort zu machen mit einem einzigartigen Thermalbad, in dem das Wasser mit dem Mineralreichtum des Departements sensationelle Gesundheitserfolge versprach. Bernadette sah sich immer neuen Verhören von weltlichen wie von kirchlichen Behörden ausgesetzt. Am 4. Mai wurde die Grotte von Massabielle als nichtautorisierter Kultort polizeilich gesperrt und mit einem Bretterzaun abgeriegelt.

Das wundersüchtige Wallfahrtsvolk ließ sich durch diese Maßnahmen nicht abschrecken. Wiederholt wurde die hölzerne Absperrung abgerissen und polizeilich wieder erneuert. Wie häufig in der Geschichte einer überspannten und überkochenden Frömmigkeit wurde Lourdes zum Treffpunkt und Aktionszentrum sogenannter Charismatiker und Visionäre.[34] Am 15. Juni 1858 wurde der Zugang zu der Grotte wegen der religiös und weltanschaulich kaum noch überschaubaren Situation polizeilich untersagt.

Bernadette, die sich seit dem 8. April 1858 zurückgezogen hatte, bat darum, die Mißbräuche der »falschen Propheten« abzustellen und die polizeilich verordnete Absperrung der Grotte zu respektieren. Am 16. Juli 1858 ging sie selbst zum letzten Mal nach Massabielle. Sie betrat aber nicht die abgesperrte Grotte, sondern stand und betete gegenüber der Grotte auf den Wiesen von Ribère (auf dem anderen Ufer der Gave).[35] Am 8. Oktober 1858 ordnete Kaiser Napoleon III. von Frankreich (1852–1870) persönlich an, die Absperrung an der Grotte von Massabielle aufzuheben.

In die unmittelbar darauffolgenden Wochen fällt die Heilung der Witwe Madelaine Rizan an ihrem Wohnort Nay. Seit über zwei Jahrzehnten litt sie an den Folgen einer heftigen Choleraerkrankung, die sie sich bereits im Jahre 1834 zugezogen hatte. Ihr Zustand (Lähmung der unteren Gliedmaßen) war so bedrohlich, daß sie am 12. September 1858 die Sterbesakramente empfing. Am 17. Oktober 1858 wurde sie durch Waschungen mit Lourdeswasser, das ihr Bekannte aus Lourdes mitgebracht hatten, von ihrer seit 24 Jahren bestehenden, unheilbaren Lähmung plötzlich geheilt, ohne je einen Rückfall zu haben. Madelaine Rizan starb im Jahr 1869.

Die Heilung von Madelaine Rizan wurde im Hirtenbrief des Bischofs Laurence vom 18. Januar 1862 als kirchlich anerkanntes Wunder bestätigt.

7. »Ich kann wieder sehen ...«
Marie Moreau (geheilt am 9. November 1858)

Die letzte, kirchlich anerkannte Wunderheilung des Jahres 1858 erlebte die 16 Jahre alte Marie Moreau aus Tartas (Landes). Seit Jahren litt sie an einem schweren Augenleiden. Ihr behandelnder Arzt mußte ihr testieren, daß mit der völligen Erblindung eines Auges zu rechnen sei. In ihrer Not unternahm Marie Moreau eine Gebetsnovene. An neun, aufeinanderfolgenden Tagen wollte sie sich an Maria wenden, die in der Grotte von Massabielle achtzehnmal erschienen war und manchem Kranken Heilung und Gesundheit geschenkt hatte.[36]

Bereits am zweiten Tag ihrer Gebetsnovene, am 9. November 1858, die sie in der Kirche Notre-Dame-de-Lourdes verrichtete, wurde Marie Moreau, nachdem sie eine mit Lourdeswasser getränkte Binde auf ihre Augen gelegt hatte, plötzlich und dauerhaft geheilt. In seinem Hirtenbrief vom 18. Januar 1862 hat der Bischof Laurence von Tarbes nach dem Urteil einer Expertenkommission diese Heilung als kirchlich anerkanntes Wunder bestätigt.

Dreiunddreißig Wunderheilungen in der Zeit von 1875–1911

Die Heilungen, die sich in Lourdes ereigneten, wurden im Laufe der Jahre in einem sich verfeinernden, ärztlichen wie kirchlichen Verfahren genau registriert und kritisch überprüft.

Die vorgelegten Listen der Heilungen weisen deutliche Unterschiede in der Reihenfolge auf. Der Grund für die unterschiedliche Numerierung liegt darin, daß entweder das Datum der Heilung (wie bei den bereits vorliegenden, ersten sieben Wunder des Erscheinungsjahres 1858) oder das Datum der erst später erfolgten kirchlichen Anerkennung eines Wunders verwendet wurde.

Nachfolgende Tabelle[37] ist nach dem *Heilungsdatum*, nicht nach dem Datum der kirchlichen Wunderanerkennung geordnet.

Nr.	Name	Krankheit	Heilungsdatum
8	Pieter de Rudder	Offene Fraktur des Beines	7. April 1875
9	Joachime Dehant	Beingeschwür mit sehr ausgebr. Gangrän	13. September 1878
10	Élisa Seisson	Hypertrophie des Herzens, Ödeme an den unteren Gliedmaßen	29. August 1882
11	Schwester Eugenia Mabille	Peritonitis. Eiternde Phlebitis	21. August 1883
12	Schwester Julienne Bruyere	Lungentuberkulose. Kavernen	2. September 1889
13	Schwester Joséphine-Marie Jourdain	Rückgratverkrümmung, Lungentuberkulose	21. August 1890
14	Amélie Chagnon	Tuberkulöse Knochen- und Gelenkentzündung am Knöchel und Knie. Knochenfraß	21. August 1891

Nr.	Name	Krankheit	Heilungsdatum
15	Clémentine Trouvé	Knochen- und Hautentzündung des rechten Fußes	21. August 1891
16	Marie Lebranchu	Lungentuberkulose	20. August 1892
17	Marie Lemarchand	Gesichts-Lupus	21. August 1892
18	Élise Lesage	Weißer Tumor am Knie (Tuberkulöse Entzündung des Kniegelenks)	21. August 1892
19	Schwester Marie de la Présentation	Chronische Darmentzündung	29. August 1892
20	Abbé Cirette	Wirbel-Sklerose vorn und seitlich	31. August 1893
21	Aurélie Huprelle	Lungenschwindsucht	21. August 1895
22	Esther Brachmann	Tuberkulöse Bauchfellentzündung	21. August 1896
23	Jeanne Tulasne	Spondylitis tuberculosa Tuberkulöse Wirbelentzündung	8. September 1897
24	Clémentine Malot	Lungentuberkulose	21. August 1898
25	François Rose	Phlegmone am rechten Arm, stark fistelnd	20. August 1899
26	Pater Salvator Taburel	Tuberkulöse Peritonitis	25. Juni 1900
27	Schwester Maximiliane	Wasserzyste der Leber, Venenentzündung des linken Beines	20. Mai 1901
28	Marie Savoye	Rheumatisch dekompensierter Mitralfehler	20. September 1901
29	Jeanne Dubos	Allgemeiner Kräfteverfall aus unbekannter Ursache. Eitrige Entzündung beider Augen	8. August 1904

Nr.	Name	Krankheit	Heilungsdatum
30	Schwester Saint-Hilaire	Darmkrebs	20. August 1904
31	Schwester Sainte-Béatrice Vildier	Kehlkopf-Luftröhrenentzündung, wahrsch. tuberkulös	31. August 1904
32	Marie-Thérèse Noblet	Tuberkulöse Wirbelentzündung	31. August 1905
33	Schwester Marie de Sainte-Jeanne-de-la-Croix	Tuberkulöse Peritonitis	21. September 1905
34	Antonia Moulin	Eiternde Wunde am rechten Fuß	10. August 1907
35	Marie Borel	Von der Lendenregion ausgehende Sterkoral-Fisteln	21./22. August 1907
36	Virginie Haudebourg	Tuberkulöse Nierenentzündung (Nephritis tuberculosa)	17. Mai 1908
37	Marie Biré	Unheilbare Erblindung Papillen-Atrophie	5. August 1908
38	Aimée Allopé	Kalter tuberkulöser Abszeß mit Fistelbildung. Tuberkulöse Peritonitis	28. Mai 1909
39	Juliette Orion	Lungen- und Hirnhauttbc.	22. Juli 1910
40	Marie Fabre	Darmschleimhautentzündung	26. September 1911

8. Heilung einer offenen Beinfraktur
Pieter de Rudder (geheilt am 7. April 1875)

Ein außergewöhnliches Echo hat die Heilung des Flamen Pieter de Rudder ausgelöst, geboren am 2. Juli 1822 zu Jabbecke, zwischen Brügge und Ostende. Die Heilung ist bemerkenswert, weil sie zu den

Lourdeswundern gezählt wird, obwohl sie sich nicht in Lourdes ereignete und auch Lourdeswasser dabei nicht verwendet wurde. Pieter de Rudder wurde vielmehr im flämischen Lourdes-Heiligtum in Oostacker bei Gent die Gnade der Heilung zuteil.[38]

Pieter de Rudder, damals 44 Jahre alt, wurde am 16. Februar 1867 das linke Bein durch einen niederstürzenden Baumstamm zerschmettert. Er war damals Gartenarbeiter beim Vicomte du Bus in Gisignies. Im oberen Drittel des Unterschenkels waren beide Beinknochen, das Schien- und Wadenbein, gebrochen. Der ihn damals behandelnde Arzt Dr. Affenaer von Oudenbourg beschrieb in einem Brief an Dr. Boissarie den Krankheitszustand in einem Schreiben vom 21. August 1892 mit folgenden Worten:

»Pieter de Rudder erlitt bei seiner Arbeit einen zerschmetternden Bruch des Schien- und Wadenbeines. Er brach das Bein unter einem Baumstamm, der auf ihn gestürzt war. Die Zersplitterung war so groß, daß man beim Schütteln des Gliedes alle Knochen aneinanderstoßen hörte, wie wenn man einen Sack mit Nüssen schüttelt. Ein Zusammenwachsen kam nie zustande und vergebens hat Herr Graf du Bus den Kranken 6 Jahre lang behandeln lassen. Dieser Mann, der von den Ärzten aufgegeben war, hatte keine Hoffnung mehr auf Genesung, als ich Gelegenheit bekam, sein Bein zu untersuchen. Eine lange Beschreibung ist unnötig; die untere Hälfte des Beines mit dem Fuß baumelte buchstäblich am Bruchstück des Gliedes hin und her, so daß ich mit der Ferse mehr als einen Bogen um die Achse des Gliedes beschreiben konnte. Diese Bewegung wurde nur durch den Widerstand der weichen Gewebe aufgehalten.«[39]

In einem weiteren Brief vom 3. September 1892 schrieb Dr. Affenaer an seinen Arztkollegen Dr. Boissarie über den Zustand nach der plötzlichen und dauerhaften Heilung am 7. April 1875:

»Als Pieter de Rudder seine Wallfahrt antrat, waren es bereits 8 Jahre, daß er sein Bein nachschleppte und mühsam auf zwei Krücken ging. Das untere Dritteil des Beines und der Fuß hingen schlaff wie ein Fetzen herab.

Pieter kam am selben Abend ohne Krücken und tanzend zurück. Gleich am andern Tage legte er mehrere Stunden zu Fuß zurück und war überglücklich dabei.

Selbstverständlich begab ich mich zu ihm, um ihn zu sehen und ich gestehe Ihnen, daß ich nicht an seine Heilung glaubte. Was fand ich aber? – Ein Bein an dem nichts fehlte, und hätte ich den Unglücklichen nicht vorher untersucht gehabt, so hätte ich ganz bestimmt die Überzeugung ausgesprochen, das Bein sei nie gebrochen gewesen.

Wenn man nämlich langsam die Finger über die Knochenkante des Schienbeines gleiten läßt, so spürt man nicht die geringste Unebenheit, sondern eine vollständig glatte Fläche von oben bis unten. Als einziges Rückbleibsel sind einige Hautnarben sichtbar.«[40]

Nach seiner Heilung lebte Pieter de Rudder noch 23 Jahre. Er starb, von einer schweren Lungenentzündung befallen, am 22. März 1898 im Alter von 75 Jahren. Am 25. März 1898 wurde er auf dem Friedhof seines Geburts- und Wohnortes Jabbecke unter großer Anteilnahme begraben.

Ärztliche Untersuchungskommissionen, der u. a. neben Dr. Affenaer von Oudenbourg auch Dr. van Hoestenberghe von Stalhille, der Armenarzt der Gemeinde Jabbecke, und Dr. Verriest aus Brügge angehörten, und kirchliche Gremien der Diözese Brügge als Heimat- und Wohndiözese befaßten sich bereits zu Lebzeiten von Pieter de Rudder mit seinem »Fall«.

Um die erfolgte Heilung handgreiflich und unleugbar zu demonstrieren, wurde am 24. Mai 1899, vierzehn Monate nach seiner Beerdigung, der Leichnam de Rudders wieder ausgegraben.[41] Dr. van Hoestenberghe nahm die beiden Beine des Exhumierten ab, so daß eine exakte Untersuchung und Vermessung 23 Jahre nach der erfolgten Heilung möglich war. Die originalen Beinknochen von Pieter de Rudder, exakte Vermessungen und fotografische Aufnahmen[42] waren in dem leidenschaftlichen Streit um diese Heilung, in dem sich über 100 Mediziner zu Wort gemeldet hatten, das überzeugende Argument einer medizinisch nicht erklärbaren Heilung.

Die für die Beurteilung dieses Falles zuständige, kirchliche Entscheidungskommission von Brügge/Belgien hat am 25. Juli 1908 die Heilung von Pieter de Rudder als kirchlich anerkanntes Wunder erklärt.

9. Das Beingeschwür verheilte
Joachime Dehant (geheilt am 13. September 1878)

In Gesves bei Assesses (Belgien), das überragt wird vom Schloß der Grafen de Limminghe, wuchs Joachime Dehant auf. Seit ihrem 17. Lebensjahr war sie nach einer überstandenen Choleraerkrankung körperlich schwerstens gezeichnet. Vom Knie bis zum Knöchel des rechten Beines hatte sich – nach dem Gutachten der beiden, sie behandelnden Ärzte Dr. Marique und Dr. Froidebise – eine 36 cm lange und 18 cm breite, eiternde und übelriechende Wunde (Gangräne), die bis auf den Knochen ging, ausgebreitet.[43] Außerdem litt sie an einer Verrenkung der rechten Hüfte und einer Zusammenziehung der Beinmuskulatur zum Klumpfuß. Als sie sich 1878 zu einer Lourdeswallfahrt entschloß, war sie bereits 12 Jahre von diesem Leiden geprägt. Sie war damals 29 Jahre alt und hatte ein Gewicht von nur 27 Kilogramm.

Am 10. September 1878 um 4 Uhr morgens reiste sie in einem Lütticher Pilgerzug von Namur ab. Die Fahrt ging über Paris und Paray-le-Monial, wo sich das berühmte Herz-Jesu-Heiligtum und auch die Grabstätte der damals seliggesprochenen Margareta-Maria Alacoque (1647–1690; heiliggesprochen am 13. Mai 1920) befindet. Am 12. September 1878 abends 7 Uhr kam sie in Lourdes an und bezog ein vorbestelltes Quartier im Hotel Latapie.

Nach nur kurzer Erholung ging Joachime Dehant mühsam und gestützt zur Grotte von Massabielle, wo sie etwa zwei Stunden verblieb. Sie konnte es kaum erwarten, bis sie an die Quelle herantreten konnte, um sich dort das Wasser der Quelle über ihr von tiefen Geschwüren aufgerissenes und eiterndes, rechtes Bein fließen zu lassen. Nach einer kurzen Nacht im Hotel Latapie verließ sie gegen 4 Uhr früh das Hotel und schleppte sich zur Grotte von Massabielle. Sie ließ sich von Leonie Dorval zur Piszine führen.

Mit letzter Kraft und gläubiger Entschlossenheit stieg sie allein in die Piszine, ohne den Verband von der Wunde zu nehmen. Sie blieb darin 30 Minuten lang. Aber alles Hoffen und Beten um Heilung war vergebens. Mit zäher Hartnäckigkeit ging Joachime Dehant um 9 Uhr morgens des gleichen Tages (13. September 1878) ein zweites Mal zur Piszine und blieb 27 Minuten im Wasser. Beim Heraussteigen stellte sie fest: Die Wunde ist nicht mehr da! Ich bin geheilt! Eine neue Haut hatte sich am rechten Bein gebildet, und auch die Muskeln waren plötzlich wieder vorhanden.

Über das Leiden von Joachime Dehant und ihre plötzliche Heilung am 13. September 1878 gab Frau Latapie, die Besitzerin des Hotels, in dem Joachime Dehant in Lourdes Quartier bezogen hatte, in einem von Dr. Royer geführten Interview folgende Antwort:

»Als Dr. Royer im September 1899 zu Lourdes war, ging er in die Rue de Pau Nr. 25, ins Hotel Latapie, wo Joachime Dehant im Jahre 1878 abgestiegen war. Er fragte Frau Latapie. – Erinnern Sie sich, daß Joachime Dehant früher von einer Wunde geheilt wurde, die sie am Bein hatte? – Ja, ganz bestimmt. Joachime stieg hier im September 1878 mit mehreren andern belgischen Pilgern ab. An demselben Abend, als sie ankam, hat sie eine Wunde verbunden, die sie am Bein hatte. Ich habe diese Wunde zugleich mit meiner Schwägerin gesehen. Die Eiterabsonderung war reichlich, und das Leinzeug war mit Eiter angefüllt. Am andern Morgen waren die Bettücher sogar von der durch die Verbandstücke gedrungenen Eiterung beschmutzt.
Am andern Tage sah ich diese Wunde vollständig geschlossen; sie war mit einer roten, sehr feinen Narbe überzogen. Nicht die geringste Eiterung war mehr vorhanden.«[44]

Am gleichen Tag hat Dr. Royer auch mit der Schwester des Hotelbesitzers, Marie Latapie, ein Gespräch geführt, das in Frage und Antwort in folgender Fassung erhalten geblieben ist:

»Ich habe die Wunde des Beines abends, am Tage ihrer Ankunft, in dem Augenblick gesehen, wo sie sich anschickte, es zu verbinden. Die Wunde war gräßlich; die Verbandstücke waren von

Schmutz und Eiter bedeckt; die Bettücher waren während der Nacht vom Eiter beschmutzt worden und mußten am andern Tage erneuert werden.«

»War die Wunde groß?« – »O ja, wohl so groß. (Bei diesen Worten zeigt Marie Latapie die ausgestreckte rechte Hand und mit der andern, den oberen Teil der Handwurzel.) Als Joachime am folgenden Tage zurückkehrte, hat sie uns abends ihr Bein gezeigt. Die Wunde war vollständig verschwunden, es war nur mehr eine rote Narbe vorhanden.«

»Um wieviel Uhr haben Sie die geheilte Wunde gesehen?« – »Am Abend. Joachime hatte fast den ganzen Tag an der Grotte zugebracht.«[45]

Professor Dr. Deploige und Dr. Royer (Katholische Universität von Löwen) haben die Ergebnisse ihrer Befragungen und Untersuchungen, in denen sie sich auf das Gutachten von Dr. Froidebise stützten, in folgenden Sätzen zusammengefaßt:

»Zwei Tatsachen scheinen durch diese Untersuchung genügend festzustehen:

1. Tatsache: Das Vorhandensein einer Wunde bei Joachime Dehant, wenigstens bis zum 12. September 1878, 10 Uhr abends, wenn nicht bis morgens, den 13. Diese Wunde bedeckte fast das ganze rechte Bein vom Knie bis zum Knöchel, hatte das Fleisch bloßgelegt, war uneben, rot, stellenweise schwärzlich, war ekelhaft anzusehen, schied viel Eiter aus, verbreitete einen übeln Geruch, konnte gemäß einem ärztlichen Zeugnis nicht in 13 Tagen auf natürlichem Wege heilen und zeigte auch keine Spuren von Besserung.

2. Tatsache: Das vollständige Verschwinden derselben Wunde und deren Ersetzung durch eine neue, trockene und gesunde Haut, vom 13. September 1878 morgens an oder doch wenigstens von 9 oder 10 Uhr abends an.   gez. S. Deploige. Dr. Royer.«[46]

Auf Grund der medizinischen Abklärungen und Überprüfungen der plötzlichen und dauerhaften Heilung von Joachime Dehant hat Bischof Hexlen von Namur, dessen Diözese die Geheilte angehörte, diese Heilung am 27. April 1908 – 30 Jahre später – als kirchlich anerkanntes Wunder[47] erklärt.

10. Herzklappenentzündung wurde geheilt
Élisa Seisson (geheilt am 29. August 1882)

Aus dem französischen Rognonas stammte Élisa Seisson. Seit dem Jahr 1878 litt sie an Herzklappenentzündung, verursacht durch Herzhypertrophie. Sie war außerdem geplagt von chronischer Bronchitis und von Ödemen an den unteren Gliedmaßen.

Nach vergeblichen ärztlichen Behandlungen sah Élisa Seisson ihre einzige Heilungsmöglichkeit in einer Lourdeswallfahrt zur Quelle in der Grotte von Massabielle, von deren wunderwirkenden Kraft sie wiederholt schon gehört hatte. Sie fuhr mit einem Pilgerzug nach Lourdes. Unter Bronchitis schwer atmend und wegen der Hypertrophie ihres Herzens immer wieder zum Stehenbleiben und Verschnaufen gezwungen, erreichte sie am 29. August 1882 die Stätte, an der sie Heilung erhoffte.

Aufmerksame Helferinnen geleiteten sie zur Piszine. Nach einem einzigen Bad wurde Élisa Seisson am 29. August 1882 von allen ihren Leiden (Herzklappenentzündung, Bronchitis und Ödemen) plötzlich und dauerhaft geheilt.

Nachdem in langjährigen ärztlichen Untersuchungen die plötzliche und dauerhafte Heilung von Élisa Seisson als medizinisch nicht erklärbar testiert wurde, hat – 29 Jahre nach der erfolgten Heilung – der zuständige Erzbischof Bonnefoy von Aix und Embrun diese Heilung am 2. Juli 1912 als kirchlich anerkanntes Wunder erklärt.[48]

11. Die erste geheilte Ordensfrau
Schwester Eugenia Mabille (geheilt am 21. August 1883)

Marie Mabille, die bei ihrem Ordenseintritt den Namen Eugenia erhalten hatte, war Schwester im Kloster Bon-Secours in Troyes. Trotz ihrer schwächlichen Konstitution wurde sie, in der Hoffnung ihre Gesundheit bessere und stabilisiere sich, in die Schwesterngemeinschaft aufgenommen. Aber ihr Gesundheitszustand verschlechterte sich. Seit 1877 war sie von verschiedenen Krankheiten geplagt, die schließlich dazu führten, daß sie seit 1879 bettlägerig leben mußte und so überleben konnte. Kritisch wurde ihr Zustand, als eine Bauchfellentzündung (Peritonitis) und außerdem noch eine eiternde Venenentzündung (Phlebitis purulenta) hinzukamen.[49]

In dieser Situation hatte Schwester Eugenia den Wunsch, nach Lourdes zu pilgern. Die Ordensleitung erfüllte ihr diesen – wie sie meinte – letzten Wunsch. Am 21. August 1883 war für Schwester Eugenia der große Augenblick gekommen.

Damals konnte Schwester Eugenia in Lourdes die Krypta (eingeweiht am 19. Mai 1866) und darüber die gewaltige, neugotische, obere Basilika (eingeweiht am 2. Juli 1876) mit hochragendem Kirchturm bewundern. Aber diese imponierenden Bauwerke interessierten Schwester Eugenia nicht. Sie schleppte sich mühsam zu den Piszinen. Von Helferinnen wurde sie in eine der Piszinen hineingehoben.

Ein Zucken ging durch ihren Körper. Ein Aufschrei kam aus ihrem Mund. Plötzlich und dauerhaft war sie geheilt. Die ärztliche Untersuchungskommission mußte feststellen, daß die Heilung von Schwester Eugenia Mabille medizinisch nicht zu erklären ist. Nach dem kirchlich-kanonischen Prozeß bestätigte am 30. August 1908 der zuständige Diözesanbischof Meunier von Evreux (in der Normandie), daß die Heilung von Schwester Eugenia Mabille als kirchlich anerkanntes Wunder anzusehen sei. Schwester Eugenia war die erste Ordensfrau, der die Gnade eines Heilungswunders zuteil wurde.

12. »Meine Füße waren nur noch etwas angeschwollen ...«

Schwester Julienne Bruyere (geheilt am 2. September 1889)

Aline Bruyere wurde im Jahr 1864 geboren als drittes von neun Kindern in dem Dorf La Roque im Tal der Dordogne.[50] Als Kind litt sie unter chronischer Entzündung der Augenlider und der Bindehaut. Mit 19 Jahren trat sie in das Kloster der Ursulinen in Brive ein und erhielt den Ordensnamen Schwester Julienne. Der Orden der Ursulinen wurde am 25. November 1535 durch Angela Merici (1474–1540) gegründet; er hatte sich verdient gemacht durch die Mädchenbildung, basierend auf den Prinzipien des Glaubens, der Menschlichkeit, der Güte und der Ehrfurcht. In pädagogischer Ausgewogenheit wurden in den Schulen der Ursulinen Verstand und Herz angesprochen, aber auch an die häuslichen und mütterlichen Aufgabe der späteren Hausfrauen wurde bereits gedacht.[51]

Schwester Julienne war im Kloster eingesetzt worden als Pförtnerin. Die ganze Stadtbevölkerung kannte sie, weil sie über die Klosterpforte hinaus Kontakt zu den Eltern der Schülerinnen hatte wie auch für die Lieferanten die offizielle Kontaktperson des Klosters war. Im Monat August 1886 meldeten sich erste Krankheiten in Form einer starken Bronchitis an, die sich im Laufe kürzester Zeit als schwere Lungentuberkulose mit Kavernenbildung erwies. Ende 1887 bereits testierten die im Kloster tätigen Ärzte Dr. Lagarce und Dr. Pomarel Bluthusten, der Schwester Julienne in eine lebensbedrohliche Krise versetzte. Nach den damaligen Methoden versuchte man mit »pointes de ten« (Brennen mit Glühplatin) der um sich greifenden Lungentuberkulose Herr zu werden – aber vergeblich. Die Lungenblutungen mit heftigem Fieber steigerten sich zu jenem kachektischen Zustand, der die letzte Lebensphase solcher Erkrankungen signalisiert. Als Schwester Julienne erstmals den Namen »Lourdes« hörte, war sie von einer großen Hoffnung beseelt. Auf Drängen ihrer Schwester Oberin kam es schließlich zur Fahrt von Brive über Toulouse nach Lourdes, wo sie bei den Schwestern des Karmel Aufnahme fand.

Am Sonntag, den 2. September 1889, wurde sie im Krankenwagen, begleitet von drei Helferinnen, zur Piszine von Massabielle gefahren. In dem Augenblick, in dem ihr Körper das Wasser des Badebeckens berührte, schien endgültig ihre letzte Stunde geschlagen zu haben. Plötzlich aber begannen sich die Augen von Schwester Julienne zu öffnen. Ihr Gesicht färbte sich leicht. Sie erhob sich, stellte sich ohne fremde Hilfe auf ihre Beine und wollte zur Grotte von Massabielle gehen. Sie selbst berichtete über ihre Heilung:

»In dem Augenblick, indem ich in der Piszine geheilt wurde, hatte ich nichts gespürt, aber tagsüber empfand ich heftige Schmerzen und ein Zusammenziehen der Lungen. Meine Füße, die nicht mehr ans Gehen gewöhnt waren, waren einige Tage hindurch etwas angeschwollen; das war die einzige und letzte Spur meiner Krankheit.«[52]

Ein Telegramm, das die plötzliche Heilung von Schwester Julienne verkündete, traf am gleichen Tag, 2. September 1889, um 12 Uhr mittags bei den Mitschwestern des Ursulinenklosters in Brive ein. Die plötzliche und dauerhafte Heilung von Schwester Julienne Bruyere wurde nach eingehenden Beratungen einer ärztlichen Untersuchungskommission als medizinisch nicht erklärbar festgestellt. Am 7. März 1912 bestätigte nach einem kirchlichen Prüfungsverfahren (medizinischer Sachverständiger war Dr. Van der Elst)[53] der zuständige Diözesanbischof Nègre von Tulle die Heilung von Schwester Julienne als kirchlich anerkanntes Wunder.

13. Lungentuberkulose verheilte rätselhaft schnell
Schwester Joséphine-Marie Jourdain
(geheilt am 21. August 1890)

Anna Jourdain, geboren am 5. August 1854, hatte nach ihrem Eintritt in eine Schwesterngemeinschaft den Ordensnamen Schwester Joséphine-Marie erhalten. Mit 36 Jahren erkrankte sie im Juli 1890 an einer schweren Rückgratverkrümmung und an Lungentuberkulose dritten Grades.[54] Die ärztlich vorgefundene Krankheit war bereits so weit fortgeschritten und so besorgniserregend, daß man an eine Reise nach Lourdes zwar dachte, aber nach Absprache mit den behandelnden Ärzten das übergroße Risiko nicht auf sich zu nehmen wagte.

In der Not wagte man doch die mühsame Bahnfahrt nach Lourdes auf dem damals reichlich holperigen Schienennetz. In einem erbärmlichen Zustand, mehr tot als lebendig, kam Schwester Joséphine-Marie in Lourdes an. Was niemand zu hoffen wagte, geschah am 21. August 1890. Noch beim Waschen mit Lourdeswasser in der Piszine wurde die damals 36jährige Schwester plötzlich und dauerhaft gesund.

Gerade die Plötzlichkeit der Heilung war damals der entscheidende Grund, der die damit befaßte Ärztekommission zu der Entscheidung veranlaßte, einen medizinisch nicht erklärbaren Fall zu bestätigen.

»Es ist zu bemerken, daß zerstörtes Lungengewebe sich nicht wieder so bildet wie vor der Krankheit, vielmehr zeigt die Röntgendurchleuchtung fibröse Narben und Kalkablagerungen wie bei rein natürlichen Heilungen.«[55]

Auch nach den bahnbrechenden Forschungen von Robert Koch (1843–1910), der 1882 den Tuberkelbazillus (Mycobacterium tuberculosis) entdeckt hatte, 1890 das Tuberkulin für die spezifische Behandlung der Tuberkulose herstellte und 1905 den Nobelpreis für Medizin erhielt, ist und bleibt gerade die plötzliche Heilung der Tuberkulose ein medizinisch nicht erklärbares Phänomen.

Im Anschluß an den kanonischen Prozeß hat der zuständige Bischof Douais von Beauvais am 10. Oktober 1908 die Heilung von Schwester Joséphine-Marie Jourdain als kirchlich anerkanntes Wunder bestätigt.

14. Feste Vernarbung der Wunde
Amélie Chagnon (geheilt am 21. August 1891)

Amélie Chagnon wurde am 17. September 1874[56] in Belgien geboren. Krankheiten (Augenleiden, Ekzeme, Drüsenschwellungen) in früher Jugend waren Vorläufer ihrer späteren, schweren Leiden. Mit 10 Jahren verlor sie ihre Mutter. Mit 11 Jahren kam sie in das Internat der Herz-Jesu-Schwestern in Poitiers.

Schon mit 13 Jahren (1887) begann jenes Leiden, das sich schließlich am linken Fuß als tuberkulöse Knochen- und Gelenkentzündung (tumor albus) am Knöchel und Knie und schließlich als Knochenfraß erwies. In den Aufenthalten während des Winters in Poitiers und während des Sommers in Parthenay wurde sie von Dr. Dupont und Dr. Gaillard behandelt. Wegen Arbeitsunfähigkeit, vor allem aber wegen der Ausbreitung der skrofulös-tuberkulösen Knochenerkrankung, mußte Amélie Chagnon am 28. Oktober 1890 ins Spital eingeliefert werden.

Man gewährte ihr Aufnahme bei den Hospitalschwestern, wo man an ihr alle damals üblichen Behandlungsweisen versuchte. Der dort behandelnde Arzt Dr. Lamardière mußte den Ernst und die Hoffnungslosigkeit des Krankheitszustandes feststellen und sprach als Erster von der Unheilbarkeit der Krankheit.

Könnte eine Pilgerfahrt nach Lourdes die ersehnte Heilung bringen? 1889 machte Amélie Chagnon mit ihrer Tante eine erste Pilgerfahrt nach Lourdes. Aber es stellte sich trotz Gebete und Waschungen mit Lourdeswasser keine Besserung ein. Ungebrochen war aber Amélie Chagnons Gottvertrauen und Zuflucht zu Maria, die schon so vielen Heilung geschenkt hatte. 1891 unternahm sie ihre zweite Fahrt nach Lourdes, wo sie am 21. August 1891, um 9 Uhr morgens ankam.

Am Nachmittag des gleichen Tages, genau um 15 Uhr, ließ sie sich, fast bewußtlos, durch sechs Helferinnen, darunter Frau de la Salinière, auf einem Tuch liegend in das Wasser der Piszine tauchen. Was dabei geschah, hat Dr. Boissarie nach Zeugenaussagen wie nach Aussagen der Geheilten in folgenden Sätzen festgehalten:

»Die heftigen Schmerzen, die sie am Beine verspürte, rufen das Bewußtsein bald wieder wach … Man kommt ihrem Wunsche nach, und taucht sie wieder in die Piszine. Ihre Schmerzen sind anfänglich heftiger, ihr Knie kracht, es kommt ihr vor, wie wenn eine brennende Flüssigkeit aus ihrem Bein herausliefe, aber plötzlich tritt Beruhigung ein … Karies, Wunden, Knochentuberkel, aufgehobene Gelenkbewegung, alles war in einigen Augenblicken geheilt; die Wunde war durch eine feste Vernarbung ersetzt, der kariöse und bewegliche Knochen, der einen blauen Streifen unter der Haut zeichnete, hatte sein gesundes Aussehen, seine Festigkeit wiedererlangt, und war an die umliegenden Teile angewachsen.«[57]

Festgehalten seien die beiden Gutachten der Ärzte, in denen sie über den Zustand von Amélie Chagnon vor und nach der Heilung berichten.

Gutachten von Dr. Dupont:

»Ich Unterzeichneter, Pierre Dupont, Doktor der Medizin zu Poitiers (Vienne) bescheinige, daß Frl. Amélie Chagnon erkrankt war:

1. an einer ganz bedeutenden Gelenkgeschwulst (Arthritis) am linken Knie von skrofulo-tuberkulöser Natur; besonders groß

waren die Anschwellungen in der Gegend der Gelenktaschen; es bestand Neigung zur Ausrenkung und bedeutende Schwammbildung.

2. an einer Karies am zweiten Mittelfußknochen des linken Fußes mit Fistelbildung und Knocheneiterung.

Seit mehreren Monaten hatte ich dieses Mädchen in Behandlung. Anfangs wandte ich Zugpflaster an, dann tiefgehende »pointes de feu« und schließlich legte ich einen festen Verband an der ganzen Länge des Beines an, den ich vor etwa anderthalb Monaten wieder abnahm, ohne den geringsten Erfolg erzielt zu haben. Die Gelenkschmerzen waren immer sehr groß, die Eiterung dauerte fort, und die Schwammbildungen schienen sogar zugenommen zu haben.

Der Zustand des Fußes war nicht besser. Daher war ich entschlossen, wenn der allgemeine Gesundheitszustand sich unter dem Einfluß einer geeigneten Ernährung und ärztlichen Behandlung gebessert hätte, den zweiten Mittelfußknochen vollständig zu entfernen und dann in die Kniegewebe Einspritzungen mit Zinkchlorid zu machen.

Als ich das Mädchen von der Notwendigkeit dieser verschiedenen Operationen in Kenntnis setzte, bat sie, mich, dieselben aufzuschieben, weil sie die Absicht habe, nach Lourdes zu gehen. Ganz natürlich willfahrte ich ihrem Wunsche. Bis zu ihrer Abreise verließ sie das Bett nicht; die Eiterungen am Fuß bestanden noch fort, und der Zustand des Knies war so, wie ich ihn oben beschrieben habe. Am Tage vor der Abreise sah ich, wie ihre Schmerzen äußerst zugenommen, so daß ich eine gewisse Befürchtung für sie hatte und mich fragte, wie sie die Anstrengungen der Reise aushalten könnte.

Bei ihrer Rückkehr machte ich folgende, genauen Feststellungen: Die Fistelbildung, die etwa 2 cm hatte, war verschwunden, die Vernarbung war vollständig, schön und solid. An den verschiedenen Teilen des Gelenkes war gar keine Schmerzempfindung beim Drücken derselben.

Urkundlich dessen habe ich gegenwärtigen Bericht ausgestellt, den ich als der Wahrheit entsprechend erkläre.

Poitiers, 30. August 1891.   gez.: Dupont.«

Gutachten von Dr. Gaillard:[59]

»Ich unterzeichneter Hyacinth Joseph Gaillard, Doktor der Medizin der Pariser Fakultät, wohnhaft in der Stadt Parthenay (Deux Sèvres), bescheinige hiermit, daß Frl. Amélie Chagnon, 17 Jahre alt, wohnhaft zu Poitiers, die ich wegen einer Ostitis (Entzündung) an den Knochen des linken Fußes und einer chronischen Arthritis des Knies in Behandlung hatte, vollständig geheilt ist, und daß nicht die geringste Spur von diesen beiden Leiden übrig bleibt. Die Wunde des Fußes hat eine feste Narbe, und das Knie hat denselben Umfang wie das rechte. Die Bewegungen an den beiden Artikulationen sind unbehindert und normal.
Urkundlich dessen habe ich gegenwärtiges Zeugnis ausgestellt, damit es als rechtsgültiger Ausweis diene und gelte.
Parthenay, 5. September 1891.   gez.: Dr. Gaillard.«

Ende November 1891, knapp drei Monate nach ihrer wunderbaren Heilung, trat Amélie Chagnon als Postulantin im Herz-Jesu-Kloster in Poitiers ein. Am 8. November 1892 erlebte sie dort ihre Einkleidung, der auch Frau de la Salinièrie beiwohnte, die am 21. August 1891 die plötzliche Heilung von Amélie Chagnon in der Piszine von Lourdes miterlebt hatte. Später wurde Amélie Chagnon nach Le Mans versetzt, wo sie im dortigen Krankenhaus ihren Dienst verrichtete.

Nachdem eine ärztliche Kommission die plötzliche und dauerhafte Heilung von Amélie Chagnon als medizinisch nicht erklärbar testierte, hat nach einem kanonischen Verfahren in der belgischen Heimatdiözese der Bischof Walvarens von Tournay am 8. September 1910[60] die Heilung kirchlich als Wunder bestätigt.

15. Operation war nicht mehr nötig
Clémentine Trouvé (geheilt am 21. August 1891)

Die Heilung von Clémentine Trouvé (späterer Ordensname: Schwester Agnès-Marie) aus Rouillé hat deshalb über den religiös-kirchlichen Bereich hinaus beträchtliches Aufsehen und literarische Bedeutsamkeit erhalten, weil der französische Schriftsteller Émile Zola

(1840–1902) sie in seinem Werk »Lourdes« unter dem Namen »Sophie Couteau« auftreten läßt. Zola, der der geheilten Clémentine Trouvé im Ärztebüro in Lourdes begegnet war, hatte für alles Wunderbare und Göttliche nur Worte der Verhöhnung. Wegen der entstellenden Verzeichnung sowohl der Persönlichkeit als auch der Frömmigkeit der Geheilten wurde er heftig kritisiert durch den damals in Lourdes tätigen Arzt Dr. Boissarie. Als Clémentine Trouvé 14 Jahre alt war, litt sie bereits seit drei Jahren an Knochen- und Hautentzündung an der Ferse des rechten Fußes (Osteoperiostitis). Sie konnte nur mühsam, auf einen Stock gestützt und ohne Schuhe gehen. Am 18. August 1891 reiste Clémentine Trouvé von ihrem Heimatort Rouillé ab, um in Poitiers mit dem nationalen Pilgerzug nach Lourdes weiterzufahren. Am 21. August 1891 war für sie die lang ersehnte Stunde gekommen, Zutritt zu den Badebecken in Massabielle zu erhalten. Sie tauchte ihren rechten Fuß mit dem von Eiter durchtränkten Verband in die Piszine. In einer Sekunde war eine augenblickliche und vollständige Vernarbung geschehen.[61]

Ihr Heimatarzt Dr. Cibiel, der sie jahrelang behandelt hatte und schon daran dachte, die fortgeschrittene Krankheit durch eine Operation zu beheben, hat am 1. September 1891, eine Woche nach der Heilung von Clémentine Trouvé in Lourdes, folgendes Zeugnis[62] ausgestellt:

»Ich Unterzeichneter bescheinige, daß Clémentine Trouvé von Rouillé, welche eine Fistel periosteo-tuberkulöser Natur an der Fußsohle hatte, gegenwärtig geheilt ist und keine anderen Spuren ihres früheren Leidens hat als Narbenmale und eine etwas größere Entwickelung der Fußsohle; ich bescheinige ferner, daß ein Druck auf diese Gegend keine Schmerzempfindung hervorruft und daß das kleine Mädchen ganz bequem auf seinen kranken Fuß stehen kann.«
Lusignan, den 1. September 1891.   Dr. Cibiel.«

Nachdem eine ärztliche Kommission die Heilung von Clémentine Trouvé als medizinisch nicht erklärbar bezeichnet hatte, wurde nach einem kanonischen Verfahren durch den zuständigen Diözesanbischof, Erzbischof Amette von Paris, am 6. Juni 1908 diese Heilung als Wunder kirchlich bestätigt.[63]

16. Émile Zolas Interesse an Lourdes
Marie Lebranchu (geheilt am 20. August 1892)

Wiederum war es der französische Schriftsteller Émile Zola, der die Persönlichkeit und Heilung von Marie Lebranchu in seinem Roman »Lourdes« bekannt gemacht hat und zwar unter dem Namen »La Grivotte«.

Es konnte ihm zwar durch Fachärzte bescheinigt werden, daß er die Tbc-Erkrankung von »La Grivotte« wie auch ihre Heilung durchaus richtig schilderte. Seine Auffassung, die er mit der geheilten »La Grivotte« verband, »Sie hätte bis zu Tagesanbruch getanzt, wenn ihr die allerseligste Jungfrau einen Ball gegeben hätte.«[64] ist aber deplaziert. Zola läßt »La Grivotte« bereits auf der Rückreise von Lourdes nach Paris einen schweren Rückfall erleben und in einem Pariser Krankenhaus sterben, obwohl sie die augenblickliche und vollständige Gesundheit erlangt hatte.

Aus den Akten von Lourdes[65] lassen sich folgende Daten der Lebens-, Krankheits- und Heilungsgeschichte erheben: Marie Lebranchu, Tochter von an Tuberkulose verstorbenen Eltern, litt sehr früh schon unter Lungentuberkulose mit tiefen Kavernen. Ihr ganzer Körper wurde von immer heftigeren Hustenanfällen erschüttert und belastet. Sie war nach dem Urteil der sie behandelnden Ärzte eine hoffnungslose Todeskandidatin, als sie es im Jahr 1892 wagte, ihre letzte Hoffnung auf eine Wallfahrt nach Lourdes zu setzen, wohin sie am 19. August 1892 reiste. Als sie ein Jahr später nach ihrer Heilung am 22. August 1893 zu einer Dankwallfahrt nach Lourdes kam, wurde auf Grund der früheren Aktennotiz und nach eingehenden Gesprächen mit den untersuchenden Ärzten im Krankenregister von Lourdes[66] der ursprüngliche Befund noch einmal festgehalten:

> »Maria Lebranchu, 35 Jahre alt, Paris, rue Championnet, 172, leidet, gemäß dem Attest des Spitalarztes, Dr. Marquezy, an Lungentuberkulose mit Erweichung und Kavernen. Ihr Vater und ihre Mutter sind an Schwindsucht gestorben. Maria Lebranchu wurde nämlich im Hôtel-Dieu-Spital in der Abteilung des Professors Hermann Sée behandelt. Dort hat man ihren Auswurf untersucht und darin die charakteristischen Bazillen der Tuberkulose

gefunden. Seit 10 Monaten ist sie im französisch-niederländischen Spital (Hôspital Néederlandais), das speziell für Schwindsüchtige bestimmt ist. Sie lag beständig im Bett, hatte Blutspeien, füllte ihren Spucknapf mit Eiterauswurf und hat 48 Pfund abgenommen. Übrigens behielt sie auch keine Nahrung: Es war die Schwindsucht im letzten Stadium.«

Über die am 20. August 1892 erfolgte Heilung nach einem Bad in der Piszine der Grotte von Massabielle ist im Ärzteregister[67] von Lourdes nachzulesen:

»Als Marie Lebranchu am Samstag, den 20. August (1892), nach dem ersten Bade die Piszine verlassen hatte, kam sie in das Bestätigungsbüro. Man untersuchte sie sorgfältig und fand über ihren Lungen weder Rasseln noch Bronchialatmen, nicht die leiseste Spur einer Läsion. Man untersuchte sie am andern Tage, am 21., von neuem. Die frühere Kranke hustete nicht, hatte keinen Auswurf und guten Appetit zum Essen. Bis zu ihrer Abreise stellte man jeden Tag fest, daß die Heilung sich vollkommen behauptete.«

Marie Lebranchu heiratete 1894, verlor nach dreijähriger Ehe 1897 ihren Mann. 28 Jahre nach ihrer Heilung ist sie im Alter von 63 Jahren 1920 gestorben.[68]

Nachdem die Heilung von Marie Lebranchu von einem Ärztekomitee in Lourdes als medizinisch nicht erklärbar bezeichnet wurde, hat nach einem kanonischen Prozeß im zuständigen Bistum der Erzbischof Amette von Paris am 6. Juni 1908 die Heilung von Marie Lebranchu kirchlich als Wunder[69] anerkannt.

17. Bestürzung über das außergewöhnlich abstoßende Äußere
Marie Lemarchand (geheilt am 21. August 1892)

Auch Marie Lemarchand gehört wie Clémentine Trouvé (Nr. 15) und Marie Lebranchu (Nr. 16) zu jenen in Lourdes Geheilten, die durch Émile Zola in die französische Literaturgeschichte eingegangen sind. In dessen Roman »Lourdes« tritt sie als »Elise Rouquet« auf, wenn auch mit erheblichen Abänderungen von der geschichtlichen Wirklichkeit.[70]

Marie Lemarchand war von einem Lupusgeschwür, einer tuberkulösen Haut- und Flechtenerkrankung befallen, die die ganze linke Wange, die Lippen und einen Teil des Mundes bedeckte und ihr ganzes Gesicht erschütternd und abstoßend entstellte. Ihr behandelnder Arzt Dr. Lanéèle aus Caen mußte die Feststellung treffen, daß die kranke Marie Lemarchand unheilbar sei.[71]

Auch Marie Lemarchand, von ihren Ärzten aufgegeben, setzte ihre letzte Hoffnung auf Lourdes. Am 20. August 1892 kam sie erstmals an den Ort ihrer Erwartung. Der 21. August 1892 war der Tag, der ihr Leben völlig neu gestaltete. Sie ging zur Piszine neben der Grotte von Massabielle und wurde nach dem Eintauchen in das Becken von den eiternden Geschwüren im Gesicht und an den Füßen augenblicklich und vollständig geheilt.

Dr. d'Hombres,[72] der Zeuge der Heilung war, hat darüber folgende Erklärung im Ärztebüro in Lourdes abgegeben:

»Ich erinnere mich wohl, Marie Lemarchand vor den Piszinen gesehen zu haben, wie sie wartete, bis die Reihe an sie kam, um ein Bad zu nehmen. Ich war bestürzt über ihr außergewöhnlich abstoßendes Äußere. Die beiden Wangen, der untere Teil der Nase, und die Oberlippe waren von einer stark eiternden Geschwulst tuberkulöser Natur bedeckt. Als sie aus der Piszine kam, begab ich mich gleich ins Spital, um nach diesem Mädchen zu sehen. Ich erkannte sie sehr gut, obgleich das Aussehen ihres Gesichtes vollständig geändert war. An der Stelle der ekelhaften Wunde, die ich soeben gesehen hatte, fand ich eine zwar noch rote Hautfläche, die aber trocken und gleichsam von einer neugebildeten Haut überzogen war. Die leinenen Verbandstücke, die sie vor ihrem Eintritt in die Piszine gebraucht hatte, lagen neben ihr und waren ganz mit Eiter beschmutzt.

Diese arme Kranke hatte vor ihrem Bade noch eine gleichartige Wunde am Bein. Auch diese Wunde war, wie die Gesichtswunde, in der Piszine trocken geworden.«

Nach eingehender ärztlicher Überprüfung und nach einem kanonischen Verfahren, das durch die Heimatdiözese Paris der Geheilten durchzuführen war, stellte der Erzbischof Amette von Paris in einer umfangreichen Erklärung vom 6. Juni 1908 fest, daß auch die Heilung von Marie Lemarchand, nach ihrer Heirat Frau Authier, kirchlich als Wunder anzusehen ist.[73]

18. Tuberkulöse Kniegelenkentzündung wird geheilt
Élise Lesage (geheilt am 21. August 1892)

Es gibt Krankheiten wie der weiße Tumor (tumor albus) im Kniegelenk, gegen die Ärzte in der Vergangenheit mit (wie uns heute erscheint) geradezu grausamen Methoden angingen. Diese tuberkulöse Entzündung des Knies versuchte man mit weißglühenden Platinnadeln zu bekämpfen, die mit einem elektrischen Apparat in das Knie hineingetrieben wurden. Der für solche Krankheiten damals kompetenteste Arzt von Paris, Dr. de Saint-Germain, schrieb für die an weißem Tumor erkrankte Élise Lesage[74] im Juli 1891 folgende Behandlung vor:

»1. Unter Anwendung von Chloroform fünf große Streifen brennen und 25 pointes des feu ringsum das Knie applizieren.
2. Täglich Applikationen mit Jodtinktur um das Kniegelenk machen.
3. Im Falle von Mißerfolg, namentlich wenn nach zwei Monaten eine merkliche Verschlimmerung eintreten sollte, wäre eine operative Entfernung des kranken Knochens notwendig.
4. Die bereits begonnene Allgemeinbehandlung muß strengstens fortgesetzt werden.«[75]

Trotz dieser schmerzlichen Behandlung verschlimmerte sich die Krankheit; es drohte die Resektion des kranken Knochens. Für Mitte des Jahres 1892 wurde der nationale Pilgerzug nach Lourdes organisiert, zu dem sich auch Élise Lesage meldete. In Poitiers wurde ein kurzer Zwischenstop eingelegt, den viele Pilger zum Besuch des Grabes der heiligen Radegundis[76] benutzten. Die fränkische Königin

Radegundis (518–587) hatte in Poitiers ein Frauenkloster (St.-Croix) gegründet. Ihre Grabstätte hat sie in der romanischen Kirche Saint Radegonde erhalten, wo sich in der Krypta die Säulen und Radialkapellen um ihr Grab gruppieren. Es war wie eine Ankündigung größerer Gnadenerweise, daß Élise Lesage – wenn auch nur für einige Augenblicke – in Poitiers auf ihrem kranken Fuß stehen konnte.

Am 21. August 1892 wurde sie in der Piszine in der Nähe der Grotte von Massabielle plötzlich und vollständig von ihrem schweren Leiden der tuberkulösen Gelenkentzündung befreit. Nur die Spuren der weißglühend gemachten und eingetriebenen Platinnadeln waren im ehemals kranken Knie zurückgeblieben. Unmittelbar nach ihrer Heilung ist Élise Lesage im Arztbüro von Lourdes erschienen, um den neuen Zustand des Knies nach der Heilung überprüfen zu lassen.

Die ärztlichen Überprüfungen dieses Falles haben eine Heilung festgestellt, die medizinisch nicht erklärbar ist. Im kanonischen Prozeß, durchgeführt vom zuständigen Bistum Arras, wurde von einem Heilungsprozeß in zwei Etappen gesprochen – am 19. August 1892 am Grab der heiligen Radegundis in Poitiers und am 21. August 1892 in der Piszine von Lourdes. Der Bischof Williez von Arras hat in einer feierlichen Erklärung vom 4. Februar 1908 die Heilung von Élise Lesage kirchlich als Wunder anerkannt.[77]

19. Gebet als Quelle der Heilung

Schwester Marie de la Présentation
(geheilt am 29. August 1892)

Tuberkulöse Magen- und Darmgeschwüre waren noch im vergangenen Jahrhundert eine grausame Krankheit, denn der Patient, der immer unruhiger und besorgter in sich hineinhorchte, entdeckte mit jedem Tag das deutliche Schwinden seiner Kräfte und mußte sich auf einen langen Todeskampf mit verhängnisvollem Ausgang einstellen.

Schwester Marie de la Présentation litt bereits über 12 Jahren an einer chronischen, tuberkulösen Magen- und Darmentzündung. Immer wieder sah sie sich der Hiobsbotschaft der Ärzte ausgesetzt: Alle Behandlungsakte und Medikamente bleiben wirkungslos.[78]

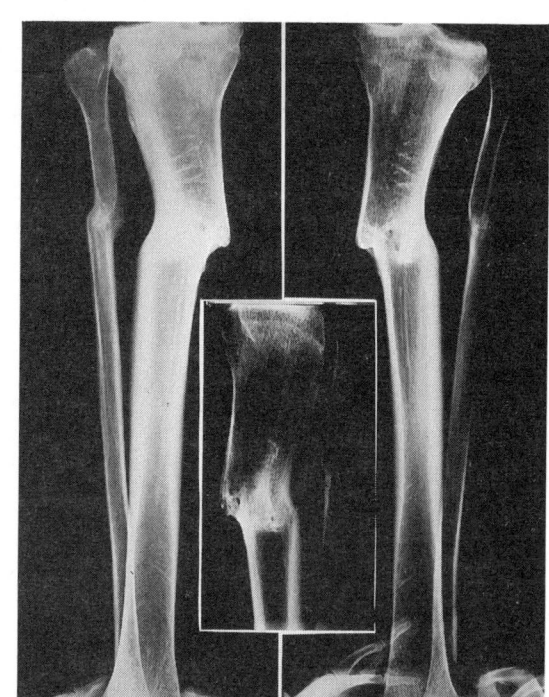

Röntgenaufnahmen im Fall
Pieter de Rudder.

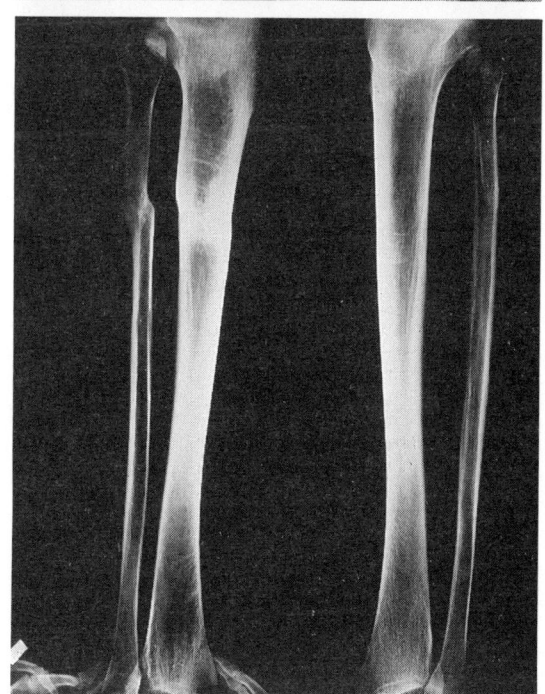

Frontalansicht der geheilten
Knochen beider Beine.

46 Jahre war Schwester Marie de la Présentation alt, als sie eine Wallfahrt nach Lourdes unternahm. War sie enttäuscht, als das Wasser in der Piszine neben der Grotte von Massabielle ihr nicht geholfen hat? Ungebrochen muß ihr Glaube, ihr Vertrauen auf Gott und auf die Fürsprache Marias gewesen sein, als sie sich in die Rosenkranzkirche in Lourdes schleppte, jene mächtige Basilika, die nach Absprengung von 11 000 cbm Felsen auf dem Plateau über der Grotte von Massabielle in sechsjähriger Arbeit errichtet worden ist. Sie wollte sich gewiß dort in der dämmerigen Kühle des Raumes niedersetzen, sich von dem Schrecken nicht geheilt worden zu sein, erholen. Trotzdem rang sie sich zu der Hingabe durch, ihre Krankheit weiterhin als Kreuz in der Nachfolge Christi zu tragen.

Es war nicht das »Zeichen« des Wassers, das ihr Heilung brachte. Ihr Gebet, um das Gott allein weiß, ließ am 29. August 1892 die Rosenkranzkirche in Lourdes zum Ort der Gnade werden und schenkte der 46jährigen Schwester Marie de la Présentation die von den Ärzten nicht mehr für möglich gehaltene, vollständige und augenblickliche Heilung ihrer langjährigen tuberkulösen Darm- und Magenentzündung.

Das Ärztebüro von Lourdes konnte bestätigen, daß diese Heilung medizinisch nicht erklärbar war. Der kanonische Prozeß des zuständigen Bistums führte zu der Erklärung des Erzbischofs Delamaire von Cambrai vom 15. August 1908, daß diese Heilung kirchlich als Wunder anerkannt ist.

20. Der erste geheilte Priester
Abbé Cirette (geheilt am 31. August 1893)

Unter den in Lourdes und auch kirchlich als Wunder anerkannten Geheilten ist Abbé Cirette der erste Priester. Bisweilen ist die Meinung zu hören, Priester ermutigten zwar oft andere zum Glauben oder auch zu einer Wallfahrt nach Lourdes, selbst aber seien sie sehr skeptisch.

Das typische Beispiel eines solchen Priester war der Abbé Fiamma aus der Diözese Paris, der seinem Hausarzt Dr. Roesch offen bekannte: »Mein Erzbischof wünscht, daß ich nach Lourdes fahre. Aber ich fahre ohne jedes Vertrauen auf meine Heilung.«[79]

Sicherlich war Abbé Cirette, Pfarrer von Beaumontel, ein ganz anderer Priester. Mit großer Begeisterung und ganzer Kraft setzte er sich für seine Pfarrgemeinde ein, aber eine rätselhafte Krankheit (Rückenmarksklerose mit Pyramidenbahnschädigung) traf seinen Leib, der immer mehr von einer heimtückischen, fortschreitenden Lähmung befallen wurde.

Mit 46 Jahren sah Abbé Cirette seine letzte Rettung in einer Wallfahrt nach Lourdes. Am 31. August 1895 war die Piszine bei der Grotte von Massabielle Endstation seiner Sehnsucht und Hoffnung. Er wurde in das mit Lourdeswasser gefüllte Badebecken getaucht, aber die erwartete Heilung stellte sich nicht ein. Ungebrochen war und blieb das Gottvertrauen von Abbé Cirette. Was sich im Badebecken nicht ereignete, wurde langsam, stetig und vollständig Heilungswirklichkeit in den unmittelbar darauffolgenden Stunden, in denen er von allen physischen und geistigen Leiden restlos und für immer befreit wurde.[80] Man kann sich lebhaft vorstellen, mit welcher Freude und Dankbarkeit der geheilte Abbé seinen priesterlichen Dienst wieder aufnahm!

Das Ärztekomitee von Lourdes konnte nur feststellen: Die Heilung von Abbé Cirette ist medizinisch nicht erklärbar. Nach einem sich anschließenden kanonischen Prozeß fällte der zuständige Bischof Meunier von Evreux am 11. Februar 1908 das Urteil, daß es sich kirchlich um ein Wunder handelte.

21. Einer jener »aussichtslosen« Fälle
Aurélie Huprelle (geheilt am 21. August 1895)

Aurélie Huprelle aus Beauvais ist einer jener »aussichtslosen Fälle«, deren langjährige Ärzte sich aus Verantwortung gegenüber ihren Patienten zu der ernsten Feststellung durchgerungen haben, man dürfe sie nicht einer langen und beschwerlichen Eisenbahnfahrt nach Lourdes aussetzen, weil sie das Reiseziel nicht lebendig erreichen würden.

Seit ihrem 20. Lebensjahr wurde Aurélie Huprelle von ihrem Hausarzt Dr. Hardivilliers betreut. Gegenüber der rasant fortschreitenden Krankheit (unheilbare Lungenschwindsucht) war ihr Arzt machtlos. Im Jahre 1889 erschütterte sie eine Lungenkongestion, die wieder-

holt Entzündungen der Lungenröhrenäste und schließlich ein Lungen-
leiden mit akutem Verlauf und weiten Kavernen in den angegriffenen
Lungen auslöste. Hinzu kamen heftige Blutstürze und hochgradiges
Fieber. Das Atmen wurde zunehmend beschwerlicher für sie.

Am 19. August 1895 bestieg sie, begleitet von ihrer Mutter, den
Zug nach Lourdes. Auf der Zwischenstation Paris mußte man ihr die
Krankensalbung spenden, da ihr Tod unmittelbar bevor erschien. In
Agonie liegend erreichte Aurélie Huprelle Lourdes, wo sie ihren Ster-
beort erblickte, denn sie war von der Idee besessen, in der Grotte von
Massabielle zu sterben.

Ohnmächtig auf einer Matratze liegend wurde Aurélie Huprelle
von Krankenträgern zur Grotte von Massabielle getragen. Sie fürchtete
in das Becken getaucht zu werden, weil sie ihre letzten Stunden
gekommen sah. Mit äußerster Behutsamkeit wurde die mehr sterbende als lebende Kranke auf ein großes Tuch gelegt und langsam in
das Wasser hinabgelassen: Es war am 21. August 1895.

Was sich dann in wenigen Augenblicken ereignete, schilderte Dr.
Boissarie:

»Kaum ist sie im Wasser, da wird sie von einer heftigen Brustbeklem-
mung erfaßt, sie verspürt ein Angstgefühl, das sie nicht beschreiben
kann und ein brennender Schmerz durchdringt sie. Dann stellt sich
plötzlich Ruhe ein, jeder Schmerz verschwindet und sie hat ein
Gefühl von vollständigem Wohlbefinden. In wenigen Sekunden ist
sie geheilt, ohne Übergang, gründlich geheilt ... Als sie in das
Ärztebüro kam, untersuchten wir sie mit der größten Sorgfalt und
konnten nicht die geringste Läsion in ihren Lungen finden.«[82]

Eine Woche nach der Heilung in Lourdes, am 30. August 1895,
begegnet der Hausarzt Dr. Hardivilliers der geheilten Aurélie
Huprelle. Sein Untersuchungsergebnis hat er in einem Attest vom
1. September 1895[83] niedergelegt:

»Am 30. August 1895 werde ich zu Frl. Huprelle, die von Lourdes
zurückgekehrt ist, gerufen und stelle mit Überraschung fest, daß
alle oben beschriebenen Symptome von Tuberkulose vollständig
verschwunden sind.
Beauvais, den 1. September 1895   Dr. Hardivilliers.«

Das Ärztekomitee von Lourdes stellte nach der Untersuchung der Geheilten und nach sorgfältiger Überprüfung ihrer gesamten Krankheitsgeschichte fest: Die beiden Lungen sind vollständig unversehrt. Tuberkelbazillen wie die tiefen Kavernen sind nicht mehr vorhanden. Die augenblickliche Heilung ist medizinisch nicht zu erklären. Dr. Boissarie fügte hinzu: »Eine augenblickliche Heilung bedingt eine Neuschaffung von Geweben.«[84]

Nach einem kanonischen Verfahren wurde am 1. Mai 1908 vom zuständigen Bischof Douais von Beauvais das kirchliche Urteil gefällt: Die am 21. August 1895 in Lourdes erfolgte Heilung von Aurélie Huprelle ist ein von der Gnade Gottes gewirktes und geschenktes Wunder.[85]

22. Ein geheiltes 15jähriges Mädchen
Esther Brachmann (geheilt am 21. August 1896)

Was mag in einem 15jährigen Mädchen vor sich gehen, wenn ihm Ärzte bescheinigen müssen, daß es hoffnungslos an Bauchtuberkulose leidet, und daß sich diese Erkrankung noch verschärft hat durch eine unheilbare Lungentuberkulose?

Wieviele Träume und Lebenspläne stürzen mit einer solchen Nachricht wie ein Kartenhaus zusammen?

Neben Henri Busquet (Nr. 4; 15 Jahre alt zur Zeit der Heilung), Marie Moreau (Nr. 7; 17 Jahre alt zur Zeit der Heilung), Amélie Chagnon (Nr. 14; 15 Jahre zur Zeit der Heilung), Clémentine Trouvé (Nr. 15; 14 Jahre zur Zeit der Heilung), Marie Lemarchand (Nr. 17; 18 Jahre zur Zeit der Heilung) und Élise Lesage (Nr. 18; 18 Jahre zur Zeit der Heilung) gehört Esther Brachmann[86] aus Paris zu den Lourdes-Geheilten der jungen Generation.

In einem äußerst besorgniserregenden Zustand kam Esther Brachmann in Lourdes an. Man rechnete eher mit ihrem Tod als mit einer Heilung. Es war der 21. August 1896, als Esther Brachmann im Krankenwagen – ein Häuflein Elend! – zur Grotte von Massabielle und zu den Piszinen gefahren wurde. Wie viele andere Heilungsuchende wurde sie von einfühlsamen Helferinnen in das Becken eingetaucht und noch im Becken, umflutet vom Lourdeswasser, wurde sie plötzlich und vollständig geheilt. Es muß wohl ein bergeversetzendes Gottvertrauen im Herzen und ein inniges Gebet auf den Lippen der Kranken gewesen sein, daß Gott die Piszine, zuerst Ort des Gebetes, in einem einzigen Augenblick zum Ort seiner Gnade und Heilung machte! Angesichts dieser Heilung eines jungen Menschen kann man nur gläubig staunen.

Die offizielle Ärztekommission von Lourdes hat diesen »Fall« für medizinisch nicht erklärbar bezeichnet. Nach einem kirchlichen Verfahren erklärte der zuständige Erzbischof Amette von Paris am 6. Juni 1908 die Heilung von Esther Brachmann als Wunder.

23. Heilung am Geburtstag
Jeanne Tulasne (geheilt am 8. September 1897)

Es ist kühn und gewagt, wenn Menschen von Gott eine Heilung von schwerer Krankheit erbitten, wie es Jeanne Tulasne getan hat, und damit auch noch ein genaues Heilungsdatum, nämlich ihren Geburtstag, fordern.

Erste Ansätze einer Krankheit, die man zunächst für ein neuralgisches oder rheumatisches Leiden gehalten hatte, machten sich bei Jeanne Tulasne im Juni 1895 bemerkbar. Im darauffolgenden Oktober mußte bereits der ganze Ernst der ausgebrochenen Krankheit festgestellt werden: Rückgratverkrümmung und Buckelbildung (sehr bedeutsames Heraustreten von drei Wirbelknochen), konstatiert als Pottsche Krankheit. Man versuchte, mit einem Gipskorsett die beginnende Krankheit in den Griff zu bekommen, mußte aber sehr bald erkennen, daß der Krankheit nicht mehr beizukommen war. Seit dem 27. September 1896 war Jeanne Tulasne bettlägerig und blieb es bis zur Heilung in Lourdes.[87]

Nach Ansicht des Hausarztes war eine Reise nach Lourdes eine unverantwortliche Verrücktheit: »Sie zu unternehmen, hieß der Wissenschaft trotzen oder vielleicht auch Gott versuchen.«[88] Dr. Lieffring, der eben erst seine Arztpraxis in Tours eröffnet hatte, stellte der Schwerkranken ein gewünschtes Attest aus, das dem Ärztebüro in Lourdes vorgelegt werden sollte. Es hatte folgenden Wortlaut:[89]

»Tours, den 7. August 1897.
Ich unterzeichneter Doktor der Medizin bescheinige, daß Frl. Tulasne, 20 Jahre alt, wohnhaft zu Tours, 8 rue Ragueneau, die Pottsche Krankheit in der Lendengegend hat, mit neuropathischen Begleiterscheinungen in der Gegend des linken Hüftnervs und Muskelatrophie des entsprechenden Gliedes. Die Kranke kann nach Lourdes transportiert werden unter der Voraussetzung, daß sie, wie ihr Zustand dies erfordert, vollständig unbeweglich bleibt.
Urkundlich dessen habe ich ihr gegenwärtiges Zeugnis ausgestellt.

Dr. Lieffring, 16, rue Rapin.«

Am Morgen des 6. September 1897 begann unter größten Schwierigkeiten und Befürchtungen die Reise. Die 20jährige Jeanne Tulasne wurde »auf eine Matratze in einem langen, eigens für sie angefertigten Weidenkorb gelegt und in bewußtlosem Zustand durch die Straßen der Stadt (Tours) zum Bahnhof getragen.«[90] Begleitet wurde sie von ihrem Vater und ihrer Mutter. Am Morgen des 7. September 1897 erreichte man Lourdes. Unter größten Mühen wurde die Schwerkranke zu den Piszinen neben der Grotte von Massabielle getragen. Man tauchte sie mit äußerster Behutsamkeit am Abend des gleichen Tages in das Wasser des Badebeckens – ohne Erfolg.

Am nächsten Tag, 8. September 1897, wurde ein zweites Mal am Vormittag und ein drittes Mal am Nachmittag das Eintauchen in das Lourdeswasser der Piszinen wiederholt – beide Male ebenfalls ohne Erfolg. Die meisten Pilger, die diese Szenen miterlebt hatten, glaubten nach den drei »Mißerfolgen« nicht mehr an das Wunder einer Heilung. Aber Jeanne Tulasne war von ihrer Heilung an ihrem Geburtstag überzeugt.

Am Spätnachmittag wurde gegen 16.30 Uhr die alltägliche Sakramentsprozession gehalten, bei der der Erzbischof Renon von Tours, der Heimatbischof von Jeanne Tulasne, die Monstranz trug und den

Segen über die Kranken erteilte. Vor der Rosenkranzkirche lag die schwerkranke Jeanne Tulasne auf ihrer Matratze in dem Weidenkorb. Lange blieb der Erzbischof mit dem Allerheiligsten vor der Schwerkranken seiner Diözese stehen. Groß und langsam gab er mit der Monstranz ein Kreuzzeichen über sie.

Wohl nur wenigen wird das persönliche Erlebnis eines Wunders zuteil wie dem segnenden Erzbischof Renon von Tours, denn plötzlich setzte sich das 20jährige Mädchen aus eigener Kraft auf, stand auf und war augenblicklich und vollständig geheilt. Am 9. September 1897 wurde Jeanne Tulasne vom Ärztekomitee von Lourdes unter Vorsitz von Dr. Boissarie untersucht und ihre plötzliche und vollständige Heilung als medizinisch nicht erklärbar festgestellt.

Ein Jahr später hat Pfarrer Verger von St. Julian in Tours an seinen Freund Dr. Boissarie einen umfangreichen Brief[91] geschrieben. In ihm teilt er wichtige und sehr persönliche Details des Heilungsverlaufes mit, den er selbst am 8. September 1897 in Lourdes miterlebt hatte.

Tours, den 9. September 1898.

»Mein lieber Freund!

Aus sicherer Quelle weiß ich, daß am verflossenen Mittwoch die Heilung von Frl. Jeanne Tulasne amtlich durch das Ärztebüro von Lourdes festgestellt worden ist. Nach der ärztlichen Untersuchung wurde anerkannt, daß dieses Mädchen wirklich eine Karies der Wirbelknochen, die sogenannte Pottsche Krankheit hatte, und daß die Heilung zu den wichtigsten des Jahres 1897 gezählt werden muß. Aber seitdem ich den Bericht dieser Heilung veröffentlicht habe, hat man mich oft gebeten, denselben zu vervollständigen und der Öffentlichkeit einen wichtigen Umstand mitzuteilen, der nur wenigen bekannt war und den ich zu meinem größten Bedauern mit Stillschweigen übergehen mußte. Lange zögerte ich, weil ich glaubte, auf gewisse Bedenken zarter Natur Rücksicht nehmen zu müssen. Heute jedoch habe ich die Überzeugung, daß die Ehre Gottes im Spiele steht, und daß ich nicht das Recht habe, länger zu schweigen. Sie mögen selbst urteilen, ob ich recht habe oder nicht. Sie erinnern sich, lieber Freund, daß Frl. Tulasne nicht in der Piszine geheilt wurde, sondern vor der Rosenkranzkirche, beim

Vorübertragen des allerheiligsten Sakramentes. Lange war der Hochwürdige Herr Erzbischof bei ihr stehen geblieben, offenbar mit der zuversichtlichen Erwartung, der göttliche Meister werde das Wort sprechen, das jedermann erwartete, und das die Volksmenge mit mächtigen Rufen erflehte als sie rief: ›Heile sie, Herr! Heile sie! Heile sie!‹ ... Und der Herr sagte dieses Wort nicht.

Das Mädchen streckte seine zitternden Hände nach ihm aus, ihr Vater und ihre Mutter weinten heiße, bittere Tränen, und wir, sowie ihre Freunde von Tours, hatten das Herz zusammengepreßt. In der Nähe des Erzbischofes sagte ein fremder Priester ungeduldig: ›Sie ermüden sich, Hochwürdiger Herr; die andern Kranken warten ...‹ Und langsam entfernte sich das heiligste Sakrament, und mit ihm unsere letzte Hoffnung. Nur die arme Kranke war nicht in ihrem Vertrauen erschüttert. In einem noch ergreifenderen Tone wiederholte sie ihre Bitten: ›Herr, wenn du willst, du kannst mich heilen!‹ und die Volksmenge verfolgte schluchzend dieses mächtige Ringen des lebendigsten Glaubens und einer unbesiegbaren Hoffnung mit der unendlichen Barmherzigkeit, die taub zu sein schien. Der Erzbischof war bis zu Tränen gerührt, blieb bei der nächsten Kranken stehen und darauf vor einer dritten, die er nicht kannte.

Diese dritte war eine intime Freundin der Familie Tulasne, eine geschickte Stickerin, Frau Catay von Tours. Auch sie war, nachdem sie bessere Tage des Wohlstandes gekannt hatte, von der Krankheit niedergeworfen worden und lebte nun kümmerlich von ihrer und ihrer Tochter Arbeit. Fast jeden Tag gingen Mutter und Tochter die kranke Jeanne besuchen, ermunterten sie mit ihren frommen Ratschlägen und redeten ihr viel von Lourdes und der Güte der allerseligsten Jungfrau. Aus Dankbarkeit für ihre liebevolle Teilnahme hatte Jeanne den Gedanken, ihren Vater um ein Geldopfer zu bitten, was unter den damaligen Umständen und aus besonderen Gründen sehr schwer war. Es handelte sich darum, ihre Freundinnen mit nach Lourdes zu nehmen, die Reisekosten, wenigstens für eine derselben zu bezahlen, für die Unterkunft beider zu sorgen, und sich so ihre eifrigen Gebete zu sichern. So tat man auch.

Frau Catay war ob dieser großmütigen und zarten Aufmerksamkeit außerordentlich gerührt, vergaß während der Pilgerfahrt stets sich selbst und betete unaufhörlich für die Heilung ihrer jungen Freundin. Als nun der Hochwürdigste Herr vor sie hintrat, und sie mit ihren Augen die heilige Hostie sah, den geheimnisvoll verborgenen göttlichen Heiland, denjenigen, der verheißen hat, kein Glas Wasser unbelohnt zu lassen, da sprach sie nur ein Gebet, das sie fürs hundertste Mal wiederholte: »Mein Gott, wenn nur eine von uns beiden geheilt werden soll, so möge es Jeanne sein!« . . .

Und wirklich wurde Jeanne genau in jenem Augenblick wunderbar geheilt. Der Hochwürdigste Herr Erzbischof, welcher ihre Rufe hörte, hatte sich mit der Monstranz zu ihr gewendet, und plötzlich wurde das Mädchen am ganzen Körper gewaltig erschüttert, richtete sich aus eigenem Antrieb auf und sagte zu seiner Mutter: »Ich bin geheilt, Mama; ich spüre keinen Schmerz mehr, ich will aufstehen.«

Das Übrige wissen Sie, lieber Freund, und jetzt wissen Sie alles. Die Heilung von Frl. Tulasne war der Lohn eines Liebesaktes, und Sie sind gewiß mit mir der Meinung, daß dieses Werk der Nächstenliebe der Schlüssel des Wunders ist.

Genehmigen Sie u. s. w.   P. Verger, Pfarrer von St. Julian.«

Nach einem kanonischen Prozeß konnte der Heimatbischof von Jeanne Tulasne, der bei der Sakramentsprozession in Lourdes die Monstranz getragen und den Segen erteilt hatte, Erzbischof Renon von Tours, am 27. Oktober 1907 diese Heilung als Wunder erklären.[92]

24. Ende einer Lungentuberkulose
Clémentine Malot (geheilt am 21. August 1898)

Unter den Heilungsuchenden in Lourdes waren erstaunlich viele Kranke, die von Tuberkulose (Knochen- und Gelenk-Tbc, Kehlkopf- und Lungen-Tbc, Magen-, Bauchfell- und Darm-Tbc, Wirbel- und

Rückgrat-Tbc) befallen waren. Damit wird eine nicht allzu weit zurückliegende Epoche der Medizingeschichte sichtbar, in der einerseits eine tragische Epidemie mit unheilbarer Tuberkulose sich ausbreitete und in der andererseits die Medizin selbst noch kein wirksames Heilmittel zur Bekämpfung und Ausheilung der Tuberkulose besaß.[93]

In dieser Epoche der unheilbaren, offenen Tuberkulose lebte Clémentine Malot, die an Lungentuberkulose litt. Die Hoffnung auf Eingrenzung oder gar auf Ausheilung erwies sich als trügerisch. Zwei zeitlich gestufte Röntgenaufnahmereihen stellten eine tragische und hoffnungslose Ausdehnung fest.

Man tut sich als Gesunder schwer, sich in einen unheilbar Kranken wie die 25jährige Clémentine Malot[94] hineinzudenken und die sicherlich stürmischen Überlegungen und gegensätzlichen Gedankengänge nachzuvollziehen. Da quält und bohrt einerseits das Wissen um die Unheilbarkeit der Lungentuberkulose. Durch die Krankheit werden alle Lebenspläne zerschlagen. Eine schwierige, unausweichliche Vorbereitung auf ein baldiges, meist qualvolles Sterben wird zur ungewollten Herausforderung, die man wohl zeitweise verdrängen kann, aber der man sich früher oder später doch unerbittlich stellen muß.

Es gibt aber andererseits in jedem Menschen einen Funken Hoffnung. In einer Lebenskrise kann das Gottesbild selbst in eine Zone der Infragestellungen geraten: Warum hat Gott ausgerechnet mir diese unheilbare Krankheit geschickt? Ist das ein Gott der Liebe, der Güte und Menschenfreundlichkeit? Warum läßt Gott mich leiden?

Vor Clémentine Malot stand nur noch ein einziges Ziel: nach Lourdes zu fahren, um dort zu sterben oder . . . Warum aber ereignete sich nichts, als sie am 21. August 1898 ein erstes Mal in das Wasser getaucht wurde? Warum wurde sie, als sie am gleichen Tag ein zweites Mal in die Piszine eingetaucht wurde, plötzlich und vollständig geheilt? Sollte durch die Verzögerung ihr Glaube geprüft und zur letzten Tiefe geläutert werden?

Das Ärztekomitee von Lourdes hat nach eingehender Prüfung aller Krankheitsakten und nach wiederholter Untersuchung der Geheilten das Urteil abgegeben: Die Heilung von Clémentine Malot ist medizinisch nicht erklärbar. Zehn Jahre nach der Heilung verkündete nach einem überaus gründlichen, kanonischen Prozeß der Bischof

Douais von Beauvais am 1. November 1908 den wunderbaren Charakter dieser Heilung.[95]

25. Unfaßbare Heilung
Françoise Rose (geheilt am 20. August 1899)

Françoise Rose, geborene Labrevoies, litt an einem entzündeten Ödem (Phlegmone) an der Hand und am rechten Arm, an einer eitrigen Wunde, die sich nicht auskurieren und schließen ließ. Schließlich hatte sie noch eine rätselhafte Augenkrankheit, die ihre Sehkraft von Jahr zu Jahr minderte, so daß in absehbarer Zeit mit völliger Erblindung gerechnet werden mußte.[96]

Ihre Gesamtkonstitution war schwächlich und brüchig, durchsetzt von Krankheitsherden und kaum mit Abwehrkräften ausgestattet. Die 36jährige Françoise Rose war ein Häuflein Elend, als sie in Lourdes ankam. Sie konnte es kaum erwarten, bis sie, nach langem Sitzen in der Menschenschlange der Heilungsuchenden, am 20. August 1899 in die Badekabine neben der Grotte von Massabielle eintreten durfte und dort in das Wasser eingetaucht wurde. Man mußte erst die verschiedenen Krankheitszonen überprüfen, um schließlich nach dem Eintauchen feststellen zu können, daß alle Leiden plötzlich und dauerhaft geheilt waren.

Das Erstaunliche dieser Wunderheilung war, daß die an verschiedenen Stellen ausgebrochene Krankheit, die sich seit vielen Jahren in den Körper eingefressen hatte, schlagartig ausheilte.

Das Ärztekomitee in Lourdes konnte nach exakter Prüfung keine andere Aussage treffen als das knappe Attest: Medizinisch nicht erklärbar!

Nach einem umfassenden, kanonischen Verfahren, in dem noch vier andere Wunderheilungen – Clémentine Trouvé (Nr. 15), Marie Lebranchu (Nr. 16), Marie Lemarchand (Nr. 17) und Esther Brachmann (Nr. 22) – abzuklären waren, hat der Erzbischof Amette von Paris am 6. Juni 1908 auch die Heilung von Françoise Rose als Wunder erklärt.

26. »Er konnte seine Freude kaum bemeistern ...«
Pater Salvator Taburel (geheilt am 25. Juni 1900)

Einen Umweg ist Ernest Taburel[97] in seiner Berufsentscheidung gegangen, der zunächst mit pädagogischer Begabung und Fleiß über zehn Jahre den Lehrberuf an einem Staatsgymnasium in Paris ausübte. Anläßlich eines religiösen Einkehrtages bei den Kapuzinern in Le Mans fiel die endgültige Entscheidung Kapuzinerpater zu werden.

Eben hatte er in Le Mans sein Theologiestudium beendet, als er mit 34 Jahren bei der Pflege kranker Mitbrüder von Tuberkulose befallen wurde. Die Ordensleitung hielt die Ansteckung anfangs für vorübergehend und heilbar. Pater Salvator konnte im Juni 1898 die Priesterweihe empfangen und wurde bald darauf wegen seiner langjährigen und bewährten Schulerfahrung zum Direktor der Schule von Dinard ernannt.

Schon nach wenigen Monaten stellte sich am 15. Januar 1899 eine schwere Gesundheitskrise ein, die im ärztlichen Gutachten, ausgestellt von den Ärzten Dr. Menager von Nantes und Dr. Mordredt von Le Mans, tuberkulöse Verhärtung der rechten Lungenspitze und Bauchfellentzündung (tuberkulöse Peritonitis) genannt wurde.

Nach Absprache mit den Ärzten, aber immer wieder verschoben, konnte Kapuzinerpater Salvator, gestützt und geschleppt von zwei Ordensbrüdern, am Samstag, 23. Juni 1900, den Zug nach Lourdes besteigen, wo er am Montag, 25. Juni 1900, ankam. An diesem Tag war es ungewöhnlich still in Lourdes und an der Grotte von Massabielle, denn kein Pilgerzug war angekommen. Der erste Weg des 38jährigen, gebückt und gekrümmt humpelnden Pater Salvator führte zur Grotte von Massabielle, wo er etwa eine Stunde betete. Dann schleppte er sich weiter zu den Piszinen. Was dort geschah, berichtet Dr. Boissarie:

»Um zwei Uhr stieg er ins Wasser. Er war wie erstickt und stieß zwei oder drei Rufe aus ... Bald richtet er sich empor, verspürt kein Unwohlsein mehr und vermag kaum seine Freude zu bemeistern. Er, der soeben gebeugt war wie ein Greis, steht nun aufrecht da und bewegt sich nach Belieben.«[98]

Um vier Uhr stellte sich der Geheilte im Bestätigungsbüro von Lourdes den Ärzten, die die plötzliche und vollständige Heilung feststellten. In einem weiteren, gewissenhaft ausgestellten Gutachten[99] bestätigte Dr. Lecovec von Dinard:

> »Pater Salvator litt an einer sehr schweren tuberkulösen Peritonitis; der Leib war aufgetrieben, mit Verhärtungen angefüllt, das Allgemeinbefinden war sehr schlecht; der Pater konnte keine Nahrung mehr nehmen, mußte das Bett hüten, und oft stieg das Fieber auf 40 Grad. Am 1. Juni reiste ich nach dem Mont-Dore und ließ den Kranken in einem sehr besorgniserregenden Zustand. Bei meiner Rückkehr erfuhr ich, daß er zu Lourdes sei, und am 2. Juli um sechs Uhr abends kam der Pater zu mir, um seine Heilung feststellen zu lassen. Nach einer sehr eingehenden Untersuchung konstatierte ich, daß der Leib seine Geschmeidigkeit wieder angenommen hatte und nicht mehr schmerzte, daß keine Spur von Verhärtungen mehr vorhanden war, wenn wir von einem kleinen Überrest auf der rechten Seite absehen. – Ich behaupte, daß das plötzliche Verschwinden dieser Läsionen sich nur durch eine übernatürliche Dazwischenkunst erklären läßt.«

Dr. Mordredt aus Le Mans, der den Geheilten während seiner dreijährigen Erkrankung an Bauchfell- und Lungentuberkulose behandelt hatte, faßt seine Eindrücke über die Heilung des Kapuzinerpaters Salvator Taburel in die Worte zusammen:

> »Dieser Ordensmann ging nach Lourdes und kam geheilt zurück; ich war glücklich, dies bei seiner Abkunft zu Le Mans feststellen zu können. Jenen Mann, den ich sterbenskrank und mit dem Tode ringend abreisen sah, fand ich vollständig gesund wieder.«[100]

Nachdem das Ärztebüro von Lourdes diese Heilung als nicht erklärbar konstatierte, hat nach einem ausführlichen, kanonischen Prozeß der Erzbischof Dubourg von Rennes am 1. Juli 1908 die Heilung des Paters Salvator als wunderbar erklärt.[101]

27. »Die grausame Krankheit verschwand wie ein Traum ...«

Schwester Maximiliane (geheilt am 20. Mai 1901)

Für eine Krankenschwester, die in eine Ordensgemeinschaft eintritt, um anderen zu helfen, muß es schmerzlich sein, den ersehnten Beruf deshalb nicht ausüben zu können, weil man schon nach wenigen Jahren des Einsatzes selbst krank, hilfs- und pflegebedürftig geworden ist.

Die Erkrankung von Schwester Maximiliane,[102] die im Kloster der Schwestern der Heiligen Familie in Marseille lebte und wirkte, wurde ausgelöst durch ein Erlebnis mit einem Geistigbehinderten. In der Nähe von Poitiers, wohin sie für einige Zeit versetzt war, konnte sie auf einem Spaziergang einen Geistigbehinderten nur mit großer Mühe vor dem Ertrinken in einem Fluß retten und geriet dabei selbst in Lebensgefahr.

Das seelische Schockerlebnis saß tief in ihr. Sie sprach zwar nicht davon und glaubte mit religiösem Opfersinn das Leiden tragen und ertragen zu können, das im Laufe der nächsten Monate als tiefsitzender, kaum geahnter Krankheitsherd sich erwies und aktiv wurde. Nach mehrmonatiger Inkubationszeit zeigte sich zunächst eine allgemeine Gelbsucht, hinzukam eine Leberkrankheit und später eine Bauchfellentzündung. Die Ärzte versuchten alle damals zur Verfügung stehenden Mittel und Methoden, mußten aber schließlich den Kampf gegen die unheilbare Krankheit aufgeben: Echinokokkuszyste der Leber (sackartiger, flüssigkeitsgefüllter Lebertumor) mit Begleitentzündung des Bauchfells (Peritonitis), tuberkulöse Bauchfellentzündung, Venenentzündung des unteren, linken Beines (Phlebitis). Ein allmählicher Vergiftungsprozeß war nicht mehr aufzuhalten, so daß jeder operative Eingriff zu spät kam.

Das Kloster in Marseille war für Schwester Maximiliane nach nur wenigen Jahren ihres Einsatzes als Krankenschwester zur Pflege- und Sterbestation geworden. Fünf Jahre war sie bettlägerig. Weil ein gewöhnliches, weiches Bett ihr unerträgliche Schmerzen bereitete, fertigte man ein hart gepolstertes Bett an, auf dem sie schlief und von dem sie sich nur mit fremder Hilfe erheben konnte. Ihr ganzer Körper war bereits so übersensibel geworden, daß sie auch im Bett kein Krankenhemd tragen konnte.

Ihren (wie man meinte) »letzten« Wunsch, nach Lourdes fahren zu dürfen, erfüllte ihre Generaloberin. In den Abendstunden des 19. Mai 1901 konnte Schwester Maximiliane von Marseille aus die erbetene Reise nach Lourdes antreten. Kompliziert und schmerzhaft waren das Hereinheben der Kranken auf dem »Brett« in den Waggon zu Marseille, vor allem die lange und rüttelnde Eisenbahnfahrt nach Lourdes und schließlich das Herausbringen der Kranken auf der unförmigen Trage.

Am Nachmittag des 20. Mai 1901 gegen 15 Uhr wurde sie zur Grotte von Massabielle und schließlich zur Piszine getragen. »Immer noch lag sie regungslos auf ihrem Brett. Vorsichtig ließ man sie ins Wasser und beim Berühren desselben durchzog ein ungeheuerer Schmerz das Bein. Dasselbe wurde sofort gerade und verlängerte sich zusehends unter den Augen der anwesenden Personen. Eine vollständige Schmerzlosigkeit war auf die heftige Erschütterung gefolgt, und die grausame Krankheit verschwunden wie ein Traum.«[103]

Die Schwere des Leidens, von dem Schwester Maximiliane geheilt wurde, ist bezeugt durch zwei ärztliche Gutachten: das erste Gutachten vom 21. Mai 1901, ausgefertigt von Dr. Rampal,[104] das zweite Gutachten vom 30. Mai 1901, ausgefertigt von Dr. Poncel.[105]

»Marseille, den 21. Mai 1901
Schwester Maximiliane lag bereits 5 Jahre an einer Abdominalkrankheit krank darnieder. Eine harte Geschwulst dehnte sich über die ganze Fläche des Bauchfelles aus. Zu verschiedenen Malen hatte sie ganz charakteristische hydatische Erbrechen. Man konnte sich die Frage stellen, ob nicht eine krankhafte Anhäufung von Gewebeneubildungen vorhanden wäre, aber die Anzeichen waren so unbestimmt, daß die Diagnose nicht mit Sicherheit gestellt werden konnte.

Diese Krankheitserscheinung wurde noch durch eine Phlebitis am linken Beine kompliziert, welche der Kranken unerträgliche Schmerzen verursachte. Das betreffende Glied war bedeutend angeschwollen, und es war der armen Schwester nicht gestattet, sich von ihrem Lager zu erheben. Diese Aufschlüsse kann ich

Ihnen über die Kranke geben, welche ich stets als unheilbar angesehen habe.   Dr. Rampal.«

»Ich Unterzeichneter, Chirurg der Krankenhäuser, bescheinige
hierdurch, mit Dr. Rampal vor ungefähr 2 Jahren Schwester Maximiliane untersucht und konstatiert zu haben, daß sie eine Sackge-
schwulst im Unterleib hatte, (welche ich für eine hydatische
Leberzyste ansah) und eine Phlebitis am linken Oberschenkel.
Eine Operation (die übrigens nicht vorgenommen wurde) schien
mir das einzige rationelle Mittel für die Heilung zu sein.
                                                    gez. Dr. Poncel.«

Das Ärztebüro in Lourdes hat nach Überprüfung der plötzlichen,
vollständigen und dauerhaften Heilung der so schweren und vielfältigen Erkrankung von Schwester Maximiliane die Feststellung getroffen:
Medizinisch nicht erklärbar. Einen ausführlichen Bericht über die
Krankheit und Heilung hat Dr. Rampal[106] am 22. August 1901 vorgelegt.

»... Ich will nicht an die ersten Anfänge der Krankheit erinnern,
noch an die verschiedenen Phasen, die sie durchmachen mußte,
sondern nur erwähnen, daß die gute Schwester sich infolge einer
heftigen Aufregung eine ziemlich schwere Gelbsucht zugezogen
hatte, die jedoch sehr gut heilte. Beginnen wir die Geschichte
dieser Kranken mit dem Monat Dezember 1895, wo dieselbe nach
Marseille geschickt wurde, um dort ihren Beruf als Krankenschwester auszuüben. Damals also wurde ich als Arzt der Genos-
senschaft fürs erstemal zu Schwester Maximiliane gerufen, um sie
wegen eines Leberleidens zu behandeln, welches noch durch eine
schwere, ausgedehnte Peritonitis kompliziert war.
Gegen Ende des Jahres 1896 wurde die Schwester wieder ernstlich
krank, das Erbrechen war fast nicht zu stillen, die Nahrungs-
aufnahme war unbedeutend, und selbst die Milch wurde nur
schwer vertragen. Von dieser Zeit bis zu ihrer Abreise nach Lourdes hat die Kranke das Bett nicht mehr verlassen. Damals fanden
wir bei einer Untersuchung das Vorhandensein einer Geschwulst,
welche besonders in der rechten Seite des Unterleibes ihren Sitz

hatte und sich bald über die ganze Bauchhöhle ausdehnte. Diese enorme Geschwulst fühlte sich sehr hart an und war äußerst schmerzhaft beim Druck. Von diesem Tage an hörten die Verdauungsfunktionen auf, das Erbrechen dauerte an und verschlimmerte sich. –

Drei Monate nach dem Auftreten der Leberkrankheit kam noch eine Phlebitis (Venenentzündung) am linken Bein hinzu, welche sich anfangs durch einen heftigen Schmerz ankündigte, auf den eine gewaltige Anschwellung des ganzen Gliedes mit vollständiger Bewegungslosigkeit folgte.

Die Krankheit nahm ihren Verlauf mit abwechselnden Krisen bis zum August 1898, wo die gute Schwester, trotz aller Ergebung, die sie während ihrer langen Krankheit an den Tag gelegt, hoffte, die allerseligste Jungfrau werde ihr etwas Linderung ihrer Leiden verschaffen und ihre Oberin bat, um in den Garten gebracht zu werden, wo sie vor einer Statue Unserer Lieben Frau von Lourdes beten wolle. Die Oberin kam ihrem Wunsche nach, und man trug die Kranke auf einem breiten, eigens angefertigten Bett in den Garten hinab. Durch diese ungeheuere Anstrengung stellte sich am Abend ein entsetzliches Erbrechen ein, wobei wir das Vorhandensein von zahlreichen Blasenwürmern feststellten. Nun bestand kein Zweifel mehr über die Natur des Leidens, und wir erkannten, daß wir es mit einer hydatischen Leberzyste zu tun hatten.

Die Krankheit entwickelte sich nun mit mehr oder weniger starken Krisen bis zum November 1900, wo wir bei einer furchtbaren Krise einen Augenblick die Überzeugung hatten, der verhängnisvolle Ausgang stehe bevor. Aber dieser Anfall ging vorüber wie die andern, und die Schwester setzte ihre Kur mit Milch, Vichywasser u.s.w. fort.

Im Mai 1901 bat die Schwester mich um die Erlaubnis, nach Lourdes transportiert zu werden, und wegen ihrer inständigen Bitten mußte ich meine Zustimmung geben. Am 19. Mai reiste man ab, und ihre Begleiterinnen sagten, sie habe während der Fahrt von Marseille nach Lourdes gewaltige Leiden ausgestanden. Die leisesten Stöße der Eisenbahnwagen riefen bei ihr unerträgliche Schmerzen hervor, so zwar, daß sie laut aufschreien mußte.

Ich will nicht von ihrem Aufenthalt zu Lourdes reden, noch von den Ereignissen, die sich dort zugetragen haben, weil ich meine Patientin nicht dorthin begleitet habe; aber ich habe die Pflicht, über ihre Rückkehr nach Marseille zu berichten. Am 27. Mai wurde ich gerufen, um den Zustand festzustellen, in welchem sich Schwester Maximiliane befand. Man führte mich in einen Saal, wo dieselbe in einem Lehnstuhl saß. Sobald sie mich auf der Schwelle ihres Zimmers erblickte, stand sie auf, kam auf mich zu, um mir die Hand zu reichen und mir zu danken. Nach einer kleinen Unterhaltung und einigen Fragen nahm ich eine gründliche Untersuchung vor, um mich über das Ereignis zu vergewissern.

Der Leib ist nicht mehr angeschwollen und schmerzhaft, die Dämpfung ist verschwunden und durch einen normalen Ton ersetzt. Die Gewebe sind weich, in einem Wort, jede Spur von Anschwellung ist verschwunden. Der Körperumfang, welcher vor der Abreise 1,15 Meter betrug, ist auf 90 Centimeter herabgekommen, und alle andern Krankheitssymptome sind durch vollständig regelmäßige und normale Funktionen ersetzt. Das Erbrechen hat aufgehört und während früher die Milch kaum vertragen wurde, werden nun die unverdaulichsten Speisen sehr gut verdaut. Das kranke Bein hat seine Gelenkigkeit wiedererlangt, die Anschwellung ist verschwunden und alle Bewegungen können schmerzlos ausgeführt werden.

Aus voranstehenden Angaben bin ich gezwungen zu schließen und vorurteilsfrei zu erklären, daß Schwester Maximiliane, die seit 5 Jahren an einer hydatischen Leberzyste und einer Phlebitis am linken Bein litt, als unheilbar angesehen werden mußte und daß sie am 26. Mai 1901 vollständig geheilt von Lourdes zurückgekehrt ist.

Urkundlich dessen habe ich gegenwärtigen Bericht abgegeben.

gez. Dr. Rampel, rue de la Grande-Armée, 14.
Bordeaux, den 22. August 1901.«

Nach Durchführung des kanonischen Verfahrens hat der zuständige Bischof von Marseille, Kardinal Andrieu, am 5. Februar 1908 die Heilung von Schwester Maximiliane als Wunder erklärt.[107]

28. Sakramentsprozession als Quelle der Heilung
Marie Savoye (geheilt am 20. September 1901)

Marie Savoye[108] war 24 Jahre alt, als sie 1901 nach Lourdes pilgerte, gezeichnet durch eine schwere Herzerkrankung mit den Symptomen eines Mitralfehlers, der von einem infektiösen Rheumatismus aus dem Jahr 1897 herrührte. Der Weg, den sie in Lourdes gehen mußte, war außergewöhnlich und mit zusätzlichen Schwierigkeiten, gewiß auch mit Glaubensanfechtungen und Glaubensbewährungen versehen.

Man brachte sie zu den Piszinen. Aber angesichts ihres überaus schlechten, geradezu zerbrechlichen Gesundheitszustandes verweigerte man ihr, das Bad im Becken mit dem Lourdeswasser, weil die Verantwortlichen einen plötzlichen Tod befürchteten. Andere Heilungsuchende hätten enttäuscht, vielleicht sogar verärgert darauf reagiert. Für Marie Savoye war der ganze »Heilige Bezirk« ein Ort, der geradezu greifbar von Gottes Gnade erfüllt war. Gnade Gottes war die heilige Luft, die geheiligte Atmosphäre des »Heiligen Bezirks«. Wirkt Gott in Lourdes seine Wunder nur durch das Wasser, dessen Quelle Bernadette Soubirous auf Weisung Marias am 25. Februar 1858 entdeckt hatte?

Gott kann seine Gnaden und Wunder wirken, wo und wann und wie Er will. Wenn Menschen – gewiß aus medizinischer Sorge und Verantwortung! – das Eintauchen in das Lourdeswasser nicht riskieren und daher verweigern, hat Gott viele andere Wege und Möglichkeiten, die Bitten der Kranken zu erhören und einen Kranken mit Gesundheit zu beglücken. In einem Krankenwagen sitzend erlebte Marie Savoye am Nachmittag des 20. September 1901 die Sakramentsprozession. Der Segen mit der Monstranz wurde für sie sekundenschnell zum unverhofften Ereignis der Gnade und der Heilung in ihrer schweren Krankheit.

Vor ihr waren bereits andere Kranke erfolglos in das Wasser der Piszinen getaucht worden, jedoch später wurden sie in der Rosenkranzkirche (Nr. 19: Schwester Marie de la Présentation) oder auch während der Sakramentsprozession (Nr. 23: Jeanne Tulasne) geheilt.

Über die plötzliche und dauerhafte Heilung von Marie Savoye konnte das Ärztebüro von Lourdes nur feststellen: Medizinisch nicht erklärbar! Nach dem kanonischen Verfahren bestätigte der zuständige Erzbischof Delamaire von Cambrai am 15. August 1908 die Heilung von Marie Savoye als Wunder, das der dreifaltige Gott durch den menschgewordenen, gekreuzigten und auferstandenen Erlöser Jesus Christus auf die Fürsprache Marias gewirkt hat. Papst Pius X. hat die geheimnisvollen Zusammenhänge und Symbiose des Wirkens Gottes, der Fürbitte Marias, der Fürsprache der Heiligen und der Gebete der Menschen in einem Schreiben vom 25. April 1911 aufzuzeigen versucht: »Der besondere Ruhm des Lourdesheiligtums besteht darin, daß durch Maria die Völker von allen Seiten dorthin gezogen werden, um Jesus Christus im heiligen Sakrament anzubeten, so daß der Wallfahrtsort, der gleichsam der Mittelpunkt der Marienverehrung bildet, zugleich auch als der herrlichste und hervorragendste Thron des eucharistischen Geheimnisses auf der Welt erscheint.«[109]

29. Verbesserung des Allgemeinzustandes
Jeanne Dubos (geheilt am 8. August 1904)

Mit einer von Jugend an geschwächten gesundheitlichen Konstitution wuchs Jeanne Dubos (später verheiratet: Bezenac) heran. Ihre große Sehnsucht, in den Entwicklungsjahren zu einer gefestigten Gesundheit zu gelangen, erfüllte sich nicht, im Gegenteil, es stellte sich ein allgemeiner, nur schwer zu diagnostizierender Kräfteverfall ein. Infolge einer schweren Lungenentzündung mit typhusartigen Komplikationen litt sie an kachektischer Anämie im höchsten Grad und an Lungentuberkulose. Hinzukam noch eine überaus lästige, eitrige Entzündung beider Augen.[110]

Als Jeanne Dubos am 7. August 1904 nach Lourdes fuhr, war ihr Anblick erschütternd. Nur in kurzen Stößen konnte sie atmen. Ihre beiden Augen tropften von Eiter. Ihre Stirne war mit eitrigen Krusten bedeckt.

Jeanne Dubos war 28 Jahre alt, als sie am nächsten Tag, dem 8. August 1904, zur Grotte von Massabielle und zu den Piszinen im Krankenwagen gefahren wurde. Sorgsam wurde die gebrechliche

Kranke von Helferinnen in das Wasserbecken eingetaucht. Bereits beim Herausheben aus dem Wasserbecken war ihr gesundheitlicher Allgemeinzustand plötzlich, völlig und dauerhaft wieder hergestellt. Die Heilung aller Krankheiten (Lungentuberkulose, Anämie, eitrige Entzündung beider Augen) war geschehen.

Das Ärztekomitee von Lourdes konnte nach Einsicht in die Krankheitsakte und nach wiederholter Untersuchung von Jeanne Dubos nur die medizinische Unerklärbarkeit dieser Heilung feststellen. Auf Grund eines ebenso gründlichen, kanonischen Prozesses in der Heimatdiözese hat der Bischof Bouguin von Périgueux und Sarlat in einer feierlichen Erklärung am 2. Juli 1908 die Heilung von Jeanne Dubos als Wunder erklärt.

30. Darmkrebs geheilt

Schwester Saint-Hilaire (geheilt am 20. August 1904)

Es gibt im Laufe eines Lebens nur ganz wenige Informationen, die so niederschmetternd sind und einen Menschen in seinem Selbstverständnis, in seinen Lebens- und Berufsplanungen, nicht selten auch in seiner Gottesbeziehung so tief treffen und verwirren wie die Diagnose, er habe ein bösartiges, unheilbares Karzinom! Heute steht in fast allen Ländern Krebs als Todesursache an zweiter Stelle hinter den Erkrankungen der Herzkranzgefäße (Herzinfarkt und Angina pectoris) und den Kreislauferkrankungen. Eine sehr häufige Krebsart ist Darmkrebs.[111]

An unheilbarem Darmkrebs war Schwester Saint-Hilaire[112] aus dem französischen Orden des heiligen Joseph von Clairvaux erkrankt. Weil ihre Schmerzen im Magen- und Darmbereich sich kaum noch betäuben ließen, war sie bis auf ein Skelett abgemagert. Ihre Mitschwestern beteten für sie bereits um eine gute und baldige, die Schmerzen beendende Sterbestunde. Sie selbst ersehnte wohlvorbereitet ihren Tod.

Eine letzte Freude wollte aber die Schwesterngemeinschaft der todgeweihten Mitschwester Saint-Hilaire hier auf Erden noch machen

– eine Fahrt nach Lourdes. Sie selbst lebte von dem freudigen Gedanken: Lourdes sehen und dann sterben!

Es war im August des Jahres 1904. In einem schlecht gefederten Krankenwagen wurde die todgeweihte, 39jährige Schwester – abgemagert und mit tiefliegenden Augen – zunächst zur Grotte von Massabielle gefahren, um an jener berühmten Stätte und vor der Marienstatue zu beten. Was mag sie mit letzter Kraft gebetet haben? Vielleicht wagte sie nicht um ihre Heilung zu beten, vielleicht nur um Gnade und Mut zu einem guten Sterben?

Dann wurde Schwester Saint-Hilaire zu den Piszinen weitergefahren. Es folgte das Ritual des ersten Eintauchens in das Becken mit dem etwa 14 Grad kalten Wasser. Ein zweites Eintauchen war nicht mehr nötig, denn schon beim ersten Eintauchen wurde sie am 20. August 1904 plötzlich und vollständig vom Darmkrebs geheilt.

Immer wieder haben die Ärzte im Untersuchungsbüro von Lourdes darüber nachgedacht und spekuliert, was geschieht mit den Krebszellen, werden sie augenblicklich vom Blut resorbiert?[113] Bei wiederholten Untersuchungen von Schwester Saint-Hilaire wurden nach der Heilung keine Blutstörungen festgestellt. Die ärztliche Entscheidung konstatierte daher ein außerordentliches, medizinisch nicht erklärbares Ereignis. Nach einem umfassenden kanonischen Verfahren hat der zuständige Bischof de Ligonnès von Rodez am 10. Mai 1908 die Heilung als Wunder anerkannt.

31. Unheilbare Kehlkopf- und Luftröhrenentzündung beendet

Schwester Sainte-Béatrice Vildier (geheilt am 31. August 1904)

Rosalie Vildier erhielt nach ihrem Eintritt in die Schwesterngemeinschaft der Göttlichen Vorsehung in Evreux den Namen Schwester Sainte-Béatrice. Ihr Ordensname bedeutet übersetzt »Schwester Glücklich«. Sie war wirklich eine Schwester, die Freude und Glück ausstrahlte und die ihrer Schwesterngemeinschaft, in der sie lebte, arbeitete und betete, eine gute Atmosphäre schenkte.

Ihre Erkrankung begann mit Sprech- und Schluckbeschwerden, die man aber als eine vorübergehende, jahreszeitlich bedingte und vorübergehende Halserkrankung einstufte. Man glaubte, es läge nur eine Kehlkopfentzündung vor, die sich bald auskurieren ließe. Daß sich aber das Leiden mit den herkömmlichen Hausmitteln nicht heilen ließ, mußten sich die ärztlichen Spezialisten für Hals-, Nasen- und Ohrenleiden sehr bald eingestehen. Nach exakten und wiederholten Gewebeuntersuchungen lautete die bittere Diagnose: unheilbares Leiden, wahrscheinlich tuberkulöse Kehlkopf- und Luftröhrenentzündung.

Immer schwieriger wurde die Aufnahme von Speisen. Nur in flüssiger Form konnte sie noch Nahrung zu sich nehmen. Muskelschwund und eine erschütternde Abmagerung auf Haut und Knochen waren die Folge. Schwester Sainte-Béatrice war dem Verhungern ausgeliefert und ein qualvolles Sterben war vorgezeichnet. Aus ihrem Sprechen wurde ein unverständliches Lispeln; schließlich war sie völlig der Sprache beraubt.

Es war eine gnädige Fügung, daß die hoffnungslos erkrankte Schwester Sainte-Béatrice – sie war damals 42 Jahre alt – Ende August 1904 nach Lourdes fahren durfte und zwar mit einen Pilgerzug, den ihr Diözesanbischof Meunier von Evreux leitete. Mit dem 31. August 1904 war der Tag gekommen, da sie zu den Piszinen von Lourdes gebracht wurde. Hier und genau an diesem Tag wurde die Gnade Gottes greifbares, nachweisbares Ereignis: Beim Eintauchen in das Wasserbecken wurde sie geheilt.

Das Ärztebüro von Lourdes konnte nach wiederholten Untersuchungen nur die Tatsache der plötzlichen und vollständigen Heilung feststellen, aber die Art und Weise der Heilung war medizinisch nicht erklärbar. Nach einem kanonischen Prozeß konnte der Diözesanbischof Meunier von Evreux, der den Pilgerzug nach Lourdes 1904 geleitet hatte, persönlich die feierliche Erklärung am 25. März 1908 abgeben:

»Die Heilung der Schwester Vildier mit dem Ordensnamen Sainte-Béatrice trägt, was die chronische Kehlkopfbronchitis anbetrifft, den Charakter eines wirklichen Wunders.«

32. Heilung auch außerhalb der Grotte
Marie-Thérèse Noblet (geheilt am 31. August 1905)

Schmerzlich ist es für Eltern, sehr früh an ihrem Kind erleben zu müssen, daß es unter einer schweren Krankheit leidet und daß es wohl zeitlebens von dieser Krankheit nicht loskommen wird. Sie sind von der bangen Frage beunruhigt: Wer wird sich um unser krankes Kind kümmern, wenn wir einmal nicht mehr leben?

Marie-Thérèse Noblet war noch keine 16 Jahre alt, als Ärzte ihren Eltern sagen mußten: Euer Kind ist an tuberkulöser Wirbelentzündung der Lendengegend unheilbar erkrankt. Soviel Geld auch für die Linderung der Schmerzen ausgegeben wird, eine Heilung wird nie und nimmer möglich sein. Vielmehr ist ein langes Dahinsiechen und ein qualvolles Sterben vorgezeichnet.

Die Eltern dieses hoffnungslos erkrankten Kindes mußten wohl einen bergeversetzenden Glauben gehabt haben, als sie ihre Tochter in einem besorgniserregenden Zustand nach Lourdes begleiteten. Sie fuhren ihre Tochter dort zur Grotte von Massabielle, um zu beten und um Maria um ihre Fürsprache zu bestürmen. Sie fuhren ihr krankes Kind zu den Piszinen, wo es unter größter Vorsicht in das Wasserbecken eingetaucht wurde. Aber die erhoffte und erbetene Heilung ihrer Tochter wurde den Eltern nicht geschenkt.

Nach diesen schmerzlichen Erlebnissen, nicht erhört worden zu sein, war die Stimmung der Eltern Noblet wie ihres kranken Kindes Marie-Thérèse gewiß auf einem Tiefpunkt. Es muß sie aber ein ganz tiefes, ungebrochenes und kühnes Vertrauen beseelt haben: Gott kann auf die Fürsprache Marias nicht nur an der Grotte von Massabielle, nicht nur in den Wasserbecken der Piszinen seine Großtaten wirken. Und tatsächlich – im Eingang zum Hospiz Notre-Dame-des-Sept-Douleurs (in der Nähe der unterirdischen Basilika Pius X. und noch innerhalb des Gave-Bogens) wurde am 31. August 1905 die 16jährige Marie-Thérèse Noblet plötzlich von ihrem schweren Leiden geheilt.

Das Ärztebüro in Lourdes hat nach wiederholten und intensiven Untersuchungen festgestellt: Die plötzliche, vollständige und dauerhafte Heilung von Marie-Thérèse Noblet ist medizinisch nicht erklärbar. Die bischöfliche Kurie von Reims führte als zuständiges Diözesangremium in einem überaus arbeitsintensiven, erstaunlich schnellen und doch gründlichen Tempo den kanonischen Prozeß durch. Der Erzbischof von Reims, Kardinal Luçon konnte nach der erfolgten Heilung (31. August 1905) bereits am 11. Februar 1908 die kirchliche Anerkennung eines Wunders verkünden.[114]

33. Belohntes Risiko
Schwester Marie de Sainte-Jeanne-de-la-Croix
(geheilt am 21. September 1905)

Cécile Douville de Franssu, geboren am 26. Dezember 1885 in Tournai (Belgien), war von Kindheit an von dem Gedanken erfüllt, in einer Schwesterngemeinschaft Gott und den Menschen zu dienen. Sobald sie das kirchlich vorgeschriebene Eintrittsalter erreicht hatte, konnte ihr Herzenswunsch erfüllt werden. Sie erhielt mit dem Ordensgewand den Ordensnamen Marie de Sainte-Jeanne-de-la-Croix.[115] Ihr Drängen, zum frühest möglichen Zeitpunkt in einen Orden einzutreten, schien eine unbewußte Begründung zu haben.

Sehr bald mußte der für das Schwesternkloster zuständige Hausarzt bei der knapp 18jährigen Schwester Marie de Sainte-Jeanne feststellen, daß eine heimtückische Krankheit, nämlich Knochen- und Bauchfelltuberkulose (tuberkulöse Peritonitis), sie befallen hatte und daß diese erst so spät entdeckte Krankheit bereits in einer tragisch fortgeschrittenen Form vorlag.

Der Krankheitszustand der schwer erkrankten Schwester Marie de Sainte-Jeanne wurde zum täglichen Gebetsanliegen der Mitschwestern ihres Ordenskonventes. Trotz dieser Gebete schritt die Erkrankung weiter fort. Als man im Jahr 1905 der schwer erkrankten Schwester eine letzte Freude durch eine Reise nach Lourdes machen wollte, litt sie bereits seit 18 Monaten an der Knochen- und Bauchfelltuberkulose.

Weil sie dem Tode nahe war, zögerte man zunächst, sie in Lourdes in ein Wasserbecken der Piszinen zu tauchen. Am 21. September 1905 wagte man das Risiko und was niemand für möglich gehalten hatte, wurde Wirklichkeit: Schwester Marie de Sainte-Jeanne wurde plötzlich, vollständig und dauerhaft von ihrem Leiden geheilt. Nach

Rückkehr in ihr Kloster konnte sie noch vier Jahre in voller Gesundheit und Kraft ihren Dienst erfüllen bis sie an einer ganz anderen Krankheit starb.

Das Ärztebüro von Lourdes hat diesen Fall wiederholt beraten und zu der Feststellung veranlaßt: Diese Heilung ist medizinisch nicht erklärbar. Nach einem im zuständigen Bistum Versailles durchgeführten kanonischen Prozeß hat Bischof Gibier am 9. Dezember 1909 den wunderbaren Charakter dieser Heilung in einer feierlichen Erklärung verkündet.

34. Unbeirrbares Gottvertrauen bei der zweiten Wallfahrt

Antonia Moulin (geheilt am 10. August 1907)

Was mag in Menschen vor sich gehen, denen bei einer ersten Wallfahrt nach Lourdes die erflehte Heilung nicht geschenkt wurde und die trotzdem nach wenigen Jahren ein zweites Mal mit dem gleichen Anliegen dorthin reisen? Zu einem solchen Wagnis kann sich nur derjenige aufmachen, der trotz der Nichterfüllung seiner Gebete von einem ungebrochenen Gottvertrauen getragen ist. Vielleicht hat sich die bisherige Krankheit so sehr verschlechtert, daß man mit seinen Gebeten den barmherzigen Gott wenn nicht um Heilung, so doch um Linderung der fast unerträglichen Schmerzen bittet.

Antonia Moulin litt seit mehr als zwei Jahren an einer großen und tiefen Wunde im rechten Oberschenkel (Fistel im rechten Oberschenkelknochen) und an einer übelriechenden, eitrigen Kniegelenkentzündung. Von einem ersten Besuch in Lourdes kehrte sie ungeheilt in ihre Heimat zurück. Mit Spott und Hohn wurde in den Gazetten über Lourdes als Jahrmarkt der Illusionen und Scharlatanerie, der Bigotterie und Volksverdummung geschrieben. Die nicht erfolgte Heilung von Antonia Moulin wurde als Entlarvung und Entmythologisierung des aufgeputschten Lourdes-Rummels dargestellt.

Antonia Moulin[116] ließ sich durch die antikirchliche Zeitungspropaganda in ihrem Gottvertrauen wie in ihren Bittgebeten zur Madonna von Lourdes nicht irremachen. Als 30jährige wagte sie 1907 zum zweiten Mal eine Wallfahrt nach Lourdes. Am 10. August 1907 wurde sie

– innerlich in höchster Spannung! – in das Wasserbecken der Piszinen eingetaucht. Und siehe – jetzt wurde ihr plötzlich und vollständig die erbetene Heilung geschenkt. Nicht wenige werden fragen: Warum hat Gott nicht schon beim ersten Lourdesbesuch die Heilung bewirkt? Was hat sich Gott gedacht, was wollte Gott in Menschen in Bewegung setzen zwischen der nicht erfolgten Heilung und der schließlich doch geschenkten Heilung?

Nur wenige Fälle sind vom Ärztebüro in Lourdes so genau, so gründlich und so oft (1907, 1908, 1909 und 1910) untersucht und diskutiert worden wie der »Fall Antonia Moulin«. Das ärztliche Urteil lautete: Die Heilung ist medizinisch nicht erklärbar. Das Urteil des vom zuständigen Bistum Grenoble durchgeführten, kanonischen Prozesses gab der Bischof Henry von Grenoble am 6. November 1910 in einer feierlichen Erklärung bekannt: Bei der Heilung von Antonia Moulin handelt es sich um ein kirchlich anerkanntes Wunder.

35. Am zweiten Tag Heilung erlebt
Marie Borel (geheilt am 21./22. August 1907)

In der Krankheitsgeschichte mancher Menschen gibt es seltsame Verkettungen. Während eine Krankheit geheilt wird, brechen andere Krankheiten neu und unerwartet aus.

Marie Borel,[117] geboren am 14. November 1879, wurde erfolgreich 1903 am Blinddarm operiert. Der Heilungsprozeß schritt gut voran. Plötzlich und völlig unerwartet bildeten sich jedoch tiefsitzende Abszesse, die sich von der Lendenregion ausgehend zu vier Strängen schmerzhafter Sterkoral-Fisteln auswuchsen. Vor allem die Magen- und Darmpartien wurden davon schwerstens betroffen. Sie verbreiteten einen kaum erträglichen Geruch und störten den gesamten Ernährungs- und Verdauungsvorgang so tiefgreifend, daß Marie Borel bis zum Skelett abmagerte.

Die herangezogenen Ärzte versuchten mit verschiedenen Mitteln und Methoden dieser sich schnell ausbreitenden Krankheit beizukommen. Aber der gewünschte Heilungserfolg stellte sich nicht ein. Im Gegenteil, sie mußten sehr bald eingestehen, daß sie den Kampf gegen diese Fistelerkrankung nicht gewinnen konnten. Nur mit schmerzstillenden Medikamenten konnten sie der Kranken vorübergehende Erleichterung auf dem Weg zum absehbaren Sterben verschaffen.

Dem Tod nahe brachte man die 27jährige Marie Borel nach Lourdes, um ihren letzten Wunsch zu erfüllen. Während der beschwerlichen Reise mit der Bahn befürchtete man wiederholt, sie werde sterben. Die Hoffnung, Lourdes zu sehen und dann zu sterben, weckte in der Schwerkranken ungeahnte Lebenskräfte. Ein seltsamer, wie ein elektrischer Schlag erfahrener Ruck durchzuckte ihren erbärmlichen Körper, als sie erstmals am 21. August 1907 in das Becken von Lourdes eingetaucht wurde. Als sie am nächsten Tag, am 22. August 1907, unter Aufbietung aller Kräfte ein zweites Mal in das mit Wasser gefüllte Becken hinabgelassen wurde, erfüllte sich ihr Wunsch. Was Marie Borel am Vortag nur wie den Vorboten einer Heilung bereits erlebt hatte, wurde ihr am zweiten Tag als plötzliche, vollständige und dauerhafte Gesamtheilung vom gütigen Gott geschenkt. Staunend und dankbar durfte sie am eigenen Leib erfahren: Gottes Hände sind gute Hände, auch wenn er mich so manches Jahr schwer geprüft hatte.

Groß war die Verwunderung, als das Ärztekomitee in Lourdes bei Marie Borel die tief eingefressenen Sterkoral-Fisteln augenblicklich und vollständig ausgeheilt konstatierten. Ärzte kurieren, Gott ist es, der heilt. Diese Heilung wurde vom Ärztekonsilium in Lourdes als medizinisch nicht erklärbar eingestuft.

Das Ergebnis des kirchlichen Verfahrens gab der zuständige Bischof Gély von Mende am 4. Juni 1911 in einer feierlichen Erklärung bekannt: Diese Heilung ist kirchlich als Wunder anzuerkennen.

36. Keine Qualen mehr durch tuberkulöse Nierenentzündung
Virginie Haudebourg (geheilt am 17. Mai 1908)

Die meisten Heilungen in Lourdes ereignen sich in den Piszinen. Aber auch die dort geschenkten Heilungen weisen mannigfache Unterschiede auf. Es gibt plötzliche Heilungen bereits beim ersten Eintauchen in die mit Lourdeswasser gefüllten Becken. Es gibt Heilungen, die beim erstmaligen Berühren mit dem Wasser ausbleiben, aber beim zweiten Eintauchen, nicht selten am nächsten Tag oder erst nach Jahren sich ereignen (Nr. 24, 34). Aber auch während der nachmittäglichen Sakramentsprozession (Nr. 23, 28) oder auch in der Rosenkranzkirche (Nr. 19) werden Wunderheilungen geschenkt. Es gibt plötzliche Gesamtheilungen, aber auch Heilungen, die in mehreren Etappen und nach einem Heilungsprozeß (Nr. 20) sich einstellen.

Seit vier Jahren litt die 22jährige Virginie Haudebourg[118] an bedrohlich fortschreitender, tuberkulöser Nierenentzündung (Nephritis tuberculosa). Ihre große Hoffnung hatte sie auf das Eintauchen in das mit Lourdeswasser gefüllte Becken gesetzt, als sie 1908 nach Lourdes gebracht wurde. Aber alle Gebete und mehrmaliges Eintauchen blieben ohne Wirkung – keine Veränderung des Krankheitszustandes. Ungebrochen blieb aber ihre Hoffnung auf Heilung.

Mit vielen anderen Kranken wurde sie im Krankenwagen zur nachmittäglichen Sakramentsprozession am 17. Mai 1908 gefahren. Als nach Abschluß dieser Feier die vielen Menschen wieder in ihre Hospize oder Hotels zurückkehrten, gehörte Virginie Haudebourg, plötzlich und vollständig geheilt, zu den Gesunden. Die hartnäckige, seit vier Jahren fortschreitende, tuberkulöse Nierenentzündung war nicht mehr vorhanden.

Die Ärzte im offiziellen Untersuchungsbüro von Lourdes konnten nach eingehenden Untersuchungen nur die medizinisch unerklärbare, vollständige und dauerhafte Heilung testieren. Das kirchliche Gericht, das den »Fall Virginie Haudebourg« zu beurteilen hatte, konnte dem zuständigen Bischof Maillet von Saint-Claude das Untersuchungsergebnis unterbreiten, das diesen zu der feierlichen Erklärung eines Wunders am 25. November 1912 ermächtigte.

37. »Ich sehe ...«
Marie Biré (geheilt am 5. August 1908)

In seinem Werk »Die großen Heilungen von Lourdes« schreibt Dr. Boissarie, über 25 Jahre Leiter des Ärztebüros in Lourdes, daß die Heilungen von Augenkrankheiten »eines der interessantesten Kapitel der Geschichte von Lourdes«[119] ist. Wohl der medizinisch bemerkenswerteste Fall solcher Heilungen von Augenkrankheiten ist der »Fall Marie Biré«.

Marie Lucas, wie sie mit ihrem Geburtsnamen hieß, wurde am 26. Dezember 1866 in der Vendée geboren. Nach ihrer Heirat trug sie den Namen Marie Biré. Sechs Kindern schenkte sie das Leben. Als tüchtige, schwerarbeitende Bauernfrau bewirtschaftete sie Hof, Stallungen und Äcker vorbildlich. Schwer getroffen hat sie seit 1904 der Tod zweier Kinder. Blutsturz, andauerndes Erbrechen und tagelange Ohnmachten führten zu einem gefährlichen Schwächezustand, so daß sie nicht mehr die Kraft hatte, für die Kinder in der Familie zu sorgen noch die Landwirtschaft erfolgreich zu führen. Den Ärzten gelang es nicht, eine sichere Diagnose über die auslösenden Ursachen dieser plötzlich auftretenden und hartnäckigen Erkrankungen zu geben.

Als eines Tages Marie Biré aus einem ihrer sich häufenden Ohnmachtsanfälle erwachte, war sie auf beiden Augen erblindet, an einem Arm und Fuß gelähmt und außerdem gequält von rasenden Kopfschmerzen. Dr. Habert aus Luçon diagnostizierte: »Blindheit durch beiderseitige Sehnervatrophie«,[120] d. h. der gesamte Sehmechanismus war unheilbar zerstört. Auf ihren Wunsch hin hatten ihre Tochter und einige Bekannte Marie Biré Anfang August nach Lourdes gebracht. Wiederholte Ohnmachtsanfälle versetzten die blinde Frau immer wieder an die Grenze zwischen Leben und Tod.

Am 5. August 1908 empfing Marie Biré in der Grotte von Massabielle die heilige Kommunion. Als der Priester das mit konsekrierten Hostien gefüllte Ziborium an ihr vorbei zur Rosenkranzkirche zurückbrachte, stieß sie plötzlich einen Schrei aus: »Ich sehe!« Im Medizinischen Büro wurde sie von mehreren Augenärzten, darunter auch von dem aus Rouen stammenden, renommierten Augenspezialisten Dr. Lainey gründlich untersucht. Dr. Lainey konstatiert im schriftlichen Protokoll, niedergeschrieben noch am Tag der Heilung:

»Die Untersuchung der Augen mit dem Ophthalmoskop (Augenspiegel) ergab beiderseitig eine weiße, perlmutterfarbene Papilla ohne jede Färbung. Die Adern und Arterien, einseitig verschoben, waren dünn und wie Fäden. Ich kam zu folgender Diagnose: Hier handelte es sich um eine weiße Atrophie des Sehnervs mit cerebraler Ursache. Dies gilt bei allen Kapazitäten als eine der schwersten und unheilbaren Augenkrankheiten. Madame Biré hat jedoch heute morgen ihre Sehkraft wieder gewonnen. Sie konnte kleinsten Druck lesen und ihr Sehen auf die Entfernung war ebenso gut.«[121]

Das eigentliche medizinische Rätsel dieser Heilung konnte in einer zweiten Untersuchung, durchgeführt von zehn Ärzten, festgestellt werden: Die Sehkraft der Augen war normal und scharf, obwohl die Atrophie des Sehnervs nicht behoben war (erst einen Monat später war jede Spur einer papillaren Atrophie verschwunden und der Sehnerv wieder hergestellt). Der aus Belgien stammende Augenarzt Dr. Mairiaux stellte im Medizinischen Büro von Lourdes fest: »Die sofortige Wiedergewinnung des Augenlichts und die Wiederherstellung des erkrankten Sehnervs ist vom klinischen Standpunkt aus vollkommen unerklärlich. Sämtliche Ärzte, die sich mit dem Fall beschäftigten, schlossen sich einmütig dieser Auffassung an.«[122]

In den »Cahiers Laënnec« schrieb Dr. Merlin:

»Bei der Betrachtung dieses Falles ist besonders die Tatsache zu beachten, daß Frau Biré schon einige Zeit nach dem Wunder sehen konnte, obwohl der ophthalmoskopische Aspekt ihrer Sehnerven noch immer krankhaft war, und der Zustand ihrer Pupillen theoretisch noch kein Sehen erlauben konnte.«[123]

Nach der Durchführung des kanonischen Verfahrens hat Bischof Catteau von Luçon am 30. Juli 1910 in einem Dekret die Heilung von Marie Biré als Wunder anerkannt.[124]

38. Glaube versetzt Berge
Aimée Allopé (geheilt am 28. Mai 1909)

Was an Zeichen und Wundern in Lourdes geschieht, wird weltweit bekannt. Auch Ärzte, die konfessionslos sind oder mit äußerster Skepsis dem Wunderrummel gegenüberstehen, haben die Möglichkeit,

Einsicht in die Akten zu nehmen und an Untersuchungen wie an Gesprächen mit Geheilten teilzunehmen. »Das Ärztebüro von Lourdes ist vor allem ein wissenschaftlicher Organismus, zu dem jeder Arzt freien Zutritt hat, gleichgültig welcher Rasse, welcher Religion, welcher Hautfarbe oder welcher philosophischen Richtung er angehört. Man fragt nicht danach, was er denkt, sondern nur, ob er Arzt ist ... Sobald er aber im Büro ist, hat er das Recht, alles zu sehen, alles zu lesen und seiner Meinung Ausdruck zu verleihen.«[125]

Das Ärztebüro von Lourdes und die ihm durch ein Dekret des Bischofs Pierre-Marie Théas von Tarbes und Lourdes angeschlossene Nationale Ärztekommission bieten allen interessierten Medizinern die Möglichkeit der Überprüfung und die persönliche Einsichtnahme aller Fakten und der neuesten Untersuchungen.

Auch der »Fall Aimée Allopé«[126] ist aktenkundig. Aimée Allopé hatte von Geburt an eine geschwächte und für Krankheiten überaus anfällige Konstitution. Um das Übergreifen von Entzündungen auf andere Organe abzuwehren, mußte ihr im Alter von 26 Jahren eine kranke Niere entfernt werden. Trotzdem bildeten sich nach mehreren Jahren immer neue, bösartige Tumore und sogenannte kalte Abszesse tuberkulöser Art, so daß immer wieder operative Eingriffe notwendig waren.

In einem kritischen Allgemeinzustand fuhr sie im Alter von 37 Jahren nach Lourdes. Bittend und betend besuchte sie die heiligen Stätten im »Heiligen Bezirk« von Lourdes und ließ sich auch in das Wasserbecken an der Grotte von Massabielle eintauchen. Aber Heilung wurde ihr nicht geschenkt. Mit ungebrochenem Gottvertrauen und ohne jegliche Enttäuschung besuchte sie jeden Tag die Eucharistiefeier in der Grotte von Massabielle. In tiefer Ehrfurcht empfing sie in der Grotte am 28. Mai 1909 die heilige Kommunion. Im gleichen Augenblick wurde Aimée Allopé plötzlich und vollständig von allen ihren langjährigen und tiefsitzenden Leiden geheilt.

Das Ärztebüro von Lourdes hat nach eingehenden Untersuchungen und intensiven Beratungen konstatiert, daß die plötzliche, vollständige und dauerhafte Heilung der 37jährigen Aimée Allopé medizinisch nicht erklärbar ist. Der zuständige Diözesanbischof Rumeau von

Angers hat nach einem gründlichen kanonischen Prozeß in einem Dekret vom 5. August 1910 diese Heilung als Wunder anerkannt.

39. Die geistig-geistliche Verbindung mit Lourdes
Juliette Orion (geheilt am 22. Juli 1910)

Juliette Orion[127] war schwer gezeichnet durch eine Lungen- und Kehlkopftuberkulose, die ärztlich nicht behoben werden konnte und unerträgliche Schmerzen über den ganzen Kopf ausstrahlte.

Von ihrer französischen Heimat Saint-Hilaire-de-Voust gingen ihre Gedanken und Gebete täglich zur Gnadenstätte von Lourdes. Sie wußte sich verbunden mit den Tausenden von Pilgern, die gerade während der Sommermonate als Pilger den Marienwallfahrtsort Lourdes besuchten. Durch Bilder von Lourdes und von Bernadette Soubirous fühlte sie sich über Hunderte von Kilometern hinweg geistig-geistlich mit den betenden und singenden Wallfahrern in Lourdes verbunden.

Sie wagte in der Ferne gewiß nur um Linderung ihrer rasenden Schmerzen zu beten. Das Gnadengeschenk einer Heilung hielt sie nur in Lourdes für möglich. Aber Gott kann seine Wunder wirken, wo immer er will. Juliette Orion war bereits 24 Jahre alt und hatte bereits ihre Lebens- und Berufsplanung auf ihre schwere, unheilbare Lungen- und Kehlkopf-Tbc abgestimmt, die kein langes Leben erhoffen ließ. Es war genau der 22. Juli 1910, an dem sie ein Gebet an die Liebe Frau von Lourdes richtete. Genau dieses Datum hat ihrem Leben eine unerwartete Gnade und Wende gegeben. Augenblicklich, vollständig und dauerhaft wurde sie von ihrer Tuberkulose befreit.

Obwohl sich diese Heilung nicht in Lourdes, sondern in Saint-Hilaire-de-Voust ereignete, ist es ein Lourdeswunder, weil bei der Geheilten der »Heilige Bezirk« von Lourdes trotz räumlicher Entfernung so deutlich präsent war, vor allem wegen der besonderen Gebetsbeziehung zur Gnadenmutter von Lourdes. Der »Fall Juliette Orion« wurde im Ärztebüro von Lourdes bearbeitet und aktenkundig gemacht. Diese Akten belegen, daß auch diese Heilung von Fachleuten als medizinisch unerklärbar qualifiziert wurde. Die Heilung hat

Bischof Catteau von Luçon durch Dekret vom 18. Oktober 1913 als Wunder bestätigt.

40. Letzte Heilung vor dem Ersten Weltkrieg
Marie Fabre (geheilt am 26. September 1911)

In die Liste der in Lourdes Geheilten, die noch vor dem Ausbruch des Ersten Weltkrieges als letzte die kirchliche Anerkennung am 8. September 1912 gefunden haben, gehört der »Fall Marie Fabre«.[128]

Sie war eine glückliche Mutter, die sich mit Freude und Umsicht ihrer großen Familie widmete. Marie Fabre war noch keine 30 Jahre alt, als ein merkwürdiges Schwinden ihrer Kräfte sie zunehmend in der Sorge und Erziehung ihrer Kinder zu hindern begann. Was zunächst als behebbares Frauenleiden erschien, mußte schließlich vom Hausarzt als pseudomembranöse Darmschleimhautentzündung konstatiert werden. Hinzukam ein Gebärmuttervorfall, so daß Marie Fabre ihren häuslichen und familiären Aufgaben immer weniger nachkommen konnte. Sie wurde schließlich ein bettlägeriger Pflegefall. Weil ihr Darm kaum noch funktionsfähig war, magerte sie bis zum Skelett ab und der schmerzliche Weg zu einem baldigen Tod war vorgezeichnet.

Vor ihrem Sterben wollte Marie Fabre die Gnadenstätte Lourdes, von der sie so viel gehört hatte, wenigstens noch sehen. »Mehr tot als lebendig«, wie im Wallfahrtsbericht zu lesen ist, wurde sie nach Lourdes gebracht. Das Eintauchen in das Wasserbecken in der Nähe der Grotte von Massabielle brachte keine Heilung und keine Linderung der rasenden Schmerzen. Die feierliche Sakramentsprozession am Spätnachmittag des 26. Septembers 1911 wollte sie noch im Krankenwagen besuchen um dann, wenn auch ungeheilt, zum Sterben nach Hause zu fahren.

Und gerade während dieser Sakramentsprozession geschah die Heilung von Marie Fabre. Wiederum wurde die Rangordnung der Glaubenswahrheiten sichtbar: Per Mariam ad Jesum! Durch Maria und ihre Fürbitte hin zu Jesus, der das Wunder des religiösen Heiles und der Heilung aller körperlichen Leiden bewirkt und eine 32jährige Mutter ihrer kinderreichen Familie zurückgibt!

Nachdem das Ärztebüro in Lourdes die Heilung von Marie Fabre als »medizinisch nicht erklärbar« einstufte, konnte nach Durchführung des kanonischen Prozesses der zuständige Bischof Cézerac von Cahors am 8. September 1912 diese Heilung als Wunder bestätigen.

Das rätselhafte Intermezzo (1913–1945)

Bei der Durchsicht der offiziellen Liste der Heilungen in Lourdes wird man durch folgendes Faktum überrascht:

Die offizielle Liste der Heilungen und ihrer kirchlichen Anerkennung als Wunder weist eine große Lücke auf zwischen Nr. 40 (Marie Fabre; geheilt am 26. September 1911; kirchlich als Wunder anerkannt am 8. September 1912) und Nr. 41 (Henriette Bressolles; geheilt am 3. Juli 1924; kirchlich als Wunder anerkannt am 4. Juni 1957). Es stellt sich daher die Frage: Hat es zwischen 1911 und 1924 in Lourdes keine Wunderheilungen gegeben? Warum ist die Heilung von Henriette Bressolles erst 33 Jahre später durch ein kirchliches Verfahren als Wunder anerkannt worden?

Tatsachen

Fachleute der Lourdes-Geschichte decken eine recht seltsame Lücke auf: »Von 1913 an wurden 33 Jahre lang keine kanonischen Untersuchungen mehr durchgeführt. Erst ab 1946 fanden neue (kirchliche) Anerkennungen statt.«[129] Vorweg muß klargestellt werden: In dem 33jährigen Intermezzo hat es in Lourdes durchaus Heilungen gegeben, die aber erst ab 1946 kirchlich als Wunder bestätigt worden sind:

1924   Henriette Bressolles
1930   Lydia Brosse
1937   Schwester Marie-Marguerite Capitaine
1937   Louise Jamain

1938   Francis Pascal
1943   Gabrielle Clauzel
1945   Yvonne Fournier

Ursachen

Ohne alle Hintergründe und Ursachen, von denen nicht wenige im ganz persönlichen Entscheidungs- und Gewissensbereich damals führender medizinischer und auch kirchlicher Repräsentanten liegen, aufhellen zu können, muß zuerst auf eine nicht zu übersehende Umbruchstimmung in der Geschichte der Medizin, speziell in der Geschichte der Psychoanalyse in Frankreich wenigstens in Kürze eingegangen werden.

■ Thema und Behandlung der »Hysterie« standen von der Mitte des 19. Jahrhunderts an in Frankreich im Zentrum heftigster Diskussionen. Mittelpunkt war das Hospital de la Salpêtrière in Paris mit Jean Martin Charcot, zu dem 1885 der junge Wiener Arzt Sigmund Freud (1856–1939) reiste, um dessen Behandlungsmethoden kennenzulernen. Die damalige Geschichte der Psychoanalyse in Frankreich ist eine dramatische Geschichte der Widerstände gegen die Psychoanalyse. Diese Widerstände und Ablehnungen waren in den seltensten Fällen rein wissenschaftlicher Art. Das psychiatrische Thema wurde über Journalisten und Schriftsteller zum heißen Thema des ganzen französischen Volkes.

Zu den Schriftstellern des damaligen Frankreich, die sich der psychiatrischen Szene widmeten, zählen Émile Zola (1840–1902) mit seinem gigantischen Vererbungs-Epos »Les Rougon-Macquart«, Guy de Maupassant (1850–1893) und nicht zuletzt Léon Daudet (1867–1942), der in seinen Romanen Jean Martin Charcot unerbittlich verfolgte und zum Gespött machte. Man muß von einer tiefgreifenden Hysterisierung sprechen, die damals den politischen wie den literarischen und auch religiösen Stil Frankreichs vergiftete. Auch ungute Töne eines nationalistischen Chauvinismus und Antisemitismus, verknüpft mit aufgeputschter Emotion gegen »jüdische Rasse« und »teutonischen Ungeist«, waren damals nicht zu überhören.

Man muß dieses einflußreiche, schriftstellerische und journalistische Komplott gegen Religion und Kirche kennen, um die literarische Reaktion für Glaube und Kirche verstehen zu können, wie sie sich in Léon Bloy (1846–1917), Paul Claudel (1868–1955), André Gide (1869–1951), Charles Peguy (1873–1914) oder Georges Bernanos (1888–1948) artikulierte. Die antikirchlichen Aktionen führten schließlich am 1. Januar 1906 zur Trennung von Kirche und Staat in Frankreich.

Die literarischen und politischen Auseinandersetzungen in Frankreich, in denen über Hysterie und Hypnose, über Suggestion und Neurose alltäglich gestritten und geschrieben wurde, konnte von den ärztlichen und kirchlichen Entscheidungsgremien in Lourdes nicht überhört werden. Émile Zola hatte in seinem vielgelesenen Roman »Lourdes« den Wallfahrtsort Lourdes als Stätte der Illusionen und der Betrügereien, der klerikalen Scharlatane und ihrer medizinischen Kumpane dargestellt.

Um in diesem Klima die Wahrheit von Lourdes zu retten, war es mehr als verständlich, ja notwendig, die in Lourdes stattgefundenen Heilungen mit möglichst großer Akribie zu untersuchen. Mit einem umfassenden Aufwand von ärztlichen Gutachten wurden die Heilungen dokumentarisch festgehalten, und die Akteneinsicht jedem Arzt gestattet.

Die überhitzte medizinische und religiöse Situation hat sicherlich alle Verantwortlichen in Lourdes zu größter Zurückhaltung und zur Beachtung ihrer medizinischen bzw. theologischen Kompetenz herausgefordert. Man wollte die wissenschaftliche Arbeit in Lourdes dem kritischen Forum der Weltöffentlichkeit unterbreiten. Gerade durch den Anspruch exakter Wissenschaftlichkeit beabsichtigte man, der Sache und Ehre Gottes zu dienen.

■ Um den christlichen Glauben und die Glaubwürdigkeit der ärztlichen Untersuchungen wie auch der kirchlich-kanonischen Verfahren nicht zu gefährden, sondern zu festigen, hatte Papst Pius X. (1903–1914) angeregt, das ärztliche Konstatierungsbüro in Lourdes umzuorganisieren. 1905 ließ dieser Papst durch seinen persönlichen Arzt Dr. Lapponi dem damaligen Leiter des Ärztebüros von Lourdes Dr. Boissarie den Wunsch vortragen, die auffallendsten Heilungen einem medizinischen Verfahren zu unterwerfen.

Damit sollte ein Dreifaches erreicht werden: Zunächst sollte jeder Vorwurf einer kirchlichen Wundersüchtigkeit und Unkorrektheit durch präzise, auf dem neuesten Stand der medizinischen Wissenschaft stehende und nachprüfbare Recherchen abgewehrt werden. Sodann sollten exakte Unterlagen für ein wissenschaftliches und kirchliches Studium, vor allem für kanonische Verfahren der kirchlichen Wunderbestätigung zur Verfügung gestellt werden. Für die kirchliche Urteilsfindung und die abschließende Wunderbestätigung durch den Diözesanbischof der Geheilten sollten genaue Dossiers einschließlich der ärztlichen Gutachten und Dokumente (Röntgenaufnahmen usw.) vorgelegt werden.

■ Die päpstliche Anregung des Jahres 1905 hat sicherlich zu einer grundlegenden Umgestaltung des ärztlichen Untersuchungsbüros und seiner Methoden geführt, aber auch die Frage aufgeworfen, welche Ärzte zu den Untersuchungen der Geheilten wie zu den Diskussionen und Beschlußfassungen zuzulassen sind.

Außerdem mußte verbindlich geklärt werden, welcher Instanzenweg einzuhalten ist, welche Mehrheit bei der Beschlußfassung der medizinischen Unerklärbarkeit bei Abstimmungen vorliegen sollte. Daß es sich um einen sehr tiefen und durchaus kontroversen Prozeß bei der Um- und Neuorganisation gehandelt haben muß, ist daraus zu erschließen, daß die 1905 mitgeteilte päpstliche Anregung erst im Jahr 1946 durch den Bischof Pierre Marie Théas von Tarbes und Lourdes wie durch den damaligen Präsidenten des Ärztebüros Dr. Leuret abgeschlossen worden ist.

■ Auch die politischen Umbrüche und wechselnden Konstellationen in Frankreich sind an Lourdes nicht spurlos vorübergegangen. Sie haben manche Entscheidungen erschwert und verzögert. Als es in Frankreich am 1. Januar 1906 zur Trennung von Kirche und Staat kam, wurde 1906 der sogenannten »Heilige Bezirk« von Lourdes (Grotte, Kirche, Häuser, Gelände und Piszinen) vom französischen Staat konfisziert und 1910 der Stadt Lourdes als unantastbares Leihgut übergeben (ein Teil der Stadt und ein Teil dem Fürsorgeamt).

Als im Zweiten Weltkrieg Frankreich von den deutschen Armeen besiegt war und es am 22. Juni 1940 zur Unterzeichnung des deutschfranzösischen Waffenstillstands kam, lag das Gebiet von Lourdes im Terrain der südfranzösischen, mit dem Deutschen kooperierenden Vichy-Regierung, an deren Spitze seit dem 17. Juni 1940 der französische Marschall Henri Philippe Pétain (1856–1951)[130] stand. In dieser schweren Zeit richtete der Bischof Choquet von Tarbes und Lourdes an den Staatschef Pétain von Vichy-Frankreich die eindringliche Bitte, ein aufmunterndes Zeichen zu setzen und »in einer Gebärde der Gerechtigkeit, die von der ganzen Welt gewürdigt werden würde«, das Gebiet von Massabielle seinem wahren Eigentümer, der Kirche, zurückzugeben. Die bischöfliche Bitte hatte Erfolg. Durch Erlaß vom 10. Februar 1941 wurde auf Anordnung von Marschall Pétain das Gebiet des »Heiligen Bezirks« der Diözese Tarbes und Lourdes zurückerstattet »zum Ruhme Marias und zum Gedeihen Frankreichs«.

■ Ein wichtiges Thema der damaligen Diskussionen waren Umfang, Grenzen und Grenzüberschreitungen der ärztlichen Sachkompetenz bei der Beurteilung von Heilungen in Lourdes.

Übereinstimmung bestand darin, daß die Aufgabe der Ärzte in Lourdes in erster Linie darin zu bestehen habe, betrügerisch vorgetäuschte »Heilungen« aufzudecken. Es kam zu übelsten Beschimpfungen der amtierenden Präsidenten des Ärztebüros von Lourdes, wenn sie sachlich und wissenschaftlich exakt falsche Wunder aus Eitelkeit oder aus Gewinnsucht entlarvten, oder wenn »sogenannte« Geheilte als von antireligiösen Organisationen Frankreichs eingeschleuste Betrüger erkannt wurden. Nicht wenige ärztliche Gutachter mußten ihre Gläubigkeit, Kirchentreue und ihre Marienverehrung gerade gegenüber extrem konservativen, katholischen Kreisen verteidigen, wenn und weil allzu wenige Heilungen von ihnen bestätigt wurden.

Bischof Théas von Tarbes und Lourdes hat die strenge Haltung des Ärztebüro von Lourdes anläßlich einer Generalversammlung im Jahre 1949 eindringlich beschworen, als er den versammelten Ärzten zurief: »Ihre einzige Aufgabe besteht darin, wahr zu sein. Sie brauchen nicht streng und unduldsam sein, sondern nur einzig und allein genau und müssen der Kirche unanfechtbare medizinische Beobachtungen liefern, um sie gegebenenfalls in die Lage zu versetzen, ein Urteil darüber zu fällen, ob es sich um ein Wunder handelt oder nicht. Sie werden in Ihren Urteilen niemals streng genug sein können.«[131]

Der Altbischof von Tarbes und Lourdes, Pierre Maria Théas, der sich verdient gemacht hat um die weltweite Anerkennung von Lourdes.

Damit hat Bischof Théas exakt die Grenzziehung der ärztlichen Kompetenz und der kirchlichen Entscheidung einer Wunderbestätigung vollzogen.

Es darf ein Arzt auf Grund seiner ärztlichen Kompetenz Heilungen nicht als Wunder deklarieren. Es stellt eine unverantwortliche Grenzüberschreitung dar, wenn er als Arzt das Attest eines Wunders ausfertigt (mag er persönlich durchaus an ein Wunder glauben). Mancher Arzt, der aus christlicher Verantwortung seit Jahrzehnten im Ärztebüro von Lourdes mitgearbeitet hatte, mag sich durch die strenge Linie der kirchlichen Seite in seiner persönlichen Gläubigkeit angegriffen, eingeengt oder irritiert gefühlthaben.

Präsident Dr. Leuret[132] hat die Heilungen, die in Lourdes sich ereignen, in drei Kategorien eingeteilt:

1. Heilungen, die medizinisch interessant sind, aber keinen Beweis für ein Wunder erbringen oder bei denen man eine natürliche Ursache erkennen kann.
   Dazu zählen auch Heilungen, bei denen angesichts der Unsicherheit des Krankheitsbildes über die Natur der Heilung ein zuverlässiges Urteil nicht abgegeben werden kann, oder es enthält sich die Kommission des Urteils, weil es sich um ein hysterisches Leiden handelte.
2. Heilungen, die wissenschaftlich unerklärlich sind, für die aber der kirchlich-kanonische Prozeß noch nicht abgeschlossen ist oder deren wunderbarer Charakter noch nicht verkündet wurde.
3. Heilungen, welche von der kirchlichen Diözesanobrigkeit als Wunder anerkannt wurden.

Gerade die bisweilen schmerzlichen Diskussionen, verbunden mit Unterstellungen und Verdächtigungen, haben letztlich zu jenen überaus notwendigen Klarstellungen und Verfahrensordnungen geführt, die dem Ansehen von Lourdes nur gedient haben.

Auf beiden Seiten, den ärztlichen wie den kirchlichen Gremien, hat es »Hemmschwellen« in der 33 Jahre dauernden Epoche des »rätselhaften Intermezzos« (und sogar noch darüber hinaus) gegeben. Das läßt sich durch viele mündliche und schriftliche Aussagen bestätigen.

So schreibt Dr. Olivieri, langjähriger Präsident des Ärztebüros von Lourdes, etwa zu Fall Nr. 41 (Henriette Bressolles): Die Heilung wurde »erst 33 Jahre später definitiv von der Kirche anerkannt. Die Heilung von Henriette Bressolles geht bis auf das Jahr 1924 zurück, während das Urteil des Bischofs von Nizza sie erst im Jahre 1957 als wunderbar anerkannte.«[133] Zum Fall Nr. 42 (Lydia Brosse) schreibt er: »Erst 25 Jahre später sollte diese Heilung in Lourdes untersucht und anerkannt werden.«[134] Zum Fall Nr. 43 (Louise Jamain) stellt er fest: »Aus mir unbekannten Gründen wurde das wichtige Aktenstück (des Ärztebüros von Lourdes) über Louise Jamain den kirchlichen Behörden erst 1951, nach Kenntnisnahme durch das Medizinische Komitee, das mit dem Ärztebüro verbunden ist, vorgelegt.«[135]

Offensichtlich hat es Aktenzurückhaltungen und Verzögerungen auf ärztlicher wie auch kirchlicher Seite gegeben. Selbst Insider hatten nicht den vollen Einblick und Durchblick, sondern sprechen in aller Offenheit von »mir unbekannten Gründen«.

■ Aber die aufgeheizte medizinische Atmosphäre wie auch die politisch-militärischen Gründe allein reichen nicht aus, um restlos zu klären, warum von 1913 bis einschließlich 1946 keine kanonisch-kirchlichen Untersuchungen durchgeführt wurden. Dr. Olivieri, seit 1959 Präsident des Ärztebüros von Lourdes, stellte mit leichter Resignation, jedoch ohne den geringsten Anflug von Schuldzuweisung fest: »Wir müssen es als geschichtliche Tatsache hinnehmen, daß nach der Unterbrechung durch den Krieg 1914 bis 1918 es wohl Dr. Marchand (1918–1925) wie Dr. Vallet (1925–1946) bis zum Jahre 1946 unterließen, Heilungen dem Urteil der Kirche zu unterstellen.«[136]

Wenn außerdem zu lesen ist, daß im Jahr 1947 der Präsident des Ärztebüros von Lourdes, Dr. Vallet »bedauerlicherweise auf eigenen Wunsch aus seinem Amte (als Präsident des Ärztebüros von Lourdes) schied«,[137] kann daraus – wenn auch mit größter Vorsicht! – herausgehört werden, daß es zu Spannungen entweder unter den Ärzten in Lourdes oder wohl richtiger zu Spannungen zwischen dem Bischof Théas von Tarbes und Lourdes und dem zurückgetretenen Präsidenten der Ärztebüros, Dr. Vallet, und vieler seiner ärztlichen Kollegen gekommen ist. Darauf deutet auch die Reaktion des damals neuen Bischofs Théas von Tarbes und Lourdes hin, die nicht verantwortbare

Verzögerung der Umorganisation noch länger zu dulden und sofort das gesamte Ärztebüro wie auch die Kontrollverfahren der Heilungen völlig neu zu organisieren. Sicherlich sind die angeführten Ursachen an äußeren Fakten orientiert. Die eigentlichen Nöte und Gewissensprobleme sind nur zum Teil entweder in persönlichen Aufzeichnungen der damals Beteiligten niedergelegt oder sie haben ihre tiefsten Bedenken in ihr Grab mitgenommen.

Konsequenzen

Die Neuorganisation des Ärztebüros in Lourdes, die Abklärung der ärztlichen und der kirchlichen Kompetenzen, wie auch der festgelegte Instanzenweg und die Zulassung der Ärzte haben sicherlich der »Sache Lourdes« in der Weltöffentlichkeit nur Vorteile gebracht und mit ihrer Durchsichtigkeit auch die Glaubwürdigkeit gestärkt.

Der breite Graben zwischen 1913 und 1946 hat dazu geführt, daß erfolgte und medizinisch bestätigte Heilungen erst nach außergewöhnlich langer Zeit die kanonische Wunderbestätigung erhielten, weil sie nicht an kirchliche Entscheidungsgremien weitergeleitet wurden.

Name des/der Geheilten	Kirchliche Wunderbestätigung nach:
Nr. 41 Henriette Bressolles (1924)	33 Jahre
Nr. 42 Lydia Brosse (1930)	28 Jahre
Nr. 44 Louise Jamain (1937)	24 Jahre
Nr. 47 Yvonne Fournier (1945)	14 Jahre

Wunderheilungen in Lourdes seit 1924

Während des eben beschriebenen rätselhaften Intermezzos (1913–1945) hat es unter den Präsidenten des Ärztebüros in Lourdes

Dr. Boissarie (1892–1917)

114

Dr. Marchand (1918–1925)
Dr. Vallet (1925–1947)

Heilungen in Lourdes gegeben. Sie wurden gewissenhaft im Ärztebüro untersucht, dokumentarisch festgehalten und eventuell als
»medizinisch nicht erklärbar« attestiert. Erstaunlicherweise aber wurden diese Akten nicht an die zuständigen kirchlichen Instanzen, nämlich an die Bischöfe der Geheilten, weitergeleitet.

Die nachfolgende Liste jener Geheilten, deren Heilungen kirchlich
als Wunder anerkannt wurden, beginnt – in Weiterführung der bereits
vorgelegten beiden Listen der ersten sieben Wunder des Jahres 1858[138]
und der weiteren 33 Wunderheilungen von 1875 bis 1911[139] – mit Nr.
41: Heilung von Henriette Bressolles am 3. Juli 1921; kirchlich als
Wunder anerkannt am 4. Juni 1957. Auch die folgende Liste[140] ist nach
den Heilungsdaten geordnet.

Nr.	Name	Krankheit	Heilungsdatum
41	Henriette Bressolles	Tuberkulöse Wirbelentzün-dung (Spondylitis tuber-culosa) Querschnittslähmung	3. Juli 1924
42	Lydia Brosse	Vielfache tuberkulöse Fisteln	11. Oktober 1930
43	Schwester Marie-Marguerite Capi-taine	Akute Nierenentzündung, generalisiertes Ödem	22. Januar 1937
44	Louise Jamain	Lungen-, Eingeweide-, Bauchfell-Tuberkulose	1. April 1937
45	Francis Pascal	Blindheit, Lähmung der unteren Gliedmaßen	31. August 1938
46	Gabrielle Clauzel	Rheumatische Wirbelent-zündung	15. August 1943
47	Yvonne Fournier	Lähmung des linken Armes (Sympathikoneuralgie)	19. August 1945
48	Rose Martin	Gebärmutterkrebs	3. Juli 1947

Nr.	Name	Krankheit	Heilungsdatum
49	Jeanne Gestas	Kreuzbein-Steißbeinalgien rechts, Verdauungsstörungen, gelegentlicher Darmverschluß	22. August 1947
50	Marie-Thérèse Canin	Wirbeltuberkulose (Spondylitis tuberculosa, Sakrokoxalgie rechts)	9. Oktober 1947
51	Maddalena Carini	Bauchfell-, Lungen- und Rückgrat-Tuberkulose	15. August 1948
52	Jeanne Fretel	Bauchfelltuberkulose	3. Oktober 1948
53	Thea Angele	Multiple Sklerose	20. Mai 1950
54	Evasio Ganora	Lymphogranulomatose (Hodgkinsche Krankheit)	2. Juni 1950
55	Edeltraud Fulda	Addisonsche Krankheit	12. August 1950
56	Paul Pellegrin	Fistel nach Operation rechts	3. Oktober 1950
57	Leo Schwager	Multiple Sklerose	30. April 1952
58	Alice Couteault	Multiple Sklerose	16. Mai 1952
59	Ginette Nouvel	Leberverhärtung durch Verschluß der Lebervenen (Budd-Chiari-Krankheit)	21. September 1954
60	Marie-Louise Bigot	Blindheit, Taubheit Hemiplegie	10. Oktober 1954
61	Elisa Aloi	Knochen-, Gelenk-Tuberkulose mit Fisteln	5. Juni 1958
62	Juliette Tamburini	Osteo-Periostitis-Fisteln	17. Juli 1959
63	Vittorio Micheli	Becken-Sarkom	1. Juni 1963
64	Serge Perrin	Rezidivierende Halbseitenlähmung mit Augenschäden durch zerebrale Kreislaufstörungen	1. Mai 1970
65	Delizia Cirolli	Bösartige Knochengeschwulst (Sarkom) des rechten Schienbeins	um Weihnachten 25. Dezember 1976

41. Kriegsverletzungen geheilt
Henriette Bressolles (geheilt am 3. Juli 1924)

Der »Fall Henriette Bressolles«[141] ist in mancher Hinsicht interessant und bemerkenswert. Ihr Leiden hat sich nicht aus angeborenen Anlagen oder durch Ansteckung im Laufe ihres Lebens langsam, aber verhängnisvoll entwickelt. Ihre tuberkulöse Wirbelentzündung und Querschnittslähmung gehen vielmehr zurück auf eine Kriegsverwundung im Ersten Weltkrieg. Henriette Bressolles hatte sich als national gesinnte Französin freiwillig als Krankenschwester für den Kriegseinsatz gemeldet. Sie wollte verwundeten und sterbenden Soldaten ihrer französischen Heimat Hilfe und Tröstung geben.

Dabei hat sie sich keineswegs in der sicheren Etappe weit hinter der Front und dem Pulverdampf aufgehalten. Sie wußte allzu genau um den mörderischen Stellungskrieg an der Marne und um Verdun, wie um die Materialschlachten in Flandern. Immer wieder meldete sie sich zum Einsatz in den vordersten Schützengräben, wo sie – noch im letzten Kriegsjahr – am 16. Juli 1918 durch ein explodierendes Geschoß am Bein schwer verletzt wurde. Ein stechender Schmerz in der Wirbelsäule (Spondylitis tuberculosa) erwies sich als tragische Querschnittslähmung. Mit dem Befund »Dorsolumbales Pottsches Übel mit völliger Paraplegie« wurde sie nach dem Kriegseinsatz als unheilbar in Rente geschickt. In Henriette Bressolles hat erstmals ein Kranker mit einer schweren Kriegsverletzung Heilung in Lourdes erfahren.

Bemerkenswert ist aber der »Fall Henriette Bressolles« auch deshalb, weil die ärztliche Beurteilung ihrer Heilung am 3. Juli 1924 in Lourdes in die kritische Phase der medizinisch-theologischen Neuorientierung wie auch der völligen Neuorganisation der offiziellen Verfahren fiel, also in die Zeit zwischen 1911 und 1945. Zwischen dem Datum ihrer Heilung (1924) und dem Datum der kirchlichen Wunderbestätigung (1957) liegt von allen Verfahren die größte Zeitspanne, nämlich genau 33 Jahre.

Henriette Bressolles setzte ihre große Hoffnung auf Heilung auf die Fürbitte der Gottesmutter von Lourdes. Am 3. Juli 1924 erlebte die

28jährige im Krankenwagen die eindrucksvolle Sakramentsprozession am Spätnachmittag in Lourdes. Im gleichen Augenblick, als sie den Segen mit der Monstranz empfing, durchzuckte ihren kranken Körper ein ungewöhnlich heftiger und stechender Schmerz. Eilends fuhr man sie zur Grotte von Massabielle und, wie von Gottes Hand berührt, war sie plötzlich gesund.

Am nächsten Tag, 4. Juli 1924, konnte nach eingehenden, ärztlichen Untersuchungen der Geheilten durch Dr. Marchand das Bureau des Constatations von Lourdes melden: »Alle Anzeichen für Medullardruck und alle Symptome der Pottschen Krankheit sind völlig verschwunden.« Zu einer endgültigen Festlegung wurde die Geheilte Henriette Bressolles ein Jahr später, 1925, nochmals zur Untersuchung nach Lourdes gebeten. Erst zu dem Zeitpunkt haben die untersuchenden Ärzte eine medizinisch nicht erklärbare Heilung testiert.

Es dauerte aber noch über 30 Jahre, bis es zur Übersendung der Akten einschließlich der Beschlußfassung des Konstatierungsbüros von Lourdes an den zuständigen Bischof der Geheilten kam. Erst nach einem weiteren kanonischen Verfahren erfolgte die kirchliche Anerkennung des Wunders durch Bischof Paul Rémond von Nizza am 26. Oktober 1956. Die Geheilte, die 1961 starb, hat selbst noch die kirchliche Wunderbestätigung erlebt.

Es fällt auf, daß andere Heilungen, die Jahre, ja Jahrzente später sich in Lourdes ereigneten, eine erheblich frühere kirchliche Wunderbestätigung erhalten haben, wie nachfolgende Übersicht aufzeigt.

Name des/der Geheilten	Jahr der Heilung	Jahr der kirchlichen Wunderbestätigung
Lydia Brosse	1930	1958
Schw. Marie-Marguerite Capitaine	1937	1946
Louise Jamaine	1937	1951
Francis Pascal	1938	1945
Gabrielle Clauzel	1943	1948
Rose Martin	1947	1949
Jeanne Gestas	1947	1952
Marie-Thérèse Canin	1947	1952

Name des/der Geheilten	Jahr der Heilung	Jahr der kirchlichen Wunderbestätigung
Jeanne Fretel	1948	1950
Evasio Ganora	1950	1955
Edeltraud Fulda	1950	1955
Paul Pellegrin	1950	1953
Alice Couteault	1952	1956
Ginette Nouvel	1954	1956

42. »Jede Spur von Entzündung war verschwunden ...«
Lydia Brosse (geheilt am 11. Oktober 1930)

Das Comité médical international hat auf seiner Versammlung am 18. März 1956, die als »denkwürdig«[143] bezeichnet wurde, mehrere, recht unterschiedliche und teilweise weit zurückliegende Heilungen von Lourdes für eine Urteilsfindung und Beschlußfassung intensiv und mit großem wissenschaftlichen Ernst behandelt. Dazu gehörte auch die Heilung von Lydia Brosse, die 25 Jahre zurücklag.

Lydia Brosse[144] aus Saint-Raphaël (Var) hatte von Kindheit an eine sehr schwächliche Konstitution. Sie war für Krankheiten überaus anfällig. Ihr Darm, das Knochengerüst und die Muskeln waren von einer rätselhaften, (wie sich später herausstellte) tuberkulösen Krankheit befallen. Sie war gequält von offenen Wunden und vielfachen tuberkulösen Fisteln, so daß sie kaum noch essen konnte. Wegen zahlreicher und schmerzhafter Eiterungen im Becken und im Gesäß konnte sie nur noch auf dem Bauche liegen. Mehrmals am Tag mußten die übelriecheden, von Eiter tropfenden Verbände erneuert werden.

Der geschwächte gesundheitliche Gesamtzustand hat die Ärzte in berechtigter Sorge und Verantwortung bewogen, Lydia Brosse von einer noch so gut gemeinten Wallfahrt nach Lourdes abzuraten und lieber zu Hause zu beten. Sollte dies bereits eine Vorahnung gewesen sein, daß die Heilung nicht in Lourdes sich ereignete, sondern erst auf dem Weg nach Hause? Die 31jährige Lydia Brosse blieb hartnäckig und gelangte mit einem Pilgerzug – mehr sterbend als lebend – nach Lourdes. Weil sie sich in der ständigen Grenzsituation zwischen Leben und

Sterben befand, wagte man es nicht, sie in das 12 bis 14 Grad kalte Wasser der Piszinen in Lourdes zu tauchen. Was jedoch möglich war, das tat man, um ihren Wunsch zu erfüllen und um ihr eine vielleicht allerletzte Freude zu machen. Man machte Umschläge, getränkt mit dem Wasser aus der Grotte von Massabielle, um ihr wenigstens auf diese Weise das Zeichen des Wassers in aussichtsloser Situation erfahren zu lassen.

Aber weder das Wasser der Grotte, noch der Segen bei der Sakramentsprozession, noch die Gebete der Totkranken und vieler ihrer Angehörigen und Mitpilger erreichten ihre Heilung. Die Wunden blieben. Die Verbände mußten wie früher, weil sie immer noch von Eiter tropften, mehrmals am Tag erneuert werden.

Der Pilgerzug rollte zurück in die südfranzösische Heimat von Lydia Brosse, nach Saint-Raphaël. Auf der Rückreise stellte die Krankenschwester, die Lydia Brosse betreute, fest, daß der Verband fast ohne Eiter war und daß auch die tiefen und offenen Wunden fast 0geschlossen waren – es war auf der Bahnstation Carcassone. Knapp 50 km weiter, auf der Bahnstation Narbonne, stellte sie fest, daß alle Narben völlig verheilt waren. Es war 11. Oktober 1930. Sterbenskrank hatte Lydia Brosse – entgegen den Warnungen ihrer Ärzte – die Wallfahrt nach Lourdes begonnen. Geheilt kehrte sie in die Heimat zurück.

Nach der Rückkehr von Lourdes stellt sich die geheilte Lydia Brosse im Krankenhaus von Saint-Raphaël ihrem Arzt Dr. Clément, der ihr am 17. Oktober 1930 folgendes Gutachten[145] aushändigte:

»Ich unterzeichneter Dr. Clément, Chirurg am Krankenhaus von Saint-Raphaël, erkläre, Frl. Lydia Brosse seit Januar 1930 wegen immer wieder auftretender Abszesse und Phlegmonen behandelt zu haben. Die meisten waren sehr umfangreich, an den Gesäßbakken und an der unteren Hälfte der Bauchwand.
Aufgeschnitten und drainiert vernarbten diese vielen eiternden Wunden sehr langsam und waren Anlaß für eine ausgedehnte Auflösung.
Am 12. Oktober 1930 habe ich die vollständige Vernarbung der verschiedenen vorher gemachten Einschnitte festgestellt, das Verschwinden jeder Auflösung und unter anderen Besserungen das vollständige Verschwinden einer umfangreichen Absonderung am linken Gesäßbacken. Jede Spur von Entzündung ist verschwun-

den und Frl. Brosse weist gegenwärtig alle Anzeichen von Gesundheit auf.

Saint-Raphaël, 17. Oktober 1930. Gezeichnet: Dr. L. Clément.«

Diese Heilung wird mit Recht den Lourdes-Heilungen zugezählt, weil das Gebet um die Fürbitte Marias von Lourdes wie auch das Zeichen des Wassers im Zentrum des Geschehens standen. Das Spezifische dieser Heilung ist aber der gestufte Prozeß der Heilung, der nicht bereits in Lourdes begann, sondern erst auf der Rückreise mit der Eisenbahn in einer ersten Ankündigungsstufe (in Carcassone) einsetzte und schließlich in einer Erfüllungsstufe (in Narbonne) zum Heils- und Heilungsereignis wurde.

Sehr arbeitsintensiv und gründlich hat sich das Ärztebüro von Lourdes dieser Heilung angenommen und ihren am 18. März 1956 gefaßten Beschluß, in dem es wortwörtlich heißt, daß »wir für die Heilung von Lydia Brosse keine medizinische Erklärung finden«,[146] an die zuständige kirchliche Instanz weitergeleitet. Nach einem wiederum gründlichen kanonischen Prozeß konnte der zuständige Bischof Jean Guyont von Coutances am 5. August 1958 die kirchliche Wunderbestätigung verkünden. Die Geheilte hat diese Entscheidung selbst noch erleben können.

43. »Neues Leben durchströmte meine Beine.«
Schwester Marie-Marguerite Capitaine
(geheilt am 22. Januar 1937)

Das große Lebensziel von Francaise Capitaine, geboren am 13. April 1872, war es, als Ordensfrau in stiller Zurückgezogenheit Gott und den Menschen zu dienen. Sie wählte für ihren Lebensweg das Kloster in Rennes aus.

Schwester Marie-Marguerite, wie sie mit ihrem Ordensnamen hieß, hatte wohl kaum daran gedacht, daß sie mit ihrem Ja auf ewig sich schweren und unerwarteten Prüfungen ausgeliefert hatte. Vom 50. Lebensjahr an begann sie an schweren Herz- und Nierenstörungen zu leiden, gegen die die Ärzte in Rennes vergeblich ankämpften. »Eine eiternde Nierenentzündung stellt sich ein, die im Jahr 1936, als sie durch eine Hyposystolie kompliziert wird, ein weit um sich greifendes Ödem hervorruft.«[147]

Da sich im Winter 1936/37 das Leiden verschlimmerte und Herzanfälle sich häuften, so daß sie nicht mehr im Bett liegen, sondern Tag und Nacht nur im Lehnstuhl sitzen konnte, dachte man an eine Wallfahrt nach Lourdes. Weil aber um diese Zeit keine Pilgerzüge nach Lourdes fuhren, hatte Schwester Marie-Marguerite ihr Kloster zum zweiten Lourdes gemacht. Ein Bild mit der Grotte und der Marienstatue von Lourdes verband sie geistig mit dem berühmten Wallfahrtsort. Sie war von dem bergeversetzenden Glauben erfüllt, Maria von Lourdes könnte auch andere Orte zu Stätten der Gnade und der Heilung machen, wo immer sie in einem Gebet um Fürsprache und Hilfe angerufen würde.

Schwester Marie-Marguerite begann daher am 20. Januar 1937 eine neuntägige Andacht zu Ehren Unserer Lieben Frau von Lourdes. Mit der Schwesterngemeinschaft nahm auch die ganze Pfarrgemeinde an dieser Novene betend teil. Kaum hatte die Novene begonnen, da geschah bereits am dritten Tage, am 22. Januar 1937, die plötzliche und vollständige Heilung. Über den genauen Heilungsvorgang berichtete Schwester Marie-Marguerite:

»Am Morgen des 22. Januar hatte ich das plötzliche Bedürfnis, der zweiten Messe beizuwohnen ... von einer anscheinend übernatürlichen Kraft getrieben, dorthin (in die Kapelle) zu gehen. Mir war, als ob eine zugleich sanfte und kräftige Hand über meine Beine strich, die plötzlich abschwollen. Neues Leben durchströmte sie. Die Verbände fielen zu Boden.«[148]

Die Heilung erfolgte während des Kommunionempfanges.[149] Diese Heilung wird zu Recht wegen der gesamten Begleitumstände zu den Heilungen von Lourdes gezählt. Neben einer vom Erzbischof von Rennes einberufenen, diözesanen Ärztekommission hat auch das Ärztebüro in Lourdes nach sehr genauen und wiederholten Untersuchungen, deren letzte im November 1945 an der damals bereits 72jährigen Geheilten durchgeführt wurden, die medizinisch nicht erklärbare Heilung wie den ausgezeichneten Gesamtzustand der Geheilten festgestellt.

Nach dem durchgeführten kanonischen Prozeß konnte der zuständige Diözesanbischof, Clemens-Émile Kardinale Roques, Erzbischof von Rennes, am 20. Mai 1946, die kirchliche Bestätigung des Wunders verkünden.[150] Es handelt sich dabei um die erste Wunderbestätigung, die nach dem rätselhaften Intermezzo von 33 Jahren (1913 bis 1945) von der Kirche ausgesprochen wurde.

44. Nach der Heilung: Heirat und glückliche Mutter
Louise Jamain (geheilt am 1. April 1937)

Louise Jamain,[151] kurz nach dem Ausbruch des Ersten Weltkrieges am 1. November 1914 in Paris geboren, wuchs in einer Familie auf, die durch mannigfache Leiden und Todesfälle belastet war. Der Vater, dem nach einer schweren Verwundung im Krieg ein Bein und ein Arm amputiert werden mußte, starb am 28. August 1931. Kurze Zeit später starb am 9. November 1932 die Mutter. Ihre fünf Brüder starben innerhalb weniger Jahre (1931/34).

Mit dem Jahr 1930 begann für die knapp 15jährige Louise Jamain eine sehr bewegte klinische Geschichte, wie die vier, von Dr. Oberlin im Pariser Hospital de la Pitié durchgeführten Operationen (erster Eingriff am 10. Dezember 1930; zweiter Eingriff am 26. Dezember 1930; dritter Eingriff am 16. März 1931, vierter Eingriff am 21. November 1931) belegen. Es handelte sich um Operationen im Darm und um die Einrichtung einer Dickdarmfistel (künstliches After). Zur ärztlichen Behandlung wurde Dr. Labbé hinzugezogen.

Der gesundheitliche Gesamtzustand verschlechterte sich durch Lungen-, Eingeweide- und Bauchfell-Tuberkulose in erschütternder Weise. Lourdes war für Louise Jamain die Endstation ihrer Sehnsucht und letzte Hoffnung auf Heilung. 1933, 1934 und 1935 machte sie Pilgerfahrten dorthin. Sie war bereits glücklich und zufrieden, als kleine, kurzfristige Besserungen eintraten. Das Jahr 1936 brachte einen unerwarteten und tiefgreifenden Rückfall, so daß die mehr sterbende als lebende Louise Jamain im Januar 1937 in das Krankenhaus Laennec in Paris eingeliefert werden mußte.

Ungebrochen war bei Louise Jamain die Hoffnung wider alle Hoffnung in Verbindung mit ihren Bittgebeten zur Lieben Frau von Lourdes. Obwohl die behandelnden Ärzte ihr von einer Wallfahrt mit großem Ernst abrieten, war die Schwerstkranke von ihrem Vorhaben, doch noch ein allerletztes Mal nach Lourdes zu pilgern um vielleicht dort zu sterben, nicht abzuhalten. Für eine nochmalige Wallfahrt nach Lourdes stellte das Krankenhaus ein medizinisches Gutachten[152] mit folgendem Wortlaut aus:

»Tuberkulose der Lunge, des Darmes und des Bauchfelles mit positivem Bazillenbefund im Auswurf und im Stuhl, erhöhte Temperatur, stark herabgesetzter Allgemeinzustand. Keine Aufnahme fester Nahrung seit 22. Januar (1937), Serum, Kampferöl, Milch, Champagner. Blutspucken seit 5. März.«

Am 29. März 1937 kam der Pilgerzug von Paris in Lourdes an. Louise Jamain wurde nochmals überfallen von Erstickungsanfällen, Herzschwäche und zwei Bluthustenanfällen. Weil man ihren Tod befürchtete, wurde ihr von einem katholischen Priester das Sakrament der Krankensalbung gespendet. Am Morgen des 30. März 1937 wurde sie, vorbei an der Grotte von Massabielle, zu den Bädern gebracht und in das Wasser eingetaucht. Aber es stellte sich keine Heilung ein. Ins Pilgerhospiz zurückgekehrt erlebte sie eine äußerst unruhige Nacht. Griff bereits der Tod nach ihr oder deutete sich eine Wende zum Leben, zur Heilung an?

In der folgenden Nacht vom 31. März auf den 1. April 1937 war sie anfangs unruhig und wälzte sich von der einen zur anderen Seite des Bettes. Plötzlich gegen 3 Uhr früh des 1. April 1937 fühlte sie sich besser. Sie richtete sich auf, verlangte zu essen und verspürte einen außergewöhnlich großen Hunger. Am Nachmittag des 1. April 1937 wurde Louise Jamain nochmals zu den Piszinen von Lourdes gebracht. Am 2. April machte ihre Gesundung weitere Fortschritte. Das Bluthusten hörte auf. Das Fieber war völlig verschwunden. Sämtliche physiologischen Funktionen stellten sich wieder ein. Herzschlag und Temperatur waren normal.

Am Samstag 3. April 1937, wurde die erste Untersuchung der geheilten Louise Jamain im Ärztebüro von Lourdes durch Dr. Lefranc und Petitpierre[153] vorgenommen. Ihre Feststellungen lauten:

»Heute morgen Temperatur 37 Grad, Schlaf gut, spontaner, normaler Stuhlgang. Gestern abend betrug die Temperatur 36,9 Grad. Gestern morgen nach der Piscine 36,9 Grad; seit Donnerstag mittag kräftige Nahrung zu sich genommen.«

Nach Paris zurückgekehrt hat die Heilung von Louise Jamain im Krankenhaus Laennec, wo sie früher behandelt worden war und als sicher Sterbende angesehen wurde, bei den Ärzten und beim gesamten Pflegepersonal eine ungeheure Aufregung, ja eine weltanschauliche Erschütterung ausgelöst. Auf Bitten von Louise Jamain stellte Professer Chahin[154] ihr ein Attest mit folgendem Text aus:

»Der Unterzeichnete, Chef der Universitätsklinik, bestätigt, daß Frl. Louise Jamain vom 21. Januar bis 30. März 1937 im Krankenhaus Laennec positiven Bazillenbefund hatte, überdies eine erhöhte und unregelmäßige Temperatur.
Bei erneuter Aufnahme ins Krankenhaus am 4. April 1937 war die Kranke ohne Fieber, Bazillenbefund in Stuhl und Auswurf negativ. Bei wiederholten Nachuntersuchungen blieben die Befunde negativ.
Sie ist gegenwärtig in einem ausgezeichneten Allgemeinzustand.
Das Attest ist am 24. Juli 1937 auf Verlangen der Kranken ausgefertigt. Gez. Cachin.«

Nachdem die geheilte Louise Jamain erstmals im Ärztebüro in Lourdes am 3. April 1936 und zum zweitenmal am 5. Juli 1938 untersucht worden war, wurde unter Vorsitz von Dr. Vallet unter Zustimmung von neun anwesenden Ärzten die Erklärung veröffentlicht:

»Auf Grund der Plötzlichkeit, der fehlenden Genesungszeit und des unmittelbaren Wiedereinsetzens sämtlicher physiologischer Funktionen, besonders des Appetits, kann eine solche Heilung von einer mehrjährigen schweren Krankheit nicht durch die Naturgesetze erklärt werden.«[155]

Weil dieses wichtige Aktenstück des Jahres 1937 erst nach 13 Jahren der kirchlichen Stelle vorgelegt wurde (1951), konnte der kanonische Prozeß erst nach reichlicher Verzögerung durchgeführt werden. Am 14. Dezember 1951 verkündete der zuständige Erzbischof von Paris, Maurice Kardinal Feltin, die kirchliche Wunderbestätigung durch folgendes Dekret:[156]

»Wir, Maurice Feltin, durch Gottes und des Heiligen Apostolischen Stuhles Gnade Erzbischof von Paris,
in Anbetracht, daß ein Jahr nach der am 1. April 1937 erfolgten Heilung von Frl. Louise Jamain das Ärztliche Konstatierungsbüro von Lourdes erklärt hat und dies in der Folge noch mehrfach wiederholte, daß die Heilung ärztlich nicht erklärbar ist;
in Anbetracht, daß das dem Ärztlichen Konstatierungsbüro von Lourdes angegliederte ›Comité National‹ mit Sitz in Paris keinerlei natürliche und wissenschaftliche Erklärung für die Heilung fand;
in Anbetracht, daß die von diesen beiden Ärztekommissionen erfolgten Feststellungen mit ihren Schlußfolgerungen die gleichen sind, wie Benedikt XIV. sie forderte, bevor eine Heilung als wunderbar erklärt wird;
in Anbetracht, daß nach dem Bericht der von uns eingesetzten Kanonischen Kommission die anderen Merkmale moralischer Ordnung, die von dem gleichen Papst zur Unterscheidung der übernatürlichen Tatsachen von den Tatsachen des diabolischen Außernatürlichen angegeben werden, sämtlich dem Übernatürlichen günstig sind;
in Anbetracht, daß die Heilung ohne Minderung angedauert hat und daß die wunderbar Geheilte sich ständig eines ausgezeichneten Gesundheitszustandes erfreut,
nach Anrufung Gottes und kraft der uns vom Konzil von Trient übertragenen Vollmacht und in Unterwerfung unserer Entscheidung unter die Autorität des Papstes,
erklären wir durch unsere Entscheidung, daß die am 1. April 1937 in Lourdes erfolgte Heilung bei der Diözesanwallfahrt der ›Bernadetten‹ von Paris eine wunderbare Heilung ist und einem besonderen Eingreifen der allerseligsten Jungfrau Maria, der Mutter Gottes, zugeschrieben werden muß, die vertrauensvoll von der Kranken angerufen wurde und ihr so huldvoll Erhörung gewährte.
† Maurice Feltin, Erzbischof von Paris«

Noch erwähnt sei: Louise Jamain hat am 11. September 1943 geheiratet und wurde glückliche Mutter zweier Kinder. Bei ihren fast alljährlichen Dankwallfahrten nach Lourdes stellte sie sich stets den Untersuchungen des Ärztebüros, das stets ihre vorzügliche Gesundheit attestierte.

45. Heilung einer Hirnhautentzündung und Lähmung
Francis Pascal (geheilt am 31. August 1938)

Francis Pascal wurde am 3. Oktober 1934 in Sault (Vaucluse) geboren. Mit seinen Eltern, die Weinbauern waren, wohnte er in Beaucaire (bei Avignon). Das gesunde und fröhliche Kleinkind war die Freude und das Glück der Eltern.

Bis zum Dezember 1937 war der kleine Francis gesund. Um den 15. Dezember setzte eine sich tragisch entwickelnde Veränderung ein. Francis wurde von einer Meningitis befallen, begleitet von heftigen Temperaturschwankungen zwischen 38 und 40 Grad Fieber. Immer mehr klärte sich die Diagnose: lymphozytäre, aseptische Gehirnentzündung.

Im März 1938 traten zunehmende Sehstörungen (Sehnervschwund) und Lähmung aller vier Gliedmaßen (beide Arme und beide Füße) ein (Opticus-Atrophie und Quadriplegie). Eine Lumbalpunktion (Lendenstich) und eine Analyse der Cerebrospinalflüssigkeit (Rückenmarkflüssigkeit) bestätigten die fortschreitende Krankheit. Im Juni 1938 trat zur Gliederlähmung noch völlige Erblindung. Der behandelnde Arzt von Beaucaire, Dr. Dardé, sprach von einer hoffnungslosen Krankheit, mit der der kleine, heranwachsende Francis leben müßte und von der ihn ein baldiger Tod gnädig befreien möge.

Dr. Dardé, wie die Familie Pascal wohnhaft in Beaucaire, bat in dieser überaus schwierigen Phase Dr. Polge, einen Augenarzt aus Arles, um ärztliche Mitsorge beim »Fall Francis Pascal«. Im Mai 1938 hat Dr. Polge seine Feststellungen[157] schriftlich niedergelegt:

»Das Kind Pascal wurde mir auf Grund einer Meningitis gebracht. Es ist gelähmt und hat das Augenlicht verloren. Die ophthalmologische Untersuchung vom 3. Mai ergibt: Die Pupillen reagieren kaum auf Licht. Ein vor den Augen vorbeigeführtes Licht wurde nicht bemerkt, ebensowenig andere Gegenstände. Die Adern an der Rückseite der Augen sind kongestiert und weisen eine gewisse Opticus-Abblassung auf. Prognose: ›Sehr bedenklich.‹«

Wie viele andere Eltern erkrankter Kinder so haben auch die Eltern von Francis Pascal in einer Wallfahrt nach Lourdes eine letzte Möglichkeit der gottgeschenkten Heilung gesehen und innigst darum gebetet. Für die Wallfahrt und den begleitenden Pilgerarzt Dr. J. Roman stellte der Hausarzt Dr. Dardé folgendes Attest[158] über den Gesundheitszustand von Francis Pascal aus:

»Ich, der unterzeichnete Dr. Dardé, erkläre, daß ich den vierjährigen Francis Pascal wegen Hirnhautentzündung und ihren Folgen mit Lähmung der unteren Gliedmaßen und absoluter Erblindung behandle. Die festgestellten Läsionen sind seit vier Monaten in gleichbleibendem Zustand und scheinen jeder Behandlung zu trotzen.«

Von der Diözesanwallfahrt von Aix-en-Provence nach Lourdes hat der vierjährige, total blinde Francis am 26. August 1938 nichts gesehen.

Auf den Armen seiner Mutter wurde Francis zur Grotte von Massabielle gebracht. Ganz leise versuchte die Mutter ihrem schwer erkrankten Kind die Grotte und vor allem das Marienbild zu erklären. Nach einem gemeinsamen Beten von Mutter und Kind ging es weiter zur Piszine. Erst beim zweiten Eintauchen in das Wasserbecken am 31. August 1938 begann das seit einem halben Jahr total erblindete Kind das Licht, erste Umrisse von Menschen und Gegenständen seiner Umgebung wahrzunehmen. Auch die Lähmung der vier Gliedmaßen verschwand.

Nach Beaucaire zurückgekehrt brachte die überglückliche Mutter ihren geheilten Sohn Francis zu Dr. Dardé, dem Hausarzt, der neben dem beigezogenen Augenarzt Dr. Polge, das erkrankte Kind von

Anfang an behandelt hatte. Verwundert, immer wieder staunend und tief erschüttert zugleich führte Dr. Dardé die Untersuchungen durch. Am 9. November 1938 hat er folgendes Attest[159] niedergeschrieben:

>»Ich, der unterzeichnete Dr. Dardé, erkläre, vom 17. Dezember 1937 bis 14. Juni 1938 den vierjährigen Francis Pascal behandelt zu haben. Das Kind wurde auch noch von folgenden Ärzten untersucht: Dr. Julian, Tarascon; Dr. Baron, Avignon; Dr. Dufoix jun., Nîmes, und dem Augenarzt Dr. Polge, Arles; es litt an lymphatischer aseptischer Hirnhautentzündung (Analyse von Dr. Lesbros, Avignon). Seit 14. Juni 1938 wurde die regelmäßige Behandlung eingestellt. Das kranke Kind war an sämtlichen vier Gliedmaßen gelähmt; seine Sehschärfe war gleich null, es nahm nicht einmal das Licht wahr und konnte den Tag nicht mehr von der Nacht unterscheiden. Eine Untersuchung durch Dr. Polge im Mai 1938 ergab eine durchaus ungünstige Prognose. Zum 20. August sollte das Kind nach Lourdes gebracht werden, und ich sollte es vorher nochmals untersuchen. Sein Zustand jetzt im Juni war noch immer der gleiche: Lähmung der Gliedmaßen, Sehkraft null. Nach der Rückkehr von Lourdes brachte Frau Pascal das Kind zu mir; sie führte es an der Hand – es ging. Ich stellte das Verschwinden der Lähmung und die Rückkehr der Sehkraft fest. Das Kind geht in normaler Weise, abgesehen von leichtem Schwanken. Seit Lourdes hält die Besserung an. Dieser neue Zustand soll nach Eintauchen in die Piszine von Lourdes eingetreten sein. Medizinisch läßt sich ein solches Ergebnis nicht erklären.«

Infolge des am 1. September 1939 ausgebrochenen Zweiten Weltkrieges kam es zu einem abrupten Abbruch der Wallfahrten nach Lourdes wie auch der ärztlichen Untersuchungen im Ärztebüro von Lourdes, so daß der »Fall Francis Pascal« nicht bearbeitet werden konnte. Erst im Oktober 1946 konnte das Ärztliche Konstatierungsbüro seine Arbeit wieder aufnehmen und die übersandten Schriftstücke von Heilungen überprüfen. Francis Pascal, inzwischen im zwölften Lebensjahr, konnte zu einer Untersuchung nach Lourdes nicht anreisen.

Das Ergebnis der Überprüfung und der eingehenden Beratungen nach so langer Zeit der Heilung am 31. August 1938 hat Dr. Vallet,

Präsident des Ärztebüros in Lourdes in folgender Erklärung[160] festgehalten:

>»1. Die Krankheit war sicherlich vorhanden. Es handelte sich um
>   eine Meningoencephalitis mit Opticusbeteiligung (Gehirn-
>   haut- und Sehnerventzündung) mit Pupillenstarre, einer
>   schlaffen Lähmung der unteren Gliedmaßen und einer
>   ungeordneten Bewegung der oberen Gliedmaßen. Störungen
>   des Kleinhirns.
>2. Diese Symptome hörten plötzlich auf, zu einem Zeitpunkt, als
>   das fortgeschrittene Stadium der Krankheit keine Wendung
>   zum Besseren mehr hoffen ließ. Das Kind konnte schon am
>   Tage des zweiten Bades ein Dreirad erkennen und am Tage
>   seiner Rückkehr in die Heimat konnte es gehen.
>3. Es handelt sich um eine sichere Heilung, welche die Rückkehr
>   des Seh- und Gehvermögens und aller physischen Funktionen
>   bestätigen.
>4. Es ist nicht nötig, die Erklärung über die Heilung noch weiter
>   hinauszuschieben, da diese schon acht Jahre zurückliegt.
>5. Es kann keine medizinische Erklärung für das plötzliche Ver-
>   schwinden der Krankheit und ihrer Symptome gegeben wer-
>   den.«

Es folgen die Unterschriften von elf Ärzten.

Lourdes, am 2. Oktober 1946.

Dr. Vallet, Präsident des Ärztebüros«

Im Juli 1947 und 1948 wurde der »Fall Francis Pascal« noch einmal
aufgegriffen. Dr. Leuret hat damals neben der Akteneinsicht auch den
geheilten Francis Pascal in seinem Ärztebüro untersucht und seinen
Bericht über diese Untersuchungen[161] mit den Worten abgeschlossen:

>»Die Heilung ist im Hinblick sowohl auf die Natur der Krankheit
>wie auf das Andauern der Schäden und die plötzliche Wiederer-
>langung des Sehvermögens und der Bewegungsfähigkeit mensch-
>lich nicht erklärbar und wurde daher der Kanonischen Kommis-
>sion der Diözese zur Beurteilung übergeben.«

Er war es, der das Dossier mit allen hinterlegten Akten, Beilagen
und ärztlichen Zertifikationen an den zuständigen Diözesanbischof

des Geheilten weitergab. Erzbischof Charles de Provenchères von Aix, Arles und Embrun hat diese Unterlagen der kanonisch-kirchlichen Untersuchungskommission vorgelegt. Das Ergebnis dieser Kommission hat er mit folgender Erklärung vom 31. Mai 1949 veröffentlicht:

»Angesichts der verschiedenen im Dossier hinterlegten ärztlichen Zertifikate, vor allem jener des Dr. Dardé mit Datum vom 19. Juli 1938, 9. November 1938 und 5. Juni 1939 und des Dr. Julian vom 6. Dezember 1938;

ferner in Anbetracht der Protokolle des Ärztlichen Konstatierungsbüros vom 2. Oktober 1946 und 1. September 1948;

in Anbetracht der Berichte der von uns eingesetzten Kanonischen Kommission vom 10. und 17. Dezember 1948;

nach Anrufung des heiligsten Namens Gottes;

kraft der uns vom Konzil von Trient in solchen Dingen übertragenen Vollmacht und in Unterordnung unserer Entscheidung der Autorität des Papstes gegenüber;

urteilen und erklären wir, daß die am 31. August 1938 erfolgte Heilung des Francis Pascal in wunderbarer Weise erfolgte und einer besonderen Fürbitte der Seligsten Jungfrau Maria, der Unbefleckten Gottesmutter, zugeschrieben werden muß.

Gegeben zu Aix, am 31. Mai 1949, am Feste der Seligen Jungfrau Maria, der Mittlerin aller Gnaden.

Gezeichnet: † Charles

Erzbischof von Aix, Arles und Embrun

Über Auftrag

gezeichnet: E. Martin, Kanzler

Dieses Dekret soll in allen Kirchen und Kapellen der Diözese an einem Sonntag oder aus Anlaß einer zu Ehren der Seligsten Jungfrau veranstalteten Feier verlesen werden.

Dabei soll das Magnifikat angestimmt werden, um unserer himmlischen Mutter für ein Wunder zu danken, das zugleich ihre Macht wie ihre mütterliche Liebe bekundet.«

46. »Plötzlich überkam mich ein Gefühl tiefen Wohlbefindens ...«

Gabrielle Clauzel (geheilt am 15. August 1943)

In einem wirtschaftlich erfolgreichen und gutsituierten Elternhaus in Oran in Algerien ist Gabrielle Clauzel[162] geboren worden und herangewachsen. Der Vater war einer der großen französischen Kaufleute Nordafrikas. Ihn, den überzeugten und glaubwürdigen Katholiken, kennzeichnete eine ausgeprägte Marienverehrung. Es ist daher nicht verwunderlich, daß der hochangesehene Industrielle in der nordafrikanisch-französischen Kolonie Gründer und erster Präsident der Gesellschaft der Freunde Unserer Lieben Frau von Lourdes war.

Im Jahr 1937 mußte sich seine Tochter Gabrielle wegen einer durch einen schmerzhaften Hämorrhoidenabszeß verursachten Mastdarm-Scheiden-Fistel mehrmals operieren lassen. Außerdem litt sie an Rheumatismus im linken Handgelenk und an großen Schmerzen in der Wirbelsäule.[163] Immer deutlicher erkannten die behandelnden Ärzte, daß sich das Schmerzzentrum im Rückenmark befand und daß viele Beschwerden in der Nacken-, Rücken- und Lendengegend, in der rechten Hüftgrube, in der Herz-, Nieren- und Magengegend als Ausstrahlungen dieses Schmerzzentrums im Rückenmark anzusehen waren.

Es handelte sich, wie nach Röntgenaufnahmen feststand, um Wirbelsäulenrheumatismus (ausgebreitete, rheumatische Spondylose mit Quetschung der austretenden Nervenwurzeln). »Das Gehen bereitete ihr große Schwierigkeiten. Das Stehen war schmerzhaft, der Körper war nach vorn gebeugt. Sogar das Sitzen war außerordentlich ermüdend. Sie konnte den Kopf nicht aufrecht halten, er fiel immer wieder nach vorne.«[164]

Gabrielle Clauzel nahm im August 1939 an einer Pilgerfahrt nach Lourdes teil, die ihr Vater organisiert hatte. Nur im Krankenwagen konnte sie die Grotte von Massabielle besuchen und dort beten. Aus dem Krankenwagen hob man sie heraus und tauchte sie in das Wasserbecken ein. Noch während ihres Lourdes-Aufenthaltes brach am 1. September 1939 der Zweite Weltkrieg aus, so daß sie ungeheilt wieder in ihre Heimat in der nordafrikanisch-französischen Kolonie zurückkehrte.

In den folgenden Jahren wurde ihr gesundheitlicher Gesamtzustand durch immer neue und heftigere Rückfälle, durch immer neue rheumatische Schübe erschüttert und merklich verschlechtert. Man hoffte durch Operationen, in denen kleine spitze Knochenteile (Osteophyten) entfernt wurden, ihre Leiden lindern zu können. Aber die Krankheit verschlechterte sich. Wegen Harnverhaltung bei schwerer Blasenerkrankung mußte für mehrere Monate ein Dauerkatheter eingesetzt werden.

Am 6. August 1943 brachte man die todkranke Gabrielle Clauzel auf den Familienlandsitz im nordafrikanischen Palissy. Die Familie befürchtete das Schlimmste. Man fieberte in Gedanken und Gebeten dem 15. August, dem Fest Mariä Himmelfahrt, entgegen, an dem sonst die Pilgerzüge von Oran alljährlich in Lourdes waren. Wegen des Zweiten Weltkrieges war eine Pilgerfahrt nicht möglich. Wegen der verhinderten Lourdeswallfahrt war dieses Marienfest in Nordafrika vor allem für die Familie Clauzel und alle ihre Verwandten und Bekannten in Oran ein Tag des Gebetes; der 15. August war auch der Geburtstag von Gabrielle. Es wird berichtet, daß der 49jährigen Gabrielle Clauzel seltsamerweise nie der Gedanke kam, Maria, die große Helferin und Fürsprecherin von Lourdes, um ihre persönliche Heilung zu bitten.

Sie wollte am 15. August 1943, liegend auf einer Trage, mit der katholischen Bevölkerung teilnehmen an der Feier der heiligen Messe in der Dorfkirche von Palissy, um vor allem für das schwergeprüfte, besiegte und besetzte Frankreich zu beten. Pilgerzüge nach Lourdes waren seit 1940 nicht mehr gestattet. Während der heiligen Messe empfing Gabrielle Clauzel die heilige Kommunion. Was beim Empfang der heiligen Kommunion geschah, hat Gabrielle Clauzel selbst berichtet:

»Plötzlich, mitten während der Feier, überkam mich ein Gefühl tiefen Wohlbefindens. Eine wunderbare Kraft arbeitete in mir und erneuerte mich von Grund auf. Ich wußte, daß ich geheilt war … Ich wollte (nach dem Empfang der heiligen Kommunion) sofort aufstehen und zum Altar gehen, blieb aber auf meiner Trage, bis sich die Menschen verlaufen hatten. Ich wollte keine Szene machen oder einen Tumult auslösen, solange die (deutschen)

Kriegsgefangenen noch da waren. Als diese gegangen waren, erzählte ich meinem Bruder, was geschehen war. ›Ich bin geheilt! Hör doch, ich bin geheilt. Hilf mir aufstehen!‹«[165]

Nach dem Ende des Zweiten Weltkriegs stellt sich die inzwischen 51jährige Gabrielle Clauzel dem Ärztebüro von Lourdes, dem auch die Gutachten und Röntgenaufnahmen der behandelnden Ärzte vorlagen: erste Untersuchung am 19. April 1945 und zweite Untersuchung am 12. Dezember 1945. Tief beeindruckt waren die Ärzte durch die beiden Fotoaufnahmen, die Gabrielle Clauzel vor und nach der Heilung zeigten. In dem Bericht der Krankheits- und Heilungsgeschichte, vorgelegt von Dr. Maurin, Chirurg des zivilen Krankenhauses von Oran, heißt es im Abschlußbericht:[166]

»Frl. Clauzel, welche sich am Vortag (14. August 1943) noch in einem Zustand befand, der ein nahes Ende befürchten ließ, konnte sich am Tag darauf (15. August 1943) allein von ihrer Tragbahre erheben und aus eigener Kraft in ihrer Wohnung herumgehen, wobei sie keinerlei Schmerz mehr verspürte, und mit ihrer Familie speisen – nur durch ein übernatürliches Eingreifen hatte sie so schnell und gänzlich geheilt werden können.«

Staunen erregte die Ärzte der Entscheidungskommission in Lourdes wegen eines rätselhaften Paradoxes: »... das Fortbestehen anatomischer Schäden, obwohl man eine Funktionsheilung vor sich hat.«[167]

Am 11. Februar 1948 hat der zuständige Bischof Bertrand Lacaste von Oran eine kirchliche Kommission zur Überprüfung der Heilung von Gabrielle Clauzel (am 15. August 1943) in der Pfarrkirche von Palissy (Department Oran) eingesetzt. In einem bischöflichen Dekret vom 18. März 1948 erklärte Bischof Lacaste:

»Wir sind im Hinblick auf alle Umstände der Ansicht, daß diese Heilung wunderbar ist und der besonderen Intervention Gottes durch die Fürsprache Unserer Lieben Frau von Lourdes zugeschrieben werden muß.«

47. Viele Operationen blieben erfolglos
Yvonne Fournier (geheilt am 19. August 1945)

Während des Zweiten Weltkriegs waren Wallfahrten nach Lourdes verboten. Nach der Befreiung von der deutschen Besatzung und dem Ende des Krieges erlebte Frankreich eine nationale Wiedergeburt, die auch dem religiösen Leben neue Impulse gab. Mit der neuen Freiheit kam auch die neue Freude an den Wallfahrten nach Lourdes. An der französischen Nationalwallfahrt vom 18. bis 22. August 1945, an der viele Franzosen ihren Dank für die Rettung aus Krieg, Bombennächten, Verfolgung und Kriegsgefangenenlagern Unserer Lieben Frau von Lourdes abgestattet haben, konnte auch die hoffnungslos erkrankte, 22jährige Yvonne Fournier[168] teilnehmen.

Seit 1940 hatte sie einen schmerzlichen Passionsweg zurückgelegt. Viele Operationen hatten ihr nur kurzzeitige Hilfe und Linderung gebracht, konnten aber die Lähmung des linken Oberarmes (Sympathikoneuralgie) nicht aufheben. Yvonne Fournier richtete wiederholt die Bitte um Amputation an die sie behandelnden Ärzte.

Aus ihrer Krankheitsgeschichte[169] nur die wichtigsten Daten und Eingriffe: im Juni 1940 chirurgischer Eingriff in die vordere Achsel mit Sektion des großen Brustmuskels; im Dezember 1940 Operation im Bereich des Stellar-Ganglions wegen trophischer Ernährungsstörungen im oberen, linken Arm; im Dezember 1941 und im August 1942 nochmalige Operation im Stellar-Ganglion-Bereich. Im Januar 1943 bringt eine neue Behandlung mit Elektrizität und Radiobestrahlung in 18 Sitzungen keine Besserung. Im Oktober 1944 erfolgt eine weitere Operation: Nervenastdurchschneidung von C 6 und C 7, mit Ausschneiden des Restes des Stellar-Ganglions. Am 6. Februar 1945 erneuter chirurgischer Eingriff: Inzision (operativer Einschnitt) am Rippenrand des Schulterblatts.

Trotz dieser vielen operativen Eingriffe gelang es nicht, ihre unerträglichen Schmerzen einzudämmen. Die Verkleinerung des Ödems dauerte kaum über eine Woche hinaus. Dr. Vincent von der Medizinischen Akademie in Limoges, der Yvonne Forunier wiederholt ärztlich behandelte, stellte seiner Patientin folgendes Zeugnis am 7. Juli 1945 vor der Wallfahrt aus:

»Frl. Fournier leidet an einer vollständigen Lähmung des oberen linken Armes mit Kaltwerden der Hand, Ödem an Hand und Unterarm bis zum Ellbogen. Sie klagt über unerträgliche Schmerzen an diesem Glied, vor allem in der Schulter, so daß sie die Amputation fordert. An ihr sind zahlreiche Eingriffe am Sympathikus in der Halsgegend und am ganglion stellatum (unterer Halsnervenknoten) nach Montlucon durch Professor Leriche und durch mich selbst vorgenommen worden. Diese Eingriffe haben jeweils nur eine vorübergehende Schmerzlinderung und eine Besserung des Ödems erreicht. Augenblicklich gibt es anscheinend dafür keine Heilungsmöglichkeiten.«

Am 19. August 1945 (um 8.45 Uhr früh) wurde Yvonne Fournier, vorbei an der Grotte von Massabielle mit den ersten Betern, zur Piszine gebracht. Sie nahm dort ein Vollbad. Sofort beim Verlassen des Wassers spürte sie eine seltsame und wohltuende Kraft in ihrem ganzen Körper. Im oberen linken Arm, dessen Lähmung in vielen Operationen nicht beseitigt werden konnte, machte sich ein eigenartiges Kribbeln, ein beglückendes Wiederkehren der Kraft, der Bewegungsfreiheit, der Sensibilität und der Reflexe bemerkbar. Die Schmerzen verschwanden plötzlich und vollständig.

Einer Untersuchung noch am gleichen Tag im Ärztebüro von Lourdes folgten weitere ärztliche Kontrollen am 21. und 27. August 1945, und nochmals am 19. August 1946, an dem die Ärztekommission die plötzliche und dauernde Heilung von Yvonne Fournier als »medizinisch unerklärbar«[170] protokollierte. Das Protokoll ist von 26 anwesenden Medizinern unterschrieben worden. Nach einem überlangen Intermezzo erkannte erst im Februar 1959 das Internationale Ärztekomitee »den medizinisch unerklärbaren Charakter der Heilung«[171] an. Im Bericht von Professor Thiébaut[172] heißt es im Schlußteil:

»Das neuro-vegetative Syndrom wurde verändert durch die zahlreichen Eingriffe ins sympathische System. Die physischen Behandlungsweisen waren trotzdem ohne Ergebnis. Die Heilung ist nicht das Ergebnis einer langsamen Besserung. Im Gegenteil sie ist geschehen, als die Verschlimmerung auf ihrem Höhepunkt angelangt war. Die Heilung selbst ist augenblicklich erfolgt. Sie ist

nicht das Ergebnis einer Therapie, sie ist vielmehr spontan in der
Piszine erfolgt ... Sie ist medizinisch absolut unerklärbar.«

Die Kanonische Kommission der Erzdiözese Paris hat nach gründ-
licher Beratung und Untersuchung aller Unterlagen am 20. Oktober
1959 die Anerkennung des übernatürlichen Charakters dieser Heilung
dem Pariser Erzbischof vorgeschlagen. In einem Dekret vom 14. November 1959[173] erklärte Maurice Kardinal Feltin, Erzbischof von Paris
und zuständiger Bischof der Geheilten, die Heilung von Yvonne Fournier als ein Wunder.

48. »Ich litt Höllenqualen ...«
Rose Martin (geheilt am 3. Juli 1947)

Die Diagnose Krebs war im vergangenen Jahrhundert ein Todes-
urteil. Die Krankheit hat aber auch heute nichts von ihrem Schrecken
verloren.

»Jedes Jahr erkranken über 6,5 Millionen Menschen an Krebs. Bis
zum Jahr 2000 wird Krebs die Herz-Kreislauferkrankungen als Todesursache Nr. 1 eingeholt haben. Weltweit sind die häufigsten malignen
Tumorarten das Lungen-, Magen-, Brust- und Gebärmutterhalskarzi-
nom. Die Behandlung der fortgeschrittenen Tumore stellt immer noch
ein fast unlösbares Problem dar.«[174]

Sollten Menschen, wie die an Gebärmutterhalskrebs erkrankte
Rose Martin[175] aus Nizza, Gott einen Vorwurf machen, daß sie zu früh
geboren wurden, weil es damals noch keine Früherkennung von Krebs
und keine Möglichkeiten einer erfolgreichen, kurativen Behandlung
gegeben hat? Für die verheiratete Rose Martin brach eine Welt zusammen, als ihr Arzt ihr den Verdacht eines Gebärmutterhalskrebses (heftige Kontaktblutungen und Hypermenorrhoen) mitteilte.

Am 19. Februar 1946 wurde die Patientin im Hospital Pasteur in
Nizza von Dr. Barraya operiert. Dabei wurde eine radikale Entfernung
der Gebärmutter (Hysterektomie) vorgenommen. Die histologischen
Untersuchungen im Laboratorium von Dr. Daumas ergaben ein zylin-
drisches Drüsenkrebsgeschwür des Gebärmutterhalses. Der postope-

rative Verlauf wurde durch einen Bruch in der Bauchwand kompliziert. Ihr Gesamtbefinden verschlechterte sich:

>... fortgeschrittener Kräfteverfall (Kachexie), die Kranke war nun schon mehrere Monate hindurch ans Bett gefesselt. Es muß übrigens noch angeführt werden, daß die Kranke dauernd übelriechende und übermäßige Scheidenabsonderungen aufwies.«[176]

Täglich erhielt sie mindestens vier Morphiumspritzen. Barmherzige Schwestern, die in der gleichen Straße wohnten, kamen achtmal am Tag, um sie zu waschen, anzukleiden und zu frisieren. Sie weigerten sich, dafür Geld anzunehmen. Im Juni 1947 gaben ihr die Ärzte noch drei Monate zu leben. Rose Martin selbst beschrieb ihren damaligen Zustand:

»Ich litt Höllenqualen! Mein Mann mußte lernen, wie man Einspritzungen macht. Ich konnte keine Nacht mehr durchhalten, ohne daß der Arzt kam. Ich habe über 5000 Morphiumspritzen bekommen.«[177]

Die Barmherzigen Schwestern, die sich der Schwerkranken annahmen, haben Rose Martin bewogen, nach Lourdes zu fahren, um dort Maria um die Fürsprache einer Heilung anzuflehen.

Am 30. Juni 1947 wurde die 45jährige Rose Martin mit dauernder Bewußtlosigkeit nach Lourdes gebracht. Erfolglos war das erste Bad. Erfolglos blieb auch das zweite Bad in der Piszine. Nach dem dritten Bad am 3. Juli 1947 geschah das Wunder. Bereits vor dem Eintauchen kündigte sich das Geheimnis der göttlichen Hilfe an: Die Kranke bat, ohne Zuhilfenahme eines Sitzgestells gebadet zu werden, obwohl ihr seit mehreren Monaten ein Aufrechtstehen unmöglich war.[178]

Zurückgekehrt von Lourdes bestätigte Dr. Fay aus Nizza das Verschwinden der Krankheitssymptome.[179] Am 6. Juli 1948 – ein Jahr nach der Heilung – wurde die Geheilte im Ärztebüro in Lourdes genauestens untersucht. »Der Bariumeinlauf zeigte die vollständige Unversehrtheit des Mastdarmes und eine normale und nicht mehr verhärtete Scheide.«[180] Dr. Leuret, der damalige Präsident des Konstatierungsbüros in Lourdes, Dr. Fay, der behandelnde Arzt aus Nizza

und Dr. Strobine, der Pilgerarzt von Nizza nach Lourdes im Heilungs-
jahr 1947 unterzeichneten gemeinsam das Attest, daß »die Heilung der
Frau Rose Martin sich jeder natürlichen Erklärung entzieht«.[181]

Diese Entscheidung des Ärztebüros von Lourdes bewirkte die
Einberufung der Kanonischen Diözesan-Kommission am 5. Mai 1949
im Bischöflichen Ordinariat in Nizza. Die sehr gewissenhaft durchgeführten Beratungen und Beschlüsse veranlaßten Bischof Rémond von
Nizza, in einem Dokument vom 5. Mai 1949 die Wunderbestätigung
der Heilung von Rose Martin öffentlich zu verkünden.[182]

49. Heilung eines »Taufscheinchristen«
Jeanne Gestas (geheilt am 22. August 1947)

Unter Lourdes-Pilgern befinden sich Menschen mit unterschiedlichen Motiven und mit unterschiedlicher Gläubigkeit. Nicht wenige
Skeptiker und Kirchenferne sind darunter. Jeanne Gestas[183] aus
Bègles (Gironde) war aus der katholischen Kirche ausgetreten. Seit
ihrem 20. Lebensjahr hatte sie ihre Religion praktisch nicht mehr ausgeübt. Von ihrem ersten Mann ließ sie sich scheiden und heiratete ein
zweites Mal.[184] Ihr Mann und auch ihr Sohn waren areligiös und
sprachen nur mit spitzen Bemerkungen über Gott und Kirche. In
diesem liberalen und religionsfeindlichen Milieu konnte sich der
Jugendglaube von Frau Jeanne Gestas nicht entwickeln und verküm-
merte.

Zwischen Dezember 1943 und Januar 1946 wurde sie wegen Peritonitis mit Verwachsungen in Bordeaux dreimal operiert – ohne Erfolg.
Dr. Duborg, der behandelnde Chirurg, hat die beiden ersten Operationen protokolliert:

> »Erster Eingriff (Dezember 1943): Resektion des Magens wegen
> eines verhärteten Magengeschwürs an der kleinen Magenkrüm-
> mung.
> Zweiter Eingriff (Mai 1944): Operation einer kleinen Zwerchfell-
> Hernie, bei der ein Teil des Magens durch die Öffnung der Speise-
> röhre ins Zwerchfell getreten war. Bei diesem Eingriff wurde eine

Entfernung des ganzen Dickdarms durchgeführt, da eine entzündliche Affektion bestand.«[185]

Eine Röntgenaufnahme im Dezember 1945 zeigte eine neue Zwerch-
fell-Hernie. Der dritte Eingriff durch Dr. Duborg fand am 4. Januar 1946
statt. Es zeigte sich, daß die ganze epigastrische Region von einem
starken Strang von Verwachsungen befallen war. Die Folgen waren
dramatisch: »Prolongierter Schock, Lungenbefall, an der Bauchwand
mehrere Monate hindurch eine offene Fistel.«[186]

Von einer Ordensfrau aus Bordeaux erfuhr die schwerkranke
Jeanne Gestas von dem Wallfahrtsort Lourdes. Nur auf Drängen ihrer
Verwandten und Bekannten, jedoch nicht unterstützt von der eigenen
Familie, nahm sie im August 1946 an einer Wallfahrt nach Lourdes teil.

Mit entwaffnender Ehrlichkeit erzählte sie von ihrer damaligen
religiösen Stimmung, als sie erstmals die Grotte von Massabielle
besuchte und nach langer, langer Zeit wieder auf eine Kniebank sank
um zu beten:

> »Damals glaubte ich fast nichts. Ich war ein Gegner der Religion.
> Ich betete an der Grotte . . . Ich sprach in sehr einfachen Worten,
> aber auch sehr ernst mit der Heiligen Jungfrau. Ich erzählte ihr,
> was sie schon wußte, daß ich kein guter Christ gewesen war. Ich
> versprach ihr, daß ich mich von nun an bessern, daß ich die Messe
> besuchen und die Kommunion empfangen und mir Mühe geben
> wolle, eine gute, praktizierende Katholikin zu werden.«[187]

Körperlich nicht geheilt, aber zurückgekehrt zum christlichen
Glauben und zur überzeugten Verbundenheit mit der katholischen
Kirche kam Jeanne Gestas nach Bègles zurück. Was sie Gott und Maria
in Lourdes versprochen hatte, war nicht leicht zu verwirklichen, denn
ihr Mann und ihr Sohn waren ungläubig und mit aggressiven Antipa-
thien gegen die katholische Kirche erfüllt. Die Ungeheilte wurde belächelt. Sie versuchte inmitten vieler Verspottungen durch ihre Treue
zur Kirche, durch ihr intensives Beten und durch ihre opferbereite
Hingabe an Gottes Willen »eine Glaubwürdige« zu sein.

Im darauffolgenden Jahr fuhr die 50jährige Jeanne Gestas mit der
französischen Nationalwallfahrt am 21. August 1947 zum zweiten Mal

nach Lourdes. Was sie am folgenden Tag, Freitag, dem 22. August 1947, in der Piszine von Lourdes erlebte, wurde in einem Bericht festgehalten, in den fast wortwörtlich ihre Aussagen eingearbeitet sind.

»Am folgenden Tage, am Freitag, dem 22. August, brachte man sie zu den Piszinen. Während der ganzen Dauer des Bades hatte sie das Gefühl eines inneren Zerrissenwerdens. Es war – sagte sie –, als ob eine Hand in mich hineingefahren wäre und mir das Innere zerrisse. Am Nachmittag stellte sie – ein wenig skeptisch – ein gewisses Nachlassen ihrer Schmerzen fest.

Samstag früh beim Erwachen fühlt sie sich überhaupt nicht mehr krank. Sie kehrt zur Piszine zurück, verspürt zunächst eine große Kälte im Wasser, eine immense Kälte, und dann beim Verlassen des Wassers ein ungeheures Wohlsein. Sie fühlt sich vollständig geheilt.

Beim Mittagsmahl läßt sie alle gebotenen Vorsichtsmaßregeln außer acht, nimmt Bouillon, Bohnen mit etwas Fleisch und Weintrauben zu sich. Sie verträgt alles, ohne Schmerzen und ohne Schwierigkeiten.

Am folgenden Tag ist der Appetit wiedergekehrt, die Eingeweide funktionieren normal.

Bei ihrer Rückkehr nach Bègles nimmt Frau Gestas ihre gewohnte Tätigkeit wieder auf, ohne je das mindeste Wiederkehren der Leibbeschwerden, die vier Jahre allen Behandlungsweisen und drei Operationen getrotzt hatten, zu erleben.

Laut eines Zeugnisses von Dr. George aus Bordeaux, datiert vom 5. Dezember 1947, war Frau Gestas vom 3. September 1947 an, d. h. kurz nach ihrer Rückkehr von Lourdes – völlig verändert, sie hatte keine Schmerzen mehr und befand sich in einem guten Allgemeinzustand.«[188]

Nach der ersten Untersuchung der geheilten Jeanne Gestas im Ärztebüro in Lourdes am 19. August 1948 unter Leitung des Präsidenten Dr. Leuret kamen die anwesenden 23 Ärzte mit dem Berichterstatter Dr. Bourg aus Paris zum folgenden Ergebnis:

»Vom klinischen Standpunkt aus können wir keine pathologischen Symptome feststellen, weder physische noch funktionelle. Die Leber liegt etwas tiefer, und ihr Rand ist etwas unregelmäßig. Die Milz zeigt keinerlei Befund. Kein Meteorismus, keine Schmerzen. Straffe Bauchdecke, Herz normal, Puls normal. Die funktionelle Besserung erweckt den Eindruck einer vollständigen Heilung.«[189]

Zu einer zweiten Untersuchung traf sich in Lourdes am 19. August 1950 ein Kollegium von elf Medizinern, unter ihnen Professor Mauriac (der mit einer zusätzlichen Untersuchung beauftragt war) und Dr. Leuret. Im Sitzungsprotokoll[190] ist festgehalten:

»Nach Prüfung der Krankenakte kommen die unterzeichneten Ärzte zu dem Ergebnis, daß sich Frau Gestas in bestem Gesundheitszustand befindet, daß die Zeiterprobung, welche Professor Mauriac in seinem Bericht von 1949 gefordert hatte, erbracht ist.
Es besteht keine Spur mehr von adhäsiver Peritonitis, welche zu wiederholten Malen im Lauf der mehrfach vorgenommenen Operationen nachgewiesen werden konnte. Andererseits sind auch die Anzeichen einer neuro-vegetativen Dystonie (auf die man als Einwand hätte hinweisen können) mit ihrer organischen Ursache, wovon sie ohne Zweifel die Folgen waren, verschwunden. Man ist der Ansicht, daß die Heilung bewiesen und gesichert ist.«

Beauftragt, einen Bericht für die Nationale Ärzte-Kommission in Paris zu erstellen, untersuchte Professor Dr. Mauriac Frau Gestas noch einmal am 10. Februar 1951. Er faßte seine Untersuchung in folgendem Bericht[191] zusammen:

»Diese sehr ruhige Frau, in keiner Weise exaltiert, weist kein Zeichen einer Störung des neuro-vegetativen Gleichgewichtes auf, obgleich sie mitten in den Wechseljahren ist.
Letztes Jahr beschloß ich meinen Bericht mit den folgenden Worten: Die Bestätigung dieser Heilung durch die Zeit bleibt abzuwarten. Dann kann man über den Anteil von organischer Schädigung oder Störung des neuro-vegetativen Gleichgewichtes diskutieren.

Ich sehe wohl die organischen Schädigungen, oder vielmehr der Chirurg hat sie gesehen. Aber von neuro-vegetativer Störung sehe ich keine Spur. Für den Fall, daß sie existiert hat, ist sie mit allen Schädigungen der adhäsiven Peritonitis geheilt, von der die Kranke vier Jahre gequält wurde.
Dieser Fall, den ich voriges Jahr ablehnte, scheint mir heute unerklärbar.«

Am 4. Mai 1951 hat die mit dem Ärztebüro von Lourdes verbundene Nationale Ärzte-Kommission einstimmig die Heilung von Jeanne Gestas (am 22. August 1947) als »medizinisch nicht erklärbar« anerkannt. Mit der Krankenakte wurden die verschiedenen Gutachten dem zuständigen Bischof von Bordeaux ausgehändigt. Da die von ihm einberufene diözesane Kanonische Kommission die Heilung von Jeanne Gestas als Wunder deklarierte, veröffentlichte Erzbischof Paul Richaud – nach reiflicher persönlicher Untersuchung und in bischöflicher Verantwortung – am 13. Juli 1952 in Bordeaux folgendes Dekret:[192]

»Angesichts der Tatsache, daß sich die Heilung in Lourdes mit außerordentlicher Geschwindigkeit vollzogen hat, ohne daß es zu einem Rückfall gekommen wäre, kann man nach dem moralischen und religiösen Zusammenhang den Finger Gottes darin sehen, ohne daß man dabei nach den sehr kompetenten Untersuchungen irgendeinen nervösen Einfluß oder Autosuggestion annehmen könnte ... Wir erklären hiermit feierlich, daß die Heilung von Frau Gestas, die Freitag, 22. August 1947, in Lourdes geschehen ist, betrachtet werden muß als eine wunderbare Intervention, welche der Seligsten Unbefleckten Jungfrau und Gottesmutter Maria zuerkannt wird.«

50. »Entweder sterbe ich oder ich komme gesund zurück.«
Marie-Thérèse Canin (geheilt am 9. Oktober 1947)

Marie-Thérèse Canin war von Geburt an (geboren 1910 in Salon bei Marseille) durch ungünstige Vorbelastungen zur Tuberkulose geradezu prädisponiert: Ihr Vater und ihre Mutter starben an Tuberkulose. Zwei Schwestern mußten immer wieder zur Kur in Lungenheilstätten gebracht werden.[193]

Bereits im Alter von 24 Jahren äußerten sich bei Marie-Thérèse Canin erste Symptome einer Knochentuberkulose. Vom Jahr 1934 an traten in immer neuen Schüben Rückenschmerzen auf, die oft mehrere Tage dauerten und dann wieder abklangen. Die Röntgenaufnahme der Lunge zeigte jedoch ein normales Bild. Erst eine Röntgenaufnahme im November 1936 deckte den Herd der Erkrankung und ihrer vielfältigen Ausstrahlungen auf: Pottsche Krankheit, Wirbeltuberkulose (Spondylitis tuberculosa). Durch ein Gipskorsett, das vom Nacken bis zum Kreuzbein reichte und die Kranke zehn Monate trug, hoffte man ihr Besserung zu verschaffen. Im allgemeinen Befinden trat jedoch keine Besserung ein. Vielfache Reaktionen der Tuberkulose machten sich bemerkbar: Bauchfellentzündung, Erbrechen, Dysurie (Störung des Wasserlassens) durch Pollakisurie (häufiger Harndrang), Hüftgelenkentzündung (Sacro ileo coxitis).

Die Krankheit wurde mit ultravioletten Strahlen behandelt. Marie-Thérèse Canin unterzog sich auch der Heliotherapie (Anwendung von Sonnenwärme und -licht zu Heilzwecken) und Diathermie (Anwendung von Hochfrequenzströmen, um die Gewebe im Körperinnern zu erwärmen). Vom September 1941 bis 1944 vermochte Marie-Thérèse Canin mit einem neuen orthopädischen Korsett, wenn auch äußerst mühsam, ihrer beruflichen Tätigkeit als Nähmaschinen-Vertreterin nachzugehen. Vom 3. Juni 1944 an wurden die Unterleibskrisen und Hüftschmerzen so unerträglich, daß sie bettlägerig wurde und im Januar 1945 sich zwei schwierigen Operationen unterziehen mußte – einer Henle-Albee-Operation (Einpflanzung eines Knochenspans in die gespaltenen Dornfortsätze der Wirbelsäule) und einer Arthrodese (operative Versteifung eines Gelenks) des Kreuz- und Darmbeins.[194]

Nach einer kurzfristigen Besserung setzten im Januar 1947 die Unterleibsstörungen mit äußerster Heftigkeit ein. Der Unterleib war aufgebläht; die Gliedmaßen waren ödematös (wassergeschwulstig), die Füße waren zu Klumpfüßen verunstaltet. Herzanfälle, Hirnhautentzündungen häuften sich. Herzkollaps trat immer häufiger ein; die Herztöne wurden immer schwächer.

Über den allgemeinen Verfall der Gesundheit von Marie-Thérèse Canin gibt das Attest, ausgestellt von Dr. Sivan[195] im Januar 1947, ein drastisches Bild:

>»Die tuberkulöse Infektion entwickelt sich im Bereich des Bauchfells und bringt die Kranke langsam in einen sehr schlimmen Entkräftungszustand. Obgleich keine Lähmung besteht, besitzt sie nicht mehr die Kraft, die unteren Gliedmaßen zu bewegen, an denen sich schmerzhafte Ödeme befinden. Trotz des Liegens im Streckverband verformen sich die Füße zu Klumpfüßen.
>Der Unterleib ist schmerzhaft, aufgebläht mit Teilen von Muskelabwehr, besonders in den Darmbeingruben. Der Stuhlgang wird immer schwieriger, auch lösen die schmerzverursachenden Spülungen einen Zusammenbruch aus.«

Mit einem letzten Schimmer von Hoffnung: »Entweder sterbe ich oder ich komme gesund zurück«[196] nahm die 37jährige Marie-Thérèse Canin im Zustand schwerster Kachexie und mit weit fortgeschrittener, tuberkulöser Peritonitis am 6. Oktober 1947 an der Rosenkranzpilgerfahrt von Marseille nach Lourdes teil. Am Donnerstag, 9. Oktober 1947, wünschte sie vormittags zu den Bädern gebracht und in das Wasser der von Bernadette Soubirous auf Weisung Marias entdeckten Quelle getaucht zu werden. Am Nachmittag des gleichen Tages nahm sie liegend im Krankenwagen an der Sakramentsprozession teil. Was dann passiert ist, beschreibt der langjährige Präsident der Ärztebüros von Lourdes, Dr. Olivieri:[197]

>»Bei der Rückkehr von der Prozession verspürt sie plötzlich die Kraft, sich zu erheben. Sie setzt sich auf ihrem Bett auf, zieht sich die Pantoffeln an, die sie seit neun Monaten überhaupt nicht mehr tragen konnte. Sie erhebt sich, kleidet sich an und läuft ohne Schwierigkeiten. Ein sehr kräftiger Appetit kehrt wieder. Im Hospital (Notre-Dame) nimmt sie das Abendessen ein.«

Am folgenden Tag, 10. Oktober 1947, stellte sich die geheilte Marie-Thérèse Canin dem Ärztebüro in Lourdes. Nach dieser ersten Untersuchung wurde sie zu einer zweiten Untersuchung für das Jahr 1948 wieder bestellt.

Nach der Rückkehr in ihre südfranzösische Heimat stellte sich Marie-Thérèse Canin auch ihrem Arzt Dr. Sivan, der sie im Januar 1947 noch vor ihrer Lourdeswallfahrt untersucht hatte. Er stellte fest:

»Ich habe Marie-Thérèse Canin am Tage nach ihrer Rückkehr nach Marseille wiedergesehen und stelle das vollständige Verschwinden aller früheren Krankheitszeichen fest. Die physiologischen Funktionen verlaufen wieder normal und die Vaginalfistel ist trokken.

Von Oktober 1947 bis Juni 1948 habe ich sie regelmäßig beobachtet und jedesmal festgestellt, daß die Besserung ihres Allgemeinzustandes anhält. Ihr Gewicht ist von 38 kg am 16. Oktober 1947 auf 55 kg im Juni 1948 gestiegen. Marie-Thérèse hat während dieser ganzen Zeit ein außerordentlich arbeitsreiches Leben ohne Erschöpfung und ohne physiologische Störungen geführt.«[198]

Die zweite Untersuchung von Marie-Thérèse Canin durch das Ärztebüro von Lourdes erfolgte am 6. Oktober 1948. Die Krankenakte wurde weitergegeben an die Nationale Ärzte-Kommission in Paris. In einem gemeinsamen Beschluß dieser beiden ärztlichen Gremien wird festgestellt, »keine natürliche oder wissenschaftliche Erklärung für diese Heilung (von Marie-Thérèse Canin am 9. Oktober 1947 in Lourdes) finden zu können. Es wird einmütig beschlossen, daß dieser Fall verdient, einer kirchlichen Kommission vorgelegt zu werden.«[199]

In der zuständigen Diözese Marseille hat nach Durchführung des vorgeschriebenen Kanonischen Prozesses Erzbischof Jean Delay[200] am 16. Juli 1952 den Wundercharakter dieser Heilung erklärt:

»Dekret
Sr. Exc. Jean Delay,
durch Gottes und des Heiligen Apostolischen Stuhles Gnade
Erzbischof von Marseille

Im Monat Oktober 1947 kam bei einer Rosenkranzwallfahrt Fräulein Marie-Thérèse Canin in sehr ernstem Zustand nach Lourdes; sie litt an Pottscher Krankheit des Rückens und der Lenden und an Darm-Bauchfelltuberkulose. In Lourdes wurde sie so wunderbar geheilt, daß ihr Fall der kirchlichen Behörde unterbreitet wurde, um zu prüfen, ob diese Heilung die vom kirchlichen Gesetzbuch geforderten Kennzeichen für eine wunderbare aufweise.

Zu diesem Zweck haben wir eine Kanonische Kommission ernannt, die sich wie folgt zusammensetzt: Präsident – Msgr. Jean Merens; Beisitzer – die Kanoniker Dominique Sasia und Edouard Monier; Kanonikus Gabriel Soins, Promotor Fidei; Kanonikus Charles Amy, Sekretär.

Nach beendeter Prüfung hat die Kommission ihre Schlußfolgerungen vorgelegt. Nach deren Kenntnisnahme erlassen wir folgendes Dekret:

In Anbetracht, daß ein Jahr nach der Heilung von Fräulein Canin, d. h. am 6. Oktober 1948, das Ärztliche Konstatierungsbüro von Lourdes, das sich am genannten Tag aus 33 Doktoren der Medizin zusammensetzte, erklärte, daß beim gegenwärtigen Stand der Wissenschaft eine ärztliche Erklärung dieser Heilung nicht gegeben werden könne,

in Anbetracht, daß das ›Comité National‹, das dem Ärztlichen Konstatierungsbüro von Lourdes beigeordnet ist, am 27. Februar 1949 in Paris in Anwesenheit von 13 Doktoren der Medizin zusammentrat und für diese Heilung keinerlei natürliche oder wissenschaftliche Erklärung fand,

in Anbetracht, daß die von diesen beiden Ärztekommissionen erfolgten Feststellungen mit ihren Schlußfolgerungen die gleichen sind, wie Benedikt XIV. sie forderte, bevor eine Heilung als wunderbar erklärt wird,

in Anbetracht, daß nach dem Bericht der von uns eingesetzten Kanonischen Kommission die anderen Merkmale moralischer Ordnung, die von dem gleichen Papst zur Unterscheidung der übernatürlichen Tatsachen von den Tatsachen des diabolischen Außernatürlichen angegeben werden, sämtlich dem Übernatürlichen günstig sind,

in Anbetracht, daß die Heilung angedauert hat und daß die wunderbar Geheilte sich ständig eines ausgezeichneten Gesundheitszustandes erfreut, nach Anrufung Gottes und kraft der uns vom Konzil von Trient hierfür übertragenen Vollmacht und in Unterwerfung unserer Entscheidung unter die Autorität des Papstes

erklären wir durch unsere Entscheidung, daß die am 10. Oktober 1947 in Lourdes erfolgte Heilung von Fräulein Marie-Thérèse Canin eine wunderbare Heilung ist, die einem besonderen Eingreifen der allerseligsten Jungfrau Maria, der unbefleckten Gottesmutter, zugeschrieben werden muß.

Gegeben zu Marseille, am 6. Juni 1952.

† Jean, Erzbischof von Marseille.«

51. Niederschmetternde ärztliche Diagnosen
Maddalena Carini (geheilt am 15. August 1948)

Die Krankheit der Italienerin Maddalena Carini, geboren am 11. März 1917 in Bereguarda (Pavia) schien prädestiniert gewesen zu sein: Der Vater starb an Lungentuberkulose, die Mutter an Angina pectoris. Zwei ihrer Tanten, Schwestern der Mutter, sind ebenfalls an Tuberkulose gestorben.

Bereits im Alter von zehn Jahren kündeten sich erste Zeichen einer später ausbrechenden Krankheit an: Pleuritis (Rippenfellentzündung), Pharyngitis (Kehlkopfentzündung), tuberkulöse Wirbelsäulenentzündung. Sehr bald schon konnte das Zentrum der Krankheit diagnostiziert und lokalisiert werden: Spondylitis des vierten und fünften Rückenwirbels (die sich ausweitete zur Bauchfell-, Lungen- und Rückgrat-Tuberkulose).

Bei einer 1935 durchgeführten Operation konstatierte der Chirurg, Professor Cattaneo, »eine ganze Aussaat tuberkulöser Granulome parietal und viszeral am Bauchfell.«[201] Von 1936 bis 1946 verschiedene Klinikaufenthalte – in Pineta di Sortenna, in Pavia, in Bussana, in San Remo. Die ärztlichen Diagnosen waren hoffnungslos und niederschmetternd:

»Prozeß einer plastischen Peritonitis mit Verwachsungen, Koronarstörungen, perniziöse Anämie, bazilläre Hüftbeinentzündung mit Knochenabszeß, Läsionen infolge tuberkulöser Knochenentzündung.«[202]

Für eine Pilgerfahrt nach Lourdes im August 1948, die die Eltern der schwerkranken, 31jährigen Maddalena Carini veranlaßten, stellte ihr behandelnder Arzt, Dr. Bonizzi, der dringend vor der strapaziösen Reise abgeraten hatte, am 1. Juli 1948 folgendes Gutachten aus:[203]

»Normotyp allgemein schlechter Zustand, Fieber, Schwäche, beidseitige Lungenspitzenverkalkung, mehr rechts betont. An der Lungenbasis links, rasselnde Geräusche vom Rippenfell her.
Herz in normalen Grenzen. Der erste Ton an der Herzspitze ist leicht fauchend. Blutdruck: 10/6,5. Der Leib ist kugelig gebläht, pastöse Konsistenz. Abtastung ist schmerzhaft und läßt unregelmäßige und harte Massen wahrnehmen. Es ist kein Liquor vorhanden. Bei Betastung schmerzen die Dorn-Apophysen des 3. und 4. Rückenwirbels ebenso wie die des rechten Hüftbeins. Die Beweglichkeit der rechten Hüfte ist beschränkt. Hinsichtlich der Genital- und Urinal-Sphäre ist nichts festzustellen. Man stellt ein angeborenes, deutlich erkennbares Adenoma (Drüsengeschwulst) fest. Seit zwei Jahren Koronarinsuffizienz mit Angstzuständen. Tbc-Bazillen wurden im Auswurf niemals gefunden. Folgende Diagnose ist gestellt: Spezifische Streusaat (tuberkulöse Peritonitis mit Beteiligung der Ovarien und der Eileiter), tuberkulöse Mesenteritis, rechte spezifische Trochanteritis, zugleich serofibrinöse Pleuresie, Koronaritis (Angina pectoris). Gewicht 32 kg.«

Ein Häuflein Elend war Maddalena Carini, als sie am Fest Mariä Himmelfahrt, am 15. August 1948, vor der Grotte von Massabielle den Rosenkranz betete. Dr. Olivieri beschreibt nach Aussagen von Maddalena Carini den Heilungsprozeß:

»Plötzlich hatte sie ein Gefühl der Wärme und des Kribbelns in der Brust mit heftigem Herzklopfen. Auf diese leichte Krise folgte unmittelbar ein deutliches Gefühl des Wohlseins.
Dieselbe Erscheinung erlebte sie auf der Esplanade (dem vor der hoch aufragenden Kirche von Lourdes liegenden Rosenkranz-

platz, auf dem die nachmittägliche Sakramentsprozession wie auch die abendliche Lichterprozession stattfinden) in Erwartung des sakramentalen Segens. Sie konstatierte, daß die Aufblähung des Leibes verschwunden war, ebenso die Schmerzen in der Wirbelsäule und in der Hüfte. Von da an hatte sie niemals mehr Anfälle von Angina pectoris.«[204]

Maddalena Carini blieb vor Staunen und Dankbarkeit stumm. Was sich an ihr und in ihr ereignet hatte, war so einmalig, daß es ihr die Sprache verschlug. Bei der am 16. August 1948 erfolgten Rückfahrt von Lourdes nach San Remo merkten mitreisende Pilger die totale Veränderung. Jetzt erst sprach Maddalena Carini freudig von ihrer Heilung.

Ein Ärztekollegium unter Vorsitz ihres behandelnden Arztes Dr. Bonizzi untersuchte die Geheilte. Dr. Bonizzi stellte dabei folgendes Gutachten aus:

»Ich habe die Kranke in ihrem Allgemeinzustand gebessert wiedergefunden. Ihre Schwäche ist weniger akzentuiert. Sie hat kein Fieber mehr. Die Bewegungen sind weich und ohne Schmerz. Der artielle Hochdruck ist zurückgegangen auf 12/8. Die feinen Geräusche, die in der Gegend unter dem rechten Schulterblatt und an der linken Basis beobachtet worden waren, sind verschwunden. Der Unterleib ist weich. Unregelmäßige und harte Massen, wie früher gemeldet, sind nicht mehr da. Bei Betastung von Wirbelsäule und Trochanter hat sie keine Schmerzen mehr. Eine neue Untersuchung in einigen Monaten ist erforderlich.«[205]

In einem weiteren Gutachten von Dr. Bonizzi vom 8. August 1949 heißt es:

»Wir finden uns hier vor einer ›restitutio ad integrum‹, vollständig und absolut sowohl in Hinsicht auf Brustfell, Lungen, Kreislauf, Eingeweide, als auch Geschlechtsteile und Knochen.«[206]

Ein Jahr nach der Heilung, am 13. August 1949, kam Maddalena Carini erstmals in das Ärztebüro von Lourdes. Weitere ärztliche Unter-

suchungen folgten am 11. September 1950 und am 4. März 1951. Mit
dem Ärztebüro von Lourdes und dem Internationalen Ärzte-Komitee
kamen beide ärztliche Gremien übereinstimmend zu dem Ergebnis,
»es handelt sich um eine medizinisch unerklärbare Heilung«.[207]
    Für die Durchführung des Kanonischen Prozesses war das Erzbis-
tum Mailand zuständig. Die Einberufung und Durchführung dieses
kirchlichen Prozesses verzögerte sich, weil sich um diese Zeit in der
Führung des Erzbistums Mailand ein Wechsel vollzog. Der dem Bene-
diktinerorden angehörende Erzbischof Ildefons Kardinal Schuster war
nach langer Krankheit am 30. August 1954 gestorben. Am 1. November 1954 wurde als dessen Nachfolger von Papst Pius XII. Giovanni
Battista Montini zum neuen Erzbischof von Mailand ernannt. Die
schon längst fällige Einberufung der Kanonischen Kommission im
»Fall Maddalena Carini« erfolgte durch Giovanni Battista Kardinal
Montini (am 21. Juni 1963 zum Papst gewählt mit dem Namen
Paul VI.). Den positiven Entscheid der Diözesan-Kommission, der dem
Kardinal Montini am 2. Juni 1960 zugestellt wurde, machte sich der
Erzbischof von Mailand zu eigen und erklärte noch am gleichen Tag in
einem Dekret, daß die an Maddalena Carini am 15. August 1948
erfolgte Heilung als Wunder Gottes anzusehen ist.[208]

52. »Ich wußte nicht wie mir geschah ...«
Jeanne Fretel (geheilt am 3. Oktober 1948)

Wer wie Jeanne Fretel[209] innerhalb von fünf Jahren dreimal die
Krankensalbung empfängt, muß auf dem steilen Grat zwischen Leben
und Tod leben. Jeanne Fretel, am 27. Mai 1914 in Sougel bei Rennes
geboren, später lebend in Rennes, hatte von ihrer Kindheit an mit
typischen Krankheiten wie Röteln, Scharlach und Diphtherie zu ringen.
    Ihre Krankheitsgeschichte beginnt scheinbar harmlos – mit einer
Blinddarmoperation im Januar 1938 im Krankenhaus (Hotel-Dieu) von
Rennes. Danach mußte sie immer wieder Krankenhäuser besuchen
und Operationen über sich ergehen lassen. Bereits im Januar 1939 im
Krankenhaus in Rennes: Operation wegen einer tuberkulösen Eier-
stockzyste mit Verwachsungen. Vom 18. März 1940 bis November
1945: Operationen wegen tuberkulöser Peritonitis mit vier erfolglosen

Versuchen, eine Kotfistel zu schließen. Insgesamt wurde sie dreizehn-
mal operiert.

Am 16. April 1948 versuchte Dr. Pellé, Professor an der Medizinischen Fakultät in Rennes, als letztes Mittel eine 45tägige Behandlung
mit Streptomyzin (3 mal täglich 0,02 g pro Injektion). Das Ergebnis
seiner ärztlichen Bemühungen faßte Dr. Pellé in einem Gutachten[210]
zusammen:

>»Von August bis Oktober 1948 wird die Kranke immer schwächer.
> Sie kann nur noch geringe Mengen Flüssigkeit zu sich nehmen.
> Zeichen einer Meningitis (Hirnhautentzündung) treten auf. Eiter
> geht in Mengen mit dem Stuhl ab, ebenso mit dem Erbrochenen,
> das mit schwarzem Blut vermischt ist. Häufig auftretende Herz-
> schwächen bringen die Kranke in Lebensgefahr. Jede Hoffnung
> scheint dahin. Zum dritten Mal in fünf Jahren empfängt die
> Kranke am 20. September 1948 die heilige Ölung. Täglich werden
> drei bis vier Morphiumspritzen von je 2 Zentigramm gegeben. Die
> Temperatur schwankt alle Tage zwischen 40 Grad am Abend und
> 36–36,7 Grad am Morgen.«

Alle Besserungen und Schmerzlinderungen, die man durch die
Operationen erreichen wollte, waren nur von kurzer Dauer. Der todkranken, 34jährigen Jeanne Fretel wird von Dr. Pellet, folgendes Gutachten[211] vom 10. April 1948 für eine Pilgerfahrt nach Lourdes mitgegeben:

>»Tuberkulöse Peritonitis (Bauchfellentzündung). Seit 1938 sind
> sieben Unterleibseingriffe vorgenommen worden. Seit drei Jahren
> völlig bettlägerig. Sie ißt sehr wenig. Die Unterleibschmerzen
> zwingen sie zu einer fast völligen Bewegungslosigkeit.«

Die Abfahrt des Rosenkranzpilgerzuges von Rennes nach Lourdes
am 4. Oktober 1948 kann die bewußtlose Jeanne Fretel nicht mehr
wahrnehmen. Der begleitende Pilgerarzt, Dr. Hylli aus Landivisan,
bemüht sich, ihr Morphiumspritzen zu geben, um sie wenigstens zum
Sterben nach Lourdes zu bringen.

Nach der Ankunft am 5. Oktober 1948 in Lourdes wird Jeanne
Fretel am 6. und 7. Oktober auf einer Trage zur Grotte von Massabielle

und zu den Piszinen gebracht. Gebet und Lourdeswasser bringen keine Heilung. Sollte die Wallfahrt abgebrochen werden? Was am Morgen des 8. Oktober 1948, sicherlich nach unablässigen Gebeten der beiden vorhergehenden Tage, während der Eucharistiefeier um 7.30 Uhr am Bernadetten-Altar (in der Kapelle der oberen Basilika) geschah, hat Jeanne Fretel, die auf einer Trage von Krankenträgern getragen wurde und wegen der Gefahr des Erbrechens nur ein Stückchen der konsekrierten Hostie auf die Zunge gelegt erhielt, selbst zu schildern versucht:

> »In diesem Augenblick fühlte ich mich plötzlich wohl und wußte, daß ich in Lourdes war. Man fragte mich, wie ich mich fühle, und ich antwortete, daß ich mich sehr wohl fühle. Mein Leib war immer noch hart und geschwollen, aber ich litt keinerlei Schmerzen mehr. Man gab mir eine Tasse Milchkaffee, die ich dankbar austrank und bei mir behielt. Nach der Messe brachte man mich auf meiner Trage zur Grotte. Einige Minuten, nachdem ich dort angekommen war, hatte ich das Gefühl, als greife mir jemand unter die Arme und helfe mit, mich aufzusetzen. Ich merkte, daß ich saß. Ich blickte um mich, um festzustellen, wer mir geholfen hatte. Aber ich sah niemanden. Sobald ich saß, hatte ich das Gefühl, daß die gleichen Hände, die mir geholfen hatten, mich aufzusetzen, und meine Hände ergriffen und sie mir auf den Leib legten. Ich wußte nicht, wie mir geschah. War ich geheilt oder erwachte ich eben aus einem Traum? Ich merkte, daß mein Leib wieder ganz normal war, und dann überfiel mich plötzlich Heißhunger.«[212]

Am folgenden Tag, Samstag, 9. Oktober 1948, wurde die Geheilte von fünf Ärzten, darunter Dr. Guyon aus Nantes, im Ärztebüro von Lourdes untersucht. Im Protokoll ist festgehalten:

> »Enorme Besserung, vielleicht vollständige Heilung; Akten bis 1949 aufheben.«[213]

Nach der Rückkehr konstatierte Dr. Pellé, der Hausarzt von Jeanne Fretel, in einem Bericht an das Ärztebüro von Lourdes:

»Die Patientin ist vollständig geheilt und zeigt keine der pathologischen Symptome mehr. Wir haben ihren Fall laufend beobachtet und die ständige Besserung ihres Gesamtzustands festgestellt. Ihr Gewicht ist von 44 Kilo auf 58 Kilo heraufgegangen. Während der ersten Woche nach ihrer Rückkehr nahm sie täglich 1 1/3 Pfund zu. Die Temperatur ist normal. Appetit und Schlaf sind vorzüglich. Jeanne Fretel konnte schon am ersten Tag nach ihrer Rückkehr ein außerordentlich anstrengendes Leben aufnehmen, das bis heute ohne krankhaften Zwischenfall verlief. Sie hat nie mehr Schmerzen gehabt, steht jeden Morgen um halb sechs auf und geht um elf Uhr abends zu Bett. Sie verrichtet die anstrengendste Arbeit im ganzen Haus.«[214]

Ein Jahr nach der Heilung – am 5. Oktober 1949 – erschien Jeanne Fretel zur zweiten Untersuchung im Ärztebüro von Lourdes, die zwei Stunden dauerte. Im Beschluß, unterschrieben von sämtlichen Ärzten, heißt es:

»Alle krankhaften Symptome sind verschwunden. Für diese Heilung gibt es keine medizinische Erklärung.«[215]

Der Aktenvorgang mit sämtlichen Dossiersdokumenten wurde weitergeleitet an das Nationale Ärzte-Komitee von Paris, das in seiner Sitzung vom 12. März 1950 folgende Schlußfolgerung zog und veröffentlichte:

»Die eindrucksvolle Krankheitsgeschichte, der umfangreiche Dossier, der 30 Fiebertabellen umfaßt (18 vor der Heilung und 12 nachher), das fachliche Gutachten der Ärzte, welche die Kranke untersucht hatten, die äußerst genauen Einzelheiten der Befunde, welche für die Zeit vom April bis Oktober 1948 täglich gemacht wurden, die Wiederzunahme an Gewicht (14 kg in einem Jahr) bedurften eines genauen Studiums und erlaubten die Schlußfolgerung auf eine nicht erklärbare Heilung.«[216]

Die Kanonische Kommission der zuständigen Diözese Rennes hat nach Durchführung des kirchlichen Prozesses am 8. November 1950 über die Heilung von Jeanne Fretel die Entscheidung getroffen: »Hier liegt ein sicheres Zeichen eines übernatürlichen Eingriffs vor«.[217] Am 20. November 1950 erließ der Erzbischof von Rennes, Dol und St. Malo, Clément-Emile Roques das Dekret mit der Wunderbestätigung.[218]

»Dekret

Sr. Eminenz des Kardinals und Erzbischofs von Rennes,
Dol und Saint Malo über die Heilung von
Fräulein Jeanne Fretel, Krankenwärterin in Rennes

Wir, Clément-Emile, Kardinal Roques, unter dem Titel der Hl. Balbina, durch Gottes und des Heiligen Apostolischen Stuhles Gnade Erzbischof von Rennes, Dol und Saint Malo sprechen:
Auf Grund des Berichtes der von uns eingesetzten Kanonischen Kommission zur Untersuchung der Heilung von Frl. Jeanne Fretel, Krankenwärterin zu Rennes, in welchem mit glaubwürdigen Zeugenaussagen die glaubwürdigen Schlußfolgerungen mehrerer Ärzte und Spezialisten angeführt sind und
in Anbetracht, daß diese in Wert und Glaubwürdigkeit unbestreitbaren Beglaubigungen an der Schwere der Krankheit und ihrem plötzlichen, völligen, endgültigen, ohne jedes Heilmittel erfolgten Verschwinden keinen Zweifel lassen und daß sie mehr als zur Genüge klar und deutlich beweisen, daß die betreffende Heilung alle Anzeichen des Übernatürlichen an sich trägt,
erkennen wir an, daß Frl. Jeanne Fretel, die an tuberkulöser Bauchfellentzündung mit den Anzeichen einer Gehirnhautentzündung erkrankt war und sich in schwerem Zustand des Kräfteverfalls (Kachexie) befand, plötzlich und von Grund aus am 8. Oktober 1948 geheilt wurde, als sie am Altar der hl. Bernadette in Lourdes die hl. Kommunion empfing, und wir erklären, daß es sich um eine wunderbare Heilung handelt und daß sie einem besonderen Eingreifen Gottes auf die Fürbitte Unserer Lb. Frau von Lourdes zugeschrieben werden muß.

Gegeben zu Rennes, am 20. November 1950

† Clément-Emile Kardinal Roques
Erzbischof von Rennes, Dol und St. Malo«

53. Die Heilung der ersten Deutschen
Thea Angele (geheilt am 20. Mai 1950)

Unter den von der Kirche offiziell anerkannten Lourdes-Wundern aus der Zeit zwischen 1858 (dem Jahr der ersten acht Heilungswunder noch im Erscheinungsjahr Marias vor Bernadette Soubirous) und 1948 (Nr. 52: Jeanne Fertel) entdeckt man keine einzige Lourdes-Heilung eines (einer) Deutschen. Thea Angele,[219] geboren am 24. September 1921 im württembergischen Oberlangensee (Gemeinde Neukirch bei Tettnang), später wohnhaft und beruflich als Stenotypistin tätig in Tettnang, war die erste Deutsche, der in Lourdes am 20. Mai 1950 die Gnade der Heilung geschenkt wurde. In der Liste der Krankheiten, die in Lourdes geheilt wurden, tritt mit Thea Angele erstmals eine neue Krankheit auf: multiple Sklerose (vgl. Nr. 57 und Nr. 58).

Bei multiple Sklerose (MS) handelt es sich um eine der häufigsten und schwersten Nervenerkrankungen, bei der aus noch unbekannten Gründen körpereigene Abwehrkräfte die Umhüllung der Nerven im Gehirn und Rückenmark angreifen und Entzündungen auslösen. Die oft in Schüben auftretende Krankheit löst Bewegungsstörungen, Lähmungen, Sehschwächen oder Depressionen aus. Bis heute ist die Ursache von MS nicht geklärt.[220]

Als Thea Angele an multiple Sklerose erkrankte, wurde diese Krankheit als unheilbare Nervenentzündung eingestuft. Die geheimnisvolle Krankheit setzte 1944 mit Bewußtseinsstörungen und Lähmungserscheinungen der Hände und der Füße ein. Nur noch stoßartig war Sprechen möglich. Aufrechtstehen und Gehen waren unmöglich geworden. Der behandelnde Arzt Dr. Kohler stellte die Läsion des Zentral-Nervensystems fest. Zu allem Überfluß wurde die leidgeprüfte Thea Angele im Zweiten Weltkrieg bei einem Bombenangriff auf die Universitätsstadt Tübingen in einem Luftschutzkeller verschüttet. Jetzt erst brach die Krankheit mit aller Heftigkeit aus. Im Monat Januar 1946 wurde in der Neurologischen Klinik in Tübingen eindeutig multiple Sklerose diagnostiziert.

Krankenhausaufenthalte in Lindau (1946/47) und in Tettnang (1947/48) brachten keine Linderung, sondern nur eine dauernde Ver-

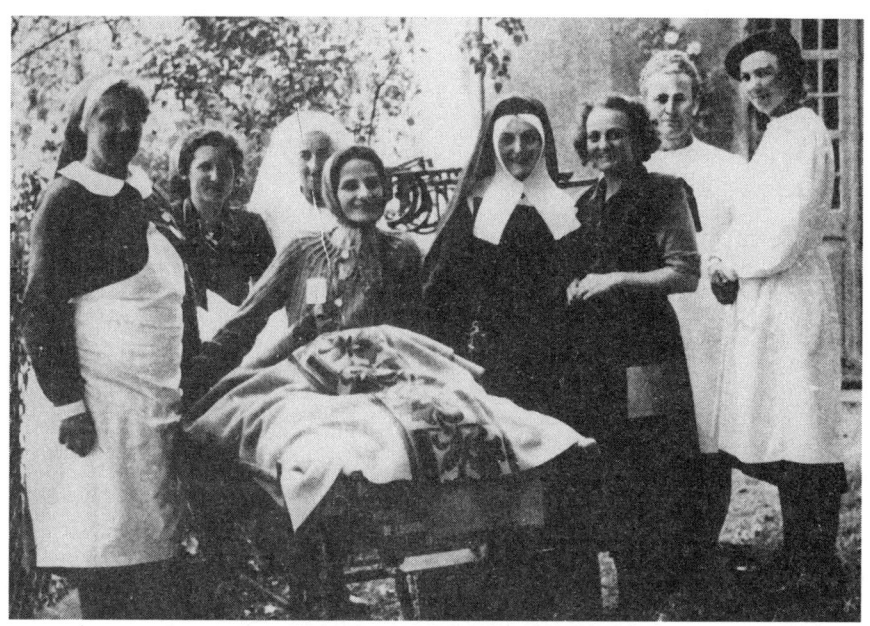

Die erste geheilte Deutsche in Lourdes:
Thea Angele, geheilt am 20. Mai 1950. Sie wurde später Ordensfrau.

Fotos der kirchlich anerkannten 65 Wunder von Lourdes im Bureau Medical.

schlimmerung der organischen Nervenstörungen und der sich häufenden Krampfanfälle. »Ein seit April (1950) bestehender soporöser Zustand wird durch die immer notwendigen Impletolinjektionen (Novokain-Koffein) in tiefe Bewußtlosigkeit übergeführt.«[221]

Vor dem Sterben wollte man den letzten Wunsch der totgeweihten Thea Angele, eine Wallfahrt nach Lourdes zu machen, noch erfüllen. Was sich während der Fahrt mit dem Pax-Christi-Pilgerzug (vom 15. bis 23. Mai 1950), vor allem während des Aufenthaltes in Lourdes ereignete, hat die Münchner Ärztin A. Wimmer, die die ärztliche Betreuung der Pilgerfahrt übernommen hatte, in einem am 7. Oktober 1950 abgefaßten, detaillierten Bericht[222] festgehalten. Niemand hätte einen besseren Bericht über die Geschehnisse niederschreiben können, als diese einfühlsame Ärztin, die das Wunder der Heilung als Augenzeugin mitverfolgen und erleben konnte.

»In Ulm wurde Thea Angele aus dem Sanitätswagen in das Krankenabteil des Zuges verladen. Mein erster Eindruck vom Zustand der Kranken war denkbar schlecht. Ich sagte zu dem begleitenden Sanitäter: ›Wie kann man nur eine fast Sterbende 30 Schnellzugstunden weit wegschicken ins Ausland!‹ . . .

In Lourdes wurde die Kranke zusammen mit den übrigen Patienten in einem Saal des Asile Notre-Dame de Lourdes im Grottenbereich untergebracht. Sie erhielt bald nach Ankunft die Letzte Ölung, da mit ihrem baldigen Ableben nach menschlichem Ermessen gerechnet werden mußte.

Ich saß am Ankunftstage noch mehrere Stunden an ihrem Bett und beobachtete mit Sorge einen plötzlich auftretenden Atemmuskelkrampf, der etwa dreiviertel Stunden anhielt: nach einzelnen krampfhaften Atemzügen stand die Atmung oft bis zu einer Minute still. Dieser Krampf war zu einer bereits bestehenden spastischen Schluck-, Sprachmuskel- und Darmlähmung und Tetraplegie hinzugekommen. Nach Lösung des Krampfes besserte sich auch der Kreislauf wieder etwas. Die Kranke überstand die Nacht, litt jedoch weiter an den heftigsten Schmerzen.

Am Morgen des 18. Mai gab sie ihrer Freundin zu erkennen, sie wolle unbedingt ins Bad. Ich konnte ihr die Erfüllung des Wunsches nicht verwehren, obwohl ich ihr als Arzt auch nicht dazu raten konnte. Ich verließ jedoch von da an die Kranke nicht mehr während der Badezeiten ... Ich war zugegen, als die Kranke ins eiskalte Wasser gehoben wurde und beobachtete sofort den Gesichtsausdruck, als sie wieder auf den Wagen zurückgelegt wurde. Ich hatte den Eindruck, daß die Verzerrung der Gesichtszüge etwas ruhiger geworden war.

Am Freitag, dem 19. Mai, brachten wir sie zum zweitenmal ins Bad. Im Anschluß daran war die Schlucklähmung aufgehoben; die Kranke konnte Zitronen- und Orangenwasser schlucken und behielt die Getränke auch. Ein drittes Bad am Nachmittag des 19. Mai brachte bereits völlige Schmerzfreiheit, die dann auch anhielt.

Am Samstag, dem 20. Mai, bekam sie das vierte Bad. Den größten Eindruck machte auf mich der Vorgang, der sich nach dem Herausheben aus dem Bad abspielte: Sie drehte lachend den bis dahin meist in verkrampfter Stellung gehaltenen Kopf nach mir, die Gesichtszüge waren entspannt und gehorchten der mimischen Innervation wieder. Dann öffnete sie den Mund, ich hörte sie zum erstenmal in ihrer württembergischen Mundart sprechen: ›Fräulein Doktor, jetzt kann ich wieder alles sagen. Und ich habe einen fürchterlichen Hunger.‹ Ich riet ihr, nur kein Aufsehen zu erregen, wenn wir das Bad verlassen, was sie als ihren eigenen Wunsch lebhaft versprach. Dies war mir ein Zeichen, daß das Mädchen nicht Theater spielte und psychisch normal war ...

Bei der Ankunft im Asyl wurde gerade das Mittagessen ausgeteilt. Thea erhielt erst Tee mit Zwieback. Da sie immer wieder beteuerte, sie habe einen schrecklichen Hunger, erhielt sie dann Fleischbrühe. Und trotz meines Widerstrebens genoß sie darauf noch Fleisch und Gemüse mit bestem Appetit und ohne jegliche Beschwerde. Zuletzt gaben wir ihr noch Obstsalat, bestehend aus Bananen, Orangen, geriebenem Zwieback und reinem Meßwein.

Am Samstag, dem 20. Mai, nachmittags brachten wir sie zur Sakramentsprozession. Ihre Freundin und der Sanitäter ... standen hinter der Kranken. Nach Beendigung der Prozession holte mich der Sanitäter sofort zu Thea und sagte, sie könne den linken Arm bewegen.«

Bei der ersten Untersuchung der geheilten 29jährigen Thea Angele im Ärztebüro von Lourdes (1950) waren sechs Ärzte anwesend. Probleme gab es bei der zweiten (1951) wie bei der dritten Untersuchung (1952) in Lourdes. Damals machte der Präsident Dr. Leuret vor dem Kreis der Versammelten unerwartet und für viele überraschend die Aussage: »Thea Angele ist gesund, aber die Dokumente reichen für einen Nachweis einer vorher bestehenden Krankheit nicht aus.«[223]

Was war der wirkliche Grund dieser Feststellung, die über Lourdes hinaus gerade die ärztlichen wie kirchlichen Gremien Deutschlands schockierte? Die in deutscher Sprache abgefaßten und vorgelegten Dokumente waren nicht ins Französische übersetzt. Dr. Leuret konnte sie weder übersetzen und verstehen und daher auch nicht auswerten. Dr. Leuret erhielt – wie gewünscht – die Dokumente in französischer Übersetzung. Damit war das Versehen behoben. Sein überraschender Tod am 8. Mai 1954 machte allen irdischen Einwänden, Verzögerungen und Entscheidungen ein Ende.

Die Sitzung des Internationalen Medizinischen Komitees am 23. April 1961 hat nach einem Bericht von Professor Thiébaut (Straßburg) »den medizinisch unerklärbaren Charakter dieser Heilung«[224] anerkannt. Da Thea Angele seit dem 10. Mai 1955 in die Schwesterngemeinschaft der »Unbefleckten Empfängnis« von Lourdes eingetreten war und dabei den Ordensnamen Maria-Mercedes erhalten hatte, war der Bischof von Tarbes und Lourdes für die Durchführung des Kanonischen Prozesses zuständig. Unmittelbar nach der Fertigstellung des Untersuchungsberichts, ausgefertigt von der kirchlichen Kommission, veröffentlichte der Bischof Pierre Marie Théas von Tarbes und Lourdes am 28. Juni 1961 das Dekret[225] mit der Wunderbestätigung der Heilung von Thea Angele, jetzt Schwester Maria-Mercedes (11 Jahre nach der Heilung am 20. Mai 1950).

»Dekret der Anerkennung der wunderbaren Heilung
Wir, Pierre Marie Théas, Bischof von Tarbes und Lourdes,
angesichts der Dokumente, welche die Krankheit und Heilung
von Thea Angele, als Ordensfrau Schw. Maria-Mercedes, bestätigen,

angesichts der Protokolle des Ärztebüros von Lourdes über diese Heilung,

angesichts der Entscheidung des Internationalen Medizinischen Komitees von Lourdes mit Datum vom 23. April 1961,

angesichts des Berichtes und der Schlüsse der von Uns am 5. Mai 1961 eingesetzten kanonischen Untersuchungskommission,

nach Anrufung des Heiligen Namens Gottes,

kraft der Autorität, die Uns in dieser Hinsicht vom Konzil von Trient erteilt ist und unter völliger Unterordnung Unserer Entscheidung unter die Autorität des Papstes,

erklären hiermit, daß die Heilung von Thea Angele, als Ordensfrau Schw. Maria-Mercedes, am 20. Mai 1950 in Lourdes geschehen, wunderbar ist und zuerkannt werden muß einer besonderen Machtkundgebung der Allerseligsten und Unbefleckten Jungfrau Maria und Gottesmutter.

Gegeben zu Lourdes am 28. Juni 1961.

Pierre Marie Théas

Bischof von Tarbes und Lourdes

Ausgefertigt:

Kanonikus A. Menvielle,

Kanzler des Bischofs«

54. Diagnose: Hodgkinsche Krankheit
Evasio Ganora (geheilt am 2. Juni 1950)

Evasio Ganora,[226] geboren am 2. März 1913 in San Giorgio Monferrato (in der norditalienischen Diözese Casale Monferrato), verheiratet und Vater von fünf Kindern, wurde Ende des Jahres 1949 von einer zunächst harmlos erscheinenden Krankheit befallen. Nach der ärztlichen, insbesondere nach histologischen Untersuchungen wurde sie als Hodgkinsche Krankheit schlimmster Form (Lymphogranulomatose = Lymphknotenerkrankungen) diagnostiziert. Über diese schwere Krankheit war die ganze Familie und Verwandtschaft Ganora aufs tiefste betroffen. Der Vater war nicht nur der tief gläubige und schwer arbeitende Mittelpunkt der Familie; er konnte als Landwirt seiner

Familie eine ausreichende, wenn auch bescheidene Existenzgrundlage und eine gute Ausbildung und berufliche Absicherung seinen Kindern geben. Wie sollte es aber weitergehen, wenn der Vater wegen seiner schweren Erkrankung seinen Beruf nicht mehr ausüben konnte?

Im Heilig-Geist-Krankenhaus in Casale Monferrato wurde an Evasio Ganora alles versucht, was an ärztlichen Linderungs- und Heilungsmöglichkeiten zur Verfügung stand – antibiotische Behandlung mit Penicillin, Aureomyzin, Streptomyzin und Phenylbutazol (eine Senf-Verbindung). Es gab eine Zunahme der Eosinophylen, der weißen Blutkörperchen von 5 % auf 7 %. Insgesamt wurden 22 Bluttransfusionen gegeben. Den beiden bösartigen Geschwüren in der linken Achselhöhle versuchte man mit Bestrahlung von Radiumstrahlen beizukommen.[227]

Alle ärztliche Fürsorge war jedoch vergeblich, wie die Prognose von Dr. Capra am 5. Mai 1950 feststellte: Evasio Ganora hat nur noch eine Lebenszeit von wenigen Monaten! Ganora selbst, der die Schwere seiner Krankheit nicht erkannte oder gegenüber anderen sich darüber nicht äußerte, vor allem um seine Frau und seine Kinder nicht seelisch zu belasten, sprach frohen Mutes plötzlich den Wunsch aus, seine Gesundung und die Not seiner Familie der Hilfe und Fürsprache der Gottesmutter von Lourdes anzuvertrauen.

Am 31. Mai 1950 erreichte man mit einem Pilgerzug aus Oftal den Wallfahrtsort Lourdes. Der begleitende Pilgerarzt, der Turiner Chirurg Dr. Visetti, hatte den sterbenskranken Evasio Ganora wiederholt im Eisenbahnwaggon besucht; durch die Strapazen der Fahrt befand sich dieser wiederholt in Todesnähe. Am 2. Juni 1950 wurde Evasio Ganora in einem Krankenwagen zu den Piszinen gefahren und im Wasser des Beckens gebadet. Bei diesem ersten Bad befiel ihn eine große Hitze, die seinen ganzen Leib zu durchlaufen schien. Es war ihm, als durchdringe ein heißer Strom seinen Körper.

Ohne fremde Hilfe konnte er sich zum Erstaunen aller aus dem Wasserbecken erheben und ins Hospital zurückkehren. Dr. Visetti konnte als Augenzeuge sogleich feststellen:

»Verschwinden des Fiebers und der Asthenie, Rückgang der Lymphdrüsenschwellung und des Milztumors, Leber nicht tastbar.«[228]

Eine am 6. Juni 1950 im Ärztebüro in Lourdes vorgenommene Untersuchung bestätigte die Aussage von Dr. Visetti. Auf einer 1954 durchgeführten Pilgerfahrt stellte sich Evasio Ganora am 16. August 1954 und nochmals am 18. September 1954 einer Untersuchung des Ärztebüros von Lourdes. Auch das Internationale Ärzte-Komitee erklärte auf seiner Tagung am 13. Februar 1955 in Paris:

»Ganora litt an einer bösartigen Lymphogranulomatose, Typ Hodgkin ... Man kann mit Recht erklären, daß die Entwicklung der Krankheit Ganoras ganz verschieden ist von jener, welche die medizinische Erfahrung bis heute als Hodgkinsche Krankheit zu bezeichnen gestattet. Wir haben niemals eine vergleichbare Entwicklung beobachten können.
Wir sind der Ansicht, daß der Fall Ganora alle Merkmale aufweist, welche das Internationale Ärzte-Komitee berechtigen, diesen Heilungsfall der kirchlichen Autorität zu unterbreiten. Wir fügen hinzu, daß das Internationale Komitee selten so außergewöhnliche Fakten wie die eben berichteten hat konstatieren können!«[229]

Dieses Gutachten, unterzeichnet von 25 Medizinern, wurde am 22. Februar 1955 der zuständigen kirchlichen Behörde der Diözese Casale-Monferrato übersandt. Eine letzte Untersuchung in Lourdes fand am 8. Mai 1955 statt. Im Schlußdokument über die Heilung von Evasio Ganora hat Professor Dr. Mauriac geschrieben:

»Angesichts dieser hier studierten Tatsachen kann der Mediziner, ob gläubig oder ungläubig, nur erklären: das begreife ich nicht. Wie immer die weltanschauliche Haltung des einzelnen sei, die Tatsache von Lourdes bleibt bestehen.«[230]

Mit äußerster Gewissenhaftigkeit und erst nach Einforderung weiterer Gutachten wurde die Kanonische Kommission des Bistums Casale-Monferrato am 28. Februar 1955 konstituiert. Nach Einsicht in die kirchlichen Untersuchungsergebnisse und nach persönlichen Reflexionen und auch Gebet hat der zuständige Bischof Guiseppe Angrisani am 31. Mai 1955 das kanonische Urteil über den Wundercharakter der Heilung von Evasio Ganora veröffentlicht:

»Wir erklären feierlich, daß die am 2. Juni 1950 in Lourdes stattge-
fundene Heilung von Herrn Ganora wunderbar ist und einer
besonderen Fürsprache der Allerseligsten Jungfrau und Gottesmutter zuerkannt werden muß.«[231]

55. Die erste Geheilte aus Österreich
Edeltraud Fulda (geheilt am 12. August 1950)

Die erste in Lourdes Geheilte aus Österreich ist Edeltraud
Fulda,[232] geboren am 20. Juli 1916. Ihre Berufsausbildung und Lebens-
planung zielten in Richtung Charaktertänzerin in einem Opernballett.
Im Herbst 1937 hatte sie ihr erstes Engagement in einem der großen
Theater der Stadt Mailand.

Der Abend der Premiere wurde jedoch zur Katastrophe. Unmittel-
bar vor ihrem großen Auftritt als Balletteuse brach sie hinter den
Kulissen zusammen. Ihr Auftritt war nicht mehr möglich. Die Szene
wechselte von der Bühne in den Operationssaal. Dort wurde der
Durchbruch eines Magengeschwürs entdeckt und etwa Dreiviertel des
Magens entfernt.[233]

Bei den unmittelbar folgenden Untersuchungen in einer Wiener
Klinik, wohin die Österreicherin überführt worden war, wurden eine
schmerzhafte Nephritis (Nierenentzündung) und die Symptome der
Addisonschen Krankheit festgestellt, die sich als chronische Insuffizienz der Nebennieren zeigte. 1938 mußte die recht Niere operativ
entfernt werden.

Bei ihrer Großmutter konnte Edeltraud Fulda Thermalkuren im
damals jugoslawischen Bad Radein machen. Der Arzt Dr. Kline, der
sie dort von 1938 bis 1945 behandelte, stellte als typische Zeichen der
Addisonschen Krankheit fest:

»Charakteristische braune Pigmentierung der Haut in der Taille –
sowie der sakrolumbalen und genitalen Gegend.«[234]

Der gesundheitliche Zustand von Edeltraud Fulda konnte auf
Grund einer fast zehnjährigen Hormontherapie relativ stabil erhalten
werden.[235] War es Zufall, daß die Großmutter von Edeltraud Fulda ihr

im ersten Jahr ihrer Erkrankung eine Flasche mit Lourdeswasser schenkte?

Die Waschung mit Lourdeswasser hatte zwar keinen Erfolg, aber in Edeltraud Fulda war etwas in Bewegung geraten. Die Lektüre eines Buches über Lourdes und die heiliggesprochene Bernadette Soubirous, und das gesamte Umfeld lösten in Edeltraud Fulda den Wunsch aus, selbst nach Lourdes zu pilgern.

Begleitet von ihrer Mutter machte die 34jährige die Wallfahrt zum französischen Marienort, wo sie am 11. August 1950 ankam. Am nächsten Tag, dem 12. August 1950, nahm sie am Nachmittag das erste Bad – und sie fühlte sich besser, konnte plötzlich wieder aufrecht sitzen und ohne besondere Diät essen. Als augenblicklich und vollständig Geheilte verließ sie das Bad. Nach eigenem Entschluß setzte sie jede Therapie, auch die mit Percorten, ab.

Im Ärztebüro in Lourdes wird eine umfangreiche Akte[236] über den »Fall Edeltraud Fulda« aufbewahrt mit mehr als 40 Beweisstücken, darunter 37 Gutachten österreichischer, tschechischer und jugoslawischer Ärzte über den Zeitraum vom 10. Juli 1938 bis zum 10. August 1954. Besondere Bedeutung haben in diesem Dossier die Untersuchungsprotokolle, die wenige Tage nach der Heilung am 16. August 1950 und bei den nachfolgenden Untersuchungen am 13. August 1952 und am 22. August 1954 im Ärztebüro in Lourdes angelegt worden sind.

Als Geheilte in ihre Heimat zurückgekehrt gab ein österreichischer Arzt sein damaliges Untersuchungsergebnis zu Protokoll:

»... Obwohl ich keineswegs die religiöse Überzeugung meiner früheren Kranken teile, freue ich mich sehr darüber, daß ein ebenso schwerer wie hoffnungsloser Fall von Addisonscher Krankheit in Lourdes geheilt werden konnte derart, daß jedes andere Heilverfahren abgesetzt werden und die Kranke sogar eine volle Berufstätigkeit (als Maschinenstrickerin) aufnehmen konnte.«[237]

Die geheilte Edeltraud Fulda gab zu, daß ihre Heilung sie nicht mehr zu einer Bühnenlaufbahn als Primaballerina befähigt: »Ich bin (mit über 35 Jahren) zu alt, um hier noch Erfolg zu haben.«[238]

Nach wiederholten Untersuchungen durch das Ärztebüro in Lourdes wie durch das Comite Médical International (am 23. August 1954 bzw. am 13. Februar 1955) wurde protokollarisch festgehalten:

»... daß es unzweckmäßig sei, mit der Schlußfolgerung länger zuzuwarten, daß diese Heilung medizinisch nicht erklärbar sei und die Naturgesetze übersteige.«[239]

Das Aktenbündel der ärztlichen Kommissionen wurde an die zuständige Diözese Wien, in der Edeltraud Fulda lebte, weitergeleitet. Kardinal Theodor Innitzer, Erzbischof von Wien (1932–1955), hat wenige Monate vor seinem Tod in einem Dekret[240] vom 18. Mai 1955 die Wunderbestätigung der Heilung von Edeltraud Fulda verkündet:

»Theodor Kardinal Innitzer
durch die Gnade Gottes
und die Autorität des Heiligen Apostolischen Stuhles
Erzbischof von Wien

Dekret

Das Ärztliche Konstatierungsbüro in Lourdes hat mit Datum vom 23. August 1954 erklärt, daß die am 12. August 1950 an Frl. Edeltraud Fulda erfolgte Heilung nach dem gegenwärtigen Stand der Wissenschaft medizinisch nicht erklärbar ist.
Auch das dem Ärztlichen Konstatierungsbüro in Lourdes angeschlossene ›Internationale Komitee‹ von Paris konnte weiterhin keine natürliche wissenschaftliche Erklärung für diese Heilung finden.
Die Feststellung stimmt mit den beiden zu Rate gezogenen Bedingungen überein, die Benedikt XIV. für die Anerkennung des wunderbaren Charakters einer Heilung gefordert hat.
Es besteht außerdem die unleugbare Tatsache, daß seit dem 12. August 1950 Frl. Edeltraud Fulda sich einer ausgezeichneten Gesundheit erfreut.
Nach Anrufung Gottes und kraft der Vollmacht, die uns durch das Konzil von Trient gegeben wurde, und indem wir unsere Ent-

scheidung völlig der Autorität und dem Urteil des Heiligen Vaters unterwerfen,

erklären wir,

daß die am 12. August 1950 plötzlich erfolgte Heilung an Frl. Edeltraud Fulda, die an einer schweren Addisonschen Krankheit litt und sich 13 Jahre hindurch ohne Erfolg ärztlichen Behandlungen unterzog, ein Wunder ist und nicht natürlich erklärt werden kann.

Dieses besondere Eingreifen Gottes muß der Fürbitte Unserer Lieben Frau von Lourdes zugeschrieben werden.

Gegeben zu Wien am 18. Mai 1955.

Theodor Kardinal Innitzer
Erzbischof«

Edeltraud Fulda heiratete 1968 und nahm den Namen Heidinger an.[241]

Über ihre Heilung hat sie selbst ein Buch verfaßt: »Und ich werde genesen sein!« (Wien 1959), das in vielen Auflagen erschien und übersetzt wurde ins Englische, Französische und Polnische.

56. Der geheilte Oberst der Kolonialinfanterie
Paul Pellegrin (geheilt am 3. Oktober 1950)

Paul Pellergrin,[242] geboren am 12. April 1898, ist von den in Lourdes Geheilten der Erste, der im Militärdienst tätig war und im Dienstrang eines Oberst der französischen Kolonialinfantrie stand. Am Ersten Weltkrieg hat er als Freiwilliger teilgenommen; am Zweiten Weltkrieg hat er in der Truppe mitgekämpft.[243]

Am 7. Januar 1947 mußte Oberst Paul Pellegrin, der viele Jahre in den französischen Kolonien in Afrika und Indochina eingesetzt und noch keinen einzigen Tag in seinem Leben krank gewesen war, in das Marine-Krankenhaus St. Anna von Toulon eingeliefert werden wegen heftiger Schmerzen an der Basis des Thorax (Brustkorb). Nach einer

Vielzahl von Röntgenaufnahmen und Blutuntersuchungen wurden am 11. Februar 1947 Tbc-Bazillen festgestellt.

Der damals 49jährige Oberst Paul Pellegrin hielt diesen Tuberkulose-Befund keineswegs für aufregend. Er verließ auf eigenen Wunsch das Krankenhaus und kehrte zur Truppe zurück. Am 19. Dezember 1948 verspürte er in seiner Dienstwohnung in Toulon einen heftigen, sich verstärkenden Schmerz an der rechten Seite unterhalb der Rippen. Da in den folgenden Wochen die Schmerzen unerträglich wurden, ließ er sich im März 1949 von mehreren Ärzten untersuchen. Diese waren zunächst der Meinung, es handle sich um eine leichte Rippenfellentzündung; später jedoch wurde ein Leberabszeß diagnostiziert. Als Folge der Operation des eitrigen Leberabszesses stellten die Ärzte mit Schrecken eine chronische, postoperative Fistel mit starker Absonderung von Eiter »auf der Höhe des rechten Hypochondriums auf der vorderen Axillarlinie und in der Höhe der 7. Rippe«[244] fest. Trotz sorgfältig ausgesuchter Therapien eskalierte der Verlauf der Krankheit im Laufe des Monats Mai 1950 dramatisch. Die behandelnden Ärzte dachten an die Möglichkeit einer akuten Pyämie. Trotz vieler Penizillininjektionen gelang es nicht, die eiternde Fistel einzudämmen oder gar abzustellen.

Nach fast einjährigem Krankheitsurlaub und nach ergebnislosen ärztlichen Bemühungen mußte Oberst Paul Pellegrin seinen Dienst quittieren. Wie er auf den Gedanken kam, in seiner Not nach Lourdes zu pilgern und sich zusammen mit seiner Frau am 2. Oktober 1950 der Rosenkranzpilgerfahrt anzuschließen, und was er dort erlebte, hat er selbst geschildert:

> »Ich war immer gläubig gewesen. Alle meine Angehörigen waren gläubige, praktizierende Katholiken. Aber nach Lourdes zu fahren, war meine eigene Idee. Ich muß zugeben, daß zum Teil die Erfahrung, die wir vor Jahren mit unserem ältesten Kind machten, den Ausschlag gab. Wir lebten damals in Damaskus. Der Junge war erst fünf Jahre alt. Da wurde er linksseitig von Kinderlähmung befallen und konnte weder seinen Arm noch sein Bein bewegen. Man sagte uns, die Lähmung werde wohl lebenslänglich bleiben und sich eher verschlimmern. Meine Frau bat die Nonnen in Damaskus, eine Novene zu Unserer Lieben Frau von Lourdes zu

beten. Am letzten Tag der Novene bewegte das Kind seinen Arm. Sie können sich unsere Freude vorstellen. Allmählich konnte er sowohl Arm wie Bein wieder bewegen. Wenn sein Zustand auch nicht vollkommen normal ist, so muß man den jungen Mann doch sehr gut kennen und sehr genau betrachten, um das Gebrechen zu bemerken. Als nun meine eigene Krankheit so schreckliche Formen annahm, erinnerte ich mich an das, was mit dem Jungen geschehen war und dachte: Nun, so werde ich nach Lourdes fahren und für meine Heilung beten. Unsere Liebe Frau wird sich vielleicht meiner erbarmen. Wir kamen am 2. Oktober in Lourdes an. Am ersten Tag geschah gar nichts. Am 3. Oktober nahm ich mein zweites Bad in der Piszine. Da geschah etwas Ungewöhnliches.«[245]

Ruth Cranston, eine amerikanische Journalistin, hat nach einem Interview mit dem Geheilten und dessen Gattin schriftlich festgehalten, was unmittelbar nach der Heilung Paul Pellegrins im Hotel in Lourdes geschah. Sie schreibt:

»Als er nach seinem zweiten Bad ins Hotel zurückkam, sagte er zu seiner Frau: ›Du solltest die Wunde lieber frisch verbinden. Im Bad hat man mir die Verbände abgenommen.‹ Er zog seinen Rock und sein Hemd aus. Seine Frau kam mit dem Verbandszeug. Als sie die Wunde sah, schrie sie auf: ›Sie ist ja geschlossen! Paul, du bist geheilt!‹ ›Ich schäme mich nicht, Ihnen zu sagen, daß wir einander in die Arme fielen und weinten!‹
›Er war so lange krank gewesen‹, warf seine Frau ein. ›Sie hätten ihn sehen sollen – so mager und schwach! Er wog nur noch hundert Pfund. Heute wiegt er einhundertundvierzig!‹
Die beiden machten nicht viel Aufhebens von der Angelegenheit und fuhren still nach Hause. Dort aber zeigte der Oberst seinem Hausarzt, Dr. Pierre, die Wunde. Der Arzt war völlig verblüfft.«[246]

In der übergroßen Freude über seine Heilung hat Paul Pellegrin die Registrierung seiner Heilung im Ärztebüro von Lourdes völlig übersehen. Erst ein Jahr später, am 10. Oktober 1951, stellte er sich dem Ärztebüro in Lourdes zur Untersuchung. Die damals anwesenden sechs Ärzte kamen zu folgendem Ergebnis:

»Pellegrin, Paul. Chronische Fistel seit 1949. Geheilt am 3. Oktober 1950. Am 10. Oktober 1951 zum ersten Mal im Büro. Vor seiner Heilung wurde der Patient dreimal wöchentlich im Krankenhaus verbunden. Die Absonderung von Eiter war reichlich, und jede Therapie umsonst. Im Oktober 1950 reiste er nach Lourdes. Die Fistel war noch außerordentlich aktiv.
Nach seinem zweiten Bad in der Piszine bemerkte der Patient, daß die Fistel, die vor kurzem noch so stark geeitert hatte, daß ein zwei- bis dreimaliger Verbandwechsel pro Tag notwendig war, verschwunden war. Zunächst war er sich seiner Heilung nicht sicher. Aber die Narbe und das völlige Ausbleiben jeglicher Eiterung veranlaßten ihn, sich im Büro zu melden ... An der Operationsstelle bleibt die übliche Narbe von zehn Zentimetern im Durchmesser weich, nicht angewachsen und stellt in ihrer Umgebung eine Eindellung dar, entsprechend einer Fistelöffnung, aber völlig schmerzlos und gut mit Epidermis überzogen.«[247]

Bei der Nachuntersuchung am 8. Oktober 1952 stellten 29 anwesende Ärzte unter Vorsitz von Dr. François Leuret als Berichterstatter fest:

»Obwohl die Ätiologie (Krankheitsursache) der Fistel und des darunterliegenden Abszesses nicht völlig geklärt ist, sind die Unterzeichneten der Ansicht, genau wie das Protokoll, daß der quasi-augenblickliche Verschluß einer seit 18 Monaten reichlich eiternden Fistel verdient, als ein außergewöhnliches Ereignis festgehalten zu werden. Es ist nicht zu vergleichen mit den Verstopfungserscheinungen vor der Heilung, die ständig von Fieber begleitet waren und keiner medizinischen Erklärung zugänglich war.«[248]

Die Akte, in der das Ergebnis des Ärztebüros von Lourdes protokolliert ist, wurde vom Medizinischen National-Komitee voll bestätigt und nach Beschluß vom 22. Februar 1953 an die zuständige kirchliche Autorität des Bistums Freijus-Toulon weitergeleitet. Auf Grund des Beschlusses der dafür errichteten kanonischen Untersuchungskommission hat Bischof Gaudel in einer feierlichen Erklärung am 8. Dezember 1953 verkündet:

».. . daß die am 3. Oktober 1950 in Lourdes erfolgte Heilung von
Oberst Paul Pellegrin wunderbar ist und einer besonderen Fürsprache der Allerseligsten Jungfrau und Gottesmutter Maria zuerkannt werden muß.«[249]

Georges Rouquier[250] hat in seinem Film »Lourdes und seine Wunder« (1954) ein Interview mit Oberst Paul Pellegrin festgehalten, in
dem dieser seine Krankheits- und Heilungsgeschichte ausführlich darstellt.

57. Heilung eines Benediktinermönchs
Bruder Leo Schwager (geheilt am 30. April 1952)

Nur wenige Heilungen sind in allen Details so genau beschrieben
worden, wie die Heilung des Benediktinerbruders Leo Schwager, die
von der Schweizer Schriftstellerin Ida Lüthold-Minder in ihrem Buch
»Ich wurde in Lourdes geheilt« festgehalten ist. Die Verfasserin konnte
dabei viele Aussagen des Geheilten verwenden und zitieren, die dieser
schriftlich niedergelegt hatte.[251] Die Heilung von Bruder Leo Schwager
ist auch deshalb bemerkenswert, weil sie ein typisches »Beispiel für
eine eucharistische Lourdes-Heilung ist«[252] ist.

Bernhard-Josef Schwager, geboren am 19. Mai 1924 als achtes
Kind der Bauersleute Schwager in Balterswil (Thurgau/Schweiz), trat
als 21jähriger am 2. November 1945 in die benediktinische Ordensgemeinschaft ein. Er wollte als einfacher Ordensbruder sich den Aufgaben der Benediktinermissionare von Uznach zur Verfügung stellen –
wo immer der Wille Gottes und der Auftrag seines Ordensobern ihn
brauchten. Aus seinem Leben sind zwei schwere Unfälle bekannt: ein
schwerer Sturz mit dem Fahrrad (1936) und ein Pferdetritt beim Militärdienst (1947), durch den er eine Gehirnerschütterung erlitt.[253]

Die Begeisterung für den Ordensberuf stand sehr bald unter einer
großen Belastung und Bedrängnis. Es machten sich Krankheitssymptome bemerkbar, die seine Aufnahme in den Orden und vor allem seine
Tätigkeit als Ordensbruder in den Missionen äußerst fraglich erscheinen ließen: Sehstörungen, Geh- und Gleichgewichtsstörungen (am lin-

ken Bein) und auch Sprechstörungen waren Anzeichen einer schweren, vielleicht sogar einer unheilbaren Krankheit.

Sehr bald wurde multiple Sklerose diagnostiziert. Die Ordensobern hatten am 18. Dezember 1947 Bruder Leo (wie sein Ordensname heißt) zur Zeitlichen Profeß zugelassen. Sie gaben auch die Erlaubnis zur Ablegung der Ewigen Profeß (endgültige Bindung an eine Ordensgemeinschaft) am 8. Dezember 1950 – wohl mit der Überlegung, den unheilbar erkrankten Mitbruder nicht zu enttäuschen und ihm für seinen schweren Lebensweg Tröstung des Glaubens zu geben und mitbrüderliche Verbundenheit erfahren zu lassen.

Im Dezember 1951 verschlimmerte sich der Gesamtzustand von Bruder Leo. Es trat Hemiplexie mit Aphasie (halbseitige Lähmung mit erheblichen Sprechstörungen) ein. Eine allerletzte Freude wollte die Ordensgemeinschaft ihrem Mitbruder Leo, dessen multiple Sklerose sich bereits im Endstadium befand, machen, indem sie ihm in einem deutsch-schweizerischen Pilgerzug die Reise nach Lourdes ermöglichte (Abreise von Fribourg am 29. April 1952; Ankunft am Morgen des 30. April 1952 in Lourdes).

Am Vormittag des 30. April 1952 und nochmals am Nachmittag des gleichen Tages wurde Bruder Leo – unmittelbar vor der nachmittäglichen Sakramentsprozession – zur Piszine gefahren. Er soll dort nach Aussagen der Krankenwärter, die ihn badeten, während des Eintauchens in das Lourdeswasser laut aufgeschrien haben. Aber – die erbetene Heilung wurde ihm nicht geschenkt.

Was unmittelbar darauf bei der nachmittäglichen Sakramentsprozession geschah, hat Bruder Leo selbst schriftlich festgehalten:

»Nach vier Uhr (16 Uhr) wurden wir wiederum vor die Rosenkranz-Basilika gefahren, um den Krankensegen mit dem Allerheiligsten zu empfangen. Alle Kranken beteten mit tiefer Andacht die Anrufungen mit, die vorgebetet wurden. Müde und elend, wie ich war, brachte ich es zu keinem anderen Gebete mehr als nur zu dem einen Gedanken; ›Herr, dein Wille geschehe. Mutter Guttes, bitte für uns!‹ Die Pilger sangen: ›Parce Domine … Schone, o Herr, schone deines Volkes und zürne uns nicht auf ewig!‹ Die Monstranz mit der heiligen Hostie zeichnete über mich ein großes Kreuz.

Da durchfuhr es mich plötzlich wie ein Blitzstrahl vom Kopf bis zum Fuß, wie ein elektrischer Schlag – das war das Ende! Nein: ich kniete vor dem Wagen, aufrecht, mit gefalteten Händen. Wie es geschah, weiß ich nicht. Augenblicklich wußte ich: ich bin geheilt! Ich spürte keinen Schmerz mehr, und in meinen Gliedern, die noch vor wenigen Sekunden lahm und schlaff gewesen, war wieder volle Kraft. Wie mir eine wachende Schwester sagte, muß es mich förmlich aus dem Krankenwagen herausgeschleudert haben. Mit dankbar jubelndem Herzen und Tränen in den Augen betete ich das ›Magnificat‹ und das ›Adoro Te‹. Ich blieb in dieser knienden Stellung, bis der Erzbischof Kardinal Gerlier mit dem Allerheiligsten in die Kirche ging, etwa zehn bis fünfzehn Minuten.

Dann stand ich ohne jede Hilfe und Stütze wieder auf. Sofort umringten mich die Leute, aber schon kam einer unserer Pilgerärzte, Dr. H. Jeger von Chur. Ganz frei und ohne Beschwerden ging ich neben ihm her ins Asyl zurück.«[254]

Es ist ein Glücksfall, daß auch die Zeugenaussage jenes Arztes, Professor Dr. Barbin (Medizinische Fakultät der Universität Nantes), schriftlich vorliegt, der bei der Sakramentsprozession am Mittwoch, dem 30. April 1952, als Begleitarzt die plötzliche Heilung des Bruder Leo Schwager erlebt hat. Sein in französischer Sprache abgefaßte Augenzeugenbericht lautet in deutscher Übersetzung:

»Am Mittwoch, den 30. April 1952, ging ich als Arzt bei der Prozession mit dem Allerheiligsten mit. Wir waren bei der Erteilung des Segens an die Kranken auf der Westseite (Seite des Gave-Flusses) angelangt.

Plötzlich hörte ich einen ziemlich lauten Lärm, der mich veranlaßte, den Blick gegen die Kranken hin zu wenden, da ich glaubte, einer von ihnen werde unwohl. Da sah ich, wie links von mir, hinter den auf Tragen liegenden Kranken, ein Ordensmann in die Knie sank oder, besser gesagt, sich mit einer gewissen Heftigkeit auf die Knie warf. Zuerst glaubte ich, es handle sich um einen die Kranken begleitenden Priester, der für sie bete. Das Ganze spielte sich in sehr kurzer Zeit ab, doch frappierte mich der Gesichtsausdruck dieses Ordensmannes. Er schien in unfaßbarer Ekstase zu sein und blickte unverwandt auf das sich entfernende Allerheiligste, das er nicht aus den Augen ließ. Ich dachte bei mir, dieser Priester habe eine ungewöhnliche Art zu beten, und dieses leuchtende Antlitz, dessen Blick unverrückbar an der Monstranz haftete, versetzte mich in Erstaunen. Ich bemerkte zugleich, daß der Betreffende sich wie benommen zu fühlen schien, als ob er soeben einen Schlag oder eine sehr heftige Erschütterung erlitten hätte und nun nur mit Mühe sich in seinem Innersten wieder zurechtfände. Nun schritt ich an ihm vorüber. Seine Haltung blieb immer noch dieselbe. Ich war dermaßen neugierig geworden, daß ich mich umwandte, um ihn nochmals ins Auge zu fassen. Immer noch war er gegen die Monstranz gewandt, die Hände gefaltet, immer in derselben Stellung. Ich machte einige Schritte – das Geschehene ließ mich nicht los, ich wandte mich nochmals zurück: die Haltung, das Gesicht waren immer noch dieselben. Die Prozession entführte mich ihm, doch blieb ich wie verwirrt vom überstürzten Ablauf der Ereignisse und vom Anblick dieses Ordensbruders, der mir wie vom Blitz getroffen schien.«[255]

Am folgenden Tag, 1. Mai 1950, wurde der geheilte Bruder Leo Schwager im Ärztebüro in Lourdes einem vierstündigen Verhör und einer eingehenden ärztlichen Untersuchung unterzogen, dem am nächsten Tag nochmals eine zweistündige Examinierung folgte. Am 1. Mai 1952 nahm Professor Barbin, der Augenzeuge des Heilungswunders war, an der Untersuchung des Geheilten im Ärztebüro in Lourdes teil. Weitere Untersuchungen erfolgten 1956, 1957 und 1958. Vor dem Internationalen Ärzte-Komitee in Paris, dem der »Fall Leo Schwager« vorgelegt wurde, hat Professoer Jacques Thiébaut am 15. April 1959 die Feststellung ausgesprochen:

»Die Bedingungen, unter denen die Heilung geschah, bleiben medizinisch unerklärbar.«[256]

Nach der erfolgten kirchlichen Überprüfung durch die kanonische Kommission des zuständigen Bistums Lausanne, Genf und Fribourg (vom 5. Dezember 1960) erklärte Bischof François Charrière[257] in einer Botschaft zur Verlesung in allen Kirchen und Kapellen der Diözese:

»In Anbetracht der vielen Zeugenaussagen und ärztlichen Berichte in den vorliegenden Akten, insbesondere des Briefes von Prof. Dr. Eric Zander von der Neurochirurgischen Poliklinik, von Prof. Dr. H. Krayenbühl in Zürich, vom 24. September 1951, des von Dr. Hugo Zeller, Romanshorn, und Dr. Roman Schmid, Arbon, verfaßten Berichtes, der am 3. Juni 1958 Dr. Paul Terrier, Lausanne, zugestellt wurde; in Anbetracht des Berichtes und der Kommentare von Prof. Dr. Thiébaut, Straßburg, vom Februar 1959;
in Anbetracht der Erklärung des Internationalen Ärztlichen Komitees, das unter Datum vom 19. April 1959 in Paris die Heilung als sicher feststehend und als medizinisch unerklärbar erkannte;
in Anbetracht der Berichte der von Uns eingesetzten kanonischen Kommission vom 17. November und 5. Dezember 1960;
nach Anrufung des Namens Gottes,
kraft der Autorität Unseres Amtes, Unsern Entscheid der Autorität des Papstes unterstellend,
entscheiden Wir und erklären:
Die Heilung des ehrwürdigen Bruders Leo Schwager OSB, geschehen in Lourdes am 30. April 1952, ist ein Wunder und ist einem besonderen Eingreifen der Allmacht Gottes auf die Fürbitte der Allerseligsten Unbefleckten Jungfrau, der Mutter Gottes, zuzuschreiben.
Dieser Entscheid soll in allen Kirchen und Kapellen der Diözese an einem Sonntag oder gelegentlich einer zu Ehren der Allerseligsten Jungfrau veranstalteten Feier vorgelesen werden. Indem wir unserer himmlischen Mutter für diesen sichtbaren Erweis ihrer Güte öffentlich danken, wollen wir nicht vergessen, uns ihr dankbar zu erweisen für alle die geistlichen, zwar unsichtbaren, aber noch viel wertvolleren Gnaden, die sie uns fortwährend von Gott erlangt.
Gegeben zu Fribourg am 18. Dezember 1960

François Charrière
Bischof von Lausanne, Genf und Fribourg.«

58. »Alle Beschwerden waren verschwunden ...«
Alice Couteault (geheilt am 16. Mai 1952)

Multiple Sklerose – auch heute noch eine der schwersten und heftigsten Entzündungen des zentralen Nervensystems, die an mehreren Stellen auftreten kann. Die Krankheit verläuft meistens in Schüben, die nicht selten von jahrelangem Stillstand unterbrochen sind. In ihrem Spätstadium verweist sie häufig auf den Rollstuhl und bewirkt nicht selten einen allmählichen, erschütternden Zerfall der Persönlichkeit.

Alice Couteault,[258] geborene Gourdon (1917) aus Bouillé-Loretz (Deux-Sèvres), mußte 1949 von ihrem Hausarzt Dr. Cacault von Argenton-l'Eglise (Deux-Sèvres) die bittere Diagnose erfahren: erkrankt an multipler Sklerose. Mehrere ärztliche Kollegen hatte Dr. Cacault zu Rate gezogen, um seiner tiefgläubigen, katholischen Patientin zu helfen. Aber die Schübe der Krankheit setzten immer wieder ein, wurden immer heftiger und schmerzlicher. Sie strahlten, ausgehend vom Kreuz-Steißbein, auf den gesamten Unterleib und schließlich auf den gesamten psychosomatischen Zustand verhängnisvoll immer weiter aus.

Wegen fast völliger Appetitlosigkeit trat eine skelettähnliche Abmagerung ein. Die Monatsblutungen erfolgten unter großen Schmerzen. Sprechstörungen traten immer häufiger auf und machten die Verständigung mit den Mitmenschen immer schwieriger. In der Darstellung, die ihr Mann über den Krankheitszustand seiner Frau Alice abgegeben hat, ist neben der realistischen Krankheitsbeschreibung das einfühlsame Mitempfinden zu spüren, das ihn zur aufmerksamen Pflege seiner geliebten Frau befähigte.

»Um zu gehen, hält sie sich an zwei Stühlen fest, sonst kann sie sich nicht im Gleichgewicht halten. Schon nach 15 Minuten sitzen hat sie Schwierigkeiten, sich im Gleichgewicht zu halten, und bittet mich, sie zu halten, sie habe das Gefühl, alles stürze auf sie. Sie konnte sich nicht allein entkleiden, hatte Schwierigkeiten mit dem Greifen und zitterte sehr stark, wenn sie ein Gefäß ergreifen wollte. Ferner vermochte sie weder zu nähen noch zu schreiben.

Ihr Sprechen war disartikuliert, die Sehschärfe war deutlich geschwächt ...
Niemand kann sich eine Vorstellung davon machen, wie ermattet meine Frau war. Oft, wenn ich sie am Abend auf meinen Armen in das Schlafzimmer hinauftragen wollte, wurde sie ohnmächtig. Ich legte sie so auf ihr Bett.«[259]

Das medizinische Gutachten, das der Hausarzt Dr. Cacualt für die Zulassung zu einer Pilgerfahrt nach Lourdes auszustellen hatte, enthielt folgendes Gesamturteil:

»Multiple Sklerose seit einigen Jahren bestehend;
sie ist unheilbar.«[260]

Die Pilgerfahrt nach Lourdes im Zug war für die schwerkranke Frau, liebevoll begleitet und umsorgt von ihrem Mann, eine fast unerträgliche Tortur. Am 12. Mai 1952 kam Alice Couteault in Lourdes an. Die unheilbar Kranke benötigte einige Tage Ruhe, ehe sie am Vormittag des 15. Mai 1952 zur Piszine mit dem Lourdeswasser gebracht werden konnte. Es scheint bei Alice Couteault Gottes Fügung gewesen zu sein, auch die Gnade ihrer Heilung in Schüben und Etappen zu empfangen. Wie die multiple Sklerose sie in Schüben überwältigte, so ist auch die Heilung in Schüben über die Erkrankte gekommen.

Alice Couteault erlebte im kalten Bad der Piszine von Lourdes gleichsam einen ersten Schub, eine erste Ankündigung der Heilung in seltsamen Zuckungen und in einem übermächtigen Ohrensausen. Bei der nachmittäglichen Sakramentsprozession wurde ihr in einem zweiten Gnadenschub ihre Sprache wiedergegeben. Im Krankenwagen zum Hospital zurückgefahren, konnte sie plötzlich die Pilgerunterkunft ohne jede Hilfe betreten.

Am letzten Tag der Pilgerfahrt, dem 16. Mai 1952, stellte sich die geheilte Alice Couteault dem Ärztebüro in Lourdes. Dort wurde nach Kenntnisnahme des Berichtes ihres Hausarztes und nach intensiven Befragungen und ärztlichen Untersuchungen folgende Feststellung zu Protokoll gegeben:

»Der Gang und die Haltung beim Gehen sind normal. Es bestehen keine Kontrakturen. Die Patellarreflexe sind normal. Rechts ist der

Achillesreflex verstärkt, auf dieser Seite ein epileptoides Zittern, aber links ist alles normal. Kein Fußklonus. Bauchwandreflexe bestehen. Kein Konjunktivalreflex beim Berühren. Die Pupillenreflexe sind normal. Leichter Ansatz zu vertikalem Nystagmus, kein horizontaler. Schilddrüse etwas vergrößert. Exophthalmie.«[261]

Als Geheilte zurückgekehrt in ihr Heimat stellte sich Frau Couteault ihrem Hausarzt Dr. Cacault am 19. Mai 1952 vor, der nur staunen und sich mitfreuen konnte. Dr. Delestre von Candé, der auch bei der Erstuntersuchung im Ärztebüro in Lourdes anwesend war, hatte Alice Couteault nochmals am 27. Juni 1952 untersucht und dabei das vollständige und dauerhafte Ende der Hyperthermie festgestellt. In seinem neurologischen Befund hielt er fest:

»Alle Beschwerden, Erbrechen, Kopfschmerzen und Schwindel wie das Fallen waren verschwunden. Sie hatte in den Beinen weder Schmerzen noch Frösteln mehr . . .
Die Bewegungen während der Entkleidung sind weich. Die Kniescheibenreflexe sind lebhaft, nicht polykinetisch. Der Achilles-Reflex ist lebhaft, der Plantarreflex in leichter Beugung und Bauchwandreflex gleich null . . . Sie hat keinen Klonus. Sehr leichte Andeutung von Nystagmus. Kein Schwindel mehr, selbst nach Rotation bei geschlossenen Augen. Sprechen und Schreiben sind normal.«[262]

In den folgenden Jahren stellte sich Alice Couteault immer wieder den Untersuchungen im Ärztebüro in Lourdes: am 5. Mai 1953, am 20. Mai 1954, am 19. August 1955. Das Ergebnis der letzten Untersuchung am 19. August 1955, redigiert von Professor Thiébaut (Universität Straßburg) enthält folgende Feststellung:

»Die Untersuchung zeigte bei der Patientin keine Funktionsstörungen. Insbesondere hört und sieht sie gut, spricht mit richtiger Artikulierung . . . Der Allgemeinzustand ist gut . . . Die neurologische Untersuchung ergibt ein normales Gleichgewichtsverhalten, selbst wenn sie auf einem Fuße mit geschlossenen Augen steht . . . Der Zustand der Sehnenreflexe, der Hautreflexe des Nystagmus hält sich in den physiologischen Grenzen.«[263]

Das Ärztebüro in Lourdes wie auch das Internationale Ärzte-Komitee stellten fest, daß die Heilung von Alice Couteault medizinisch nicht erklärbar sei und daß die gesamten Untersuchungsergebnisse und Protokolle an die kirchliche Entscheidungsstelle weitergegeben werden sollten.

Die in der zuständigen Diözese Poitiers am 1. Juni 1956 eingesetzte kanonische Kommission stellte drei Tatsachen heraus: das Fehlen jedes spezifischen Heilmittels, geeignet die Krankheit aufzuhalten oder zu heilen – die Augenblicklichkeit und Dauerhaftigkeit der Heilung seit dem 16. Mai 1952 – das Fehlen einer langsamen Genesung. Sie sah sich außerdem veranlaßt, ausdrücklich festzustellen, daß bei dieser Heilung weder von Autosuggestion noch von Heterosuggestion gesprochen werden konnte.

In einer feierlichen Erklärung gab Bischof Vion von Poitiers am 16. Juli 1956 öffentlich bekannt:

> »Auf Grund der uns vom Konzil von Trient in dieser Hinsicht erteilten Autorität, unter Unterwerfung unseres Urteils unter die Autorität des Papstes erklären wir hiermit feierlich, daß die Heilung von Frau Alice Couteault, die am 16. Mai 1952 in Lourdes geschehen ist, wunderbar ist und zuerkannt werden muß einer besonderen Manifestation der Allerseligsten Jungfrau und Gottesmutter Maria.«[264]

Dr. Olivieri, Präsident des Ärztebüros von Lourdes von 1958 bis 1969, konnte über eine Untersuchung von Alice Couteault im Oktober 1966 berichten: »Ich habe sie untersucht und bei ihr den Zustand vollkommener Gesundheit festgestellt.«[265]

59. »Mein Allgemeinzustand hat sich ziemlich rasch gebessert ...«
Ginette Nouvel (geheilt am 21. September 1954)

Ginette Fabre (nach ihrer Heirat nahm sie den Namen Nouvel an) wurde am 18. Januar 1928 in der südfranzösischen Stadt Carmaux (Tarn) geboren. Sie war noch keine fünf Jahre alt, als plötzlich am

7. November 1933 ein stechender Schmerz im oberen Bauchraum und Erbrechen von Galle ihre Eltern aufs äußerste beunruhigten.[266]

Ärzte aus Montpellier (Professor Bertrand), Toulouse (Professor Monnier) und Purpan (Professor Tapie) wurden zur Diagnose und um Behandlung gebeten. Wegen Verdachts auf eine Pseudo-Zyste des Pankreas wurde im November 1933 eine Operation vorgenommen. Erst im Dezember 1953 hatte sich wieder eine so große Menge Bauchwasser gebildet, die Operationen erforderte. Trotz mehrerer Operationen hatte sich ein Umgehungskreislauf des Bauchwassers in erheblichem Umfang eingestellt. Immer wieder mußte Bauchwasser künstlich abgelassen werden – ein bis zwei Liter innerhalb von fünf Tagen.

Am 16. Juli 1954 entschieden sich die Ärzte erneut zu einer Operation, um die Leber-Arterie zu unterbinden. Schon kurze Zeit später mußten immer wieder Punktionen durchgeführt werden, um das Bauchwasser abzulassen – am 14. August 1954 sechs Liter, am 24. August 1954 vier Liter, am 7. September 1954 fünf Liter, am 17. September 1954 acht Liter. Alle behandelnden Ärzte stimmten nach jahrelangen Behandlungen darin überein, daß auf Grund der hartnäckigen und reichlichen Bauchwasserbildung ein sogenanntes Budd-Chiari-Syndrom,[267] eine Erkrankung infolge des Verschlusses der Lebervene (suprahepatische Venenthrombose) vorliege und als Ursache der Krankheit angesehen werden mußte.

Für eine Wallfahrt nach Lourdes stellte Dr. Marchal aus Carmaux am 26. August 1954 ein Gutachten aus, in dem die nüchternen Worte zu lesen sind:

»Sie muß liegend reisen.
Prognose sehr schlimm, unheilbares Leiden.
Sicheres Ende: Tod.«[268]

Die Abreise nach Lourdes fand am 20. September 1954 statt. Über ihren Aufenthalt und über ihre Erlebnisse in Lourdes schreibt die damals 26jährige Ginette Nouvel in einem Bericht:

»In Lourdes wurde ich am 21., 22. und 23. September (1954) in die Piszine eingetaucht. Beim ersten Bad unter dem Gummimantel hatte ich vom Verlassen der Piszine an – bevor ich wieder Luft schöpfen konnte, denn das Wasser war sehr kalt – das Gefühl, von meiner Bauchlast befreit zu sein, sie mit einem Schlag los zu sein. Fast hätte ich aufgeschrien. Als ich mich aber betrachtete, war mein Leib noch immer so dick (von Bauchwasser). Ich meinte einer Selbsttäuschung zum Opfer gefallen zu sein. Ich habe aber nichts gesagt.

Am 22. und 23. habe ich absolut nichts verspürt und bin nach Hause (in das Hospital in Lourdes) zurückgekehrt . . .

Die Rückfahrt ist nicht mehr qualvoll gewesen. Da es auch sonst schon vorgekommen ist, daß es mir einige Tage ziemlich gut ging, habe ich dem keine besondere Bedeutung beigemessen.

Nach Hause zurückgekehrt, fühlte ich keine Schmerzen mehr. Ich bin niemals mehr punktiert worden . . . Mein Allgemeinzustand hatte sich ziemlich rasch gebessert, so daß ich zwei Monate nach meiner Heilung die Autofahrt von Carmaux nach Lourdes und zurück im Wagen an einem Tage gut vertragen habe. Aufstehen 6.30 Uhr. Rückkehr gegen 19 Uhr.«[269]

Das Ärztebüro von Lourdes, das vom Hausarzt der Geheilten durch ausgestellte Gutachten informiert wurde, hat sich in drei langen Sitzungen – am 20. September 1955, am 19. September 1956 und am 28. Juli 1960 –, denen jeweils gründliche Untersuchungen der anwesenden Geheilten vorausgegangen waren, mit dem »Fall Ginette Nouvel« befaßt und ihn als »medizinisch nicht erklärbar« bezeichnet.

Das Dossier »Ginette Nouvel« wurde an das Internationale Ärzte-Komitee als letzte ärztliche Kontroll- und Entscheidungsinstanz weitergereicht. Nach fast dreijähriger Besprechung dieses Falles konnte Professor Mauriac am 23. April 1961 das Untersuchungsergebnis vorlegen:

»Mir scheint evident, daß Ginette Nouvel wirklich von einer sehr schweren Krankheit (Syndrom Budd-Chiari), von der sie befallen war, geheilt worden ist. Es scheint mir viel weniger evident, daß diese Heilung einer Behandlung mit P. 32 oder mit Antikoagulantia zugeschrieben werden kann. Es war übrigens die Unwirksamkeit dieser Mittel, die die Ärzte genötigt hatte, den Chirurgen in Anspruch zu nehmen. Hinsichtlich des chirurgischen Eingriffs ist vom Standpunkt des gesunden Menschenverstandes aus die

Kausalverbindung vom Bad in der Piszine und der Heilung viel einleuchtender als zwischen chirurgischem Eingriff und Heilung. Ich weiß nicht, ob die kanonischen Vorschriften eine plötzliche Heilung für die Anerkennung als Wunder fordern. Die Heilung von Ginette Nouvel war sicherlich nicht plötzlich. Aber es hat etwas Plötzliches gegeben: die Umkehr der Entwicklungstendenz einer Krankheit, die seit drei Monaten stagnierte, ohne jedes Zeichen einer Besserung, und die sich nach Lourdes plötzlich auf schnelle Heilung ausrichtete.«[270]

Auf Grund des Berichtes der kanonischen Kommission des zuständigen Erzbistums Albi hat Erzbischof Claude Dupuy am 31. Mai 1963 den Wundercharakter der Heilung von Ginette Nouvel in folgender Botschaft verkündet:

»Nach Anrufung des Namens Gottes, kraft der Autorität, die uns in dieser Hinsicht vom Konzil von Trient eingeräumt ist und in gänzlicher Unterordnung unserer Entscheidung unter die des Papstes, erklären wir hiermit feierlich, daß die Heilung übernatürlich ist und zuerkannt werden muß einem besonderen Eingreifen der Allerseligsten und Unbefleckten Jungfrau und Gottesmutter Maria.«[271]

Dr. Olivieri, Präsident und Leiter des Ärztebüros in Lourdes hat 1968 das Weiterbestehen der Gesundheit von Ginette Nouvel konstatieren können:

»Meine letzte Untersuchung fand am 12. September 1968 statt. Bauchwassersucht besteht nicht mehr. Die Narbe ist normal. Der linke Leberlappen hält sich unter dem Rippenbogen normal. Der Allgemeinzustand ist sehr gut.«[272]

60. Eine stufenweise Heilung
Marie-Louise Bigot (geheilt am 10. Oktober 1954)

Bei den meisten in Lourdes Geheilten bereitet die Ermittlung des genauen Heilungsdatums keine Schwierigkeiten. Welches Datum soll aber festgehalten werden, wenn sich – wie bei Marie-Louise Bigot – die Heilung in mehreren Stufen und außerdem in einem Zeitraum mehrerer Jahre vollzog? Da die endgültige und dauerhafte Gesamtheilung von Marie-Louise Bigot am 10. Oktober 1954 erfolgte, wird ihre Wunderheilung erst nach der Heilung von Ginette Nouvel, die am 21. September 1954 stattfand, eingereiht.

Für Marie-Louise Bigot,[273] geboren am 7. Dezember 1922 in der westfranzösischen Stadt La Boussac (Erzbistum Rennes in der Bretagne), war durch Vererbung ein Weg in die Krankheit mitgegeben. Wenn andere Kinder herumtollten und ihre Schreie beim Spielen durch die Straßen schallten, konnte die kleine Marie-Louise, blaß und gequält von Schmerzen, nur zuschauen.

Vor jedem Windhauch wurde sie mit dicken Kleidern und Wollmütze durch ihre fürsorgliche Mutter geschützt. Auch in der Schule konnte sie nur mittlere Leistungen erzielen, weil eine rätselhafte Krankheit sie körperlich belastete und vor allem ihre Lernbereitschaft, ihre Konzentration und ihr Gedächtnis blockierte.

Seit ihrem zehnten Lebensjahr war sie fast ständig krank. Blutvergiftungen kündigten sich in vielfältigen Erkrankungen an – in eitrigen Hautausschlägen (Pyodermie) und in schmerzlichen Nagelgeschwüren (Panaritien). Diese Vergiftungserscheinungen wurden von französischen Fachärzten in Saint Malo, in Saint Servan, in Rennes und in Pontchaillou behandelt. In der schwierigen Zeit der deutschen Besatzung war eine erfolgreiche Behandlung mit Antibiotika zwischen 1941 und 1943 noch unbekannt. Erst nach dem Ende des Zweiten Weltkriegs waren Behandlungen mit Penizillin, Streptomyzin und Aureomyzin möglich.

Nach dem Zweiten Weltkrieg wurde das Leiden von Marie-Louise Bigot eine Tortur. Die Ärzte sahen sich zu einer operativen Öffnung des Schädels gezwungen, vorgenommen von Professor Ferey im Krankenhaus von Pontchaillou im April 1951.[274] Was man vermutet hatte, erwies sich als schreckliche Wirklichkeit. Eine Infektion hatte zu Verwachsungen der Arachnoidea, der mittleren der drei Hirnhäute, geführt und dadurch die Nervenfasern umschnürt, gestört und schließlich deren Lebenstätigkeit zerstört: Entzündung der Arachnoidea der hinteren Hirngrube. Trotz der Entfernung der Verwachsungen in der Arachnoidea ließ sich der Zerstörungsprozeß selbst nicht aufhalten.

Der Krankheitsbefund von Marie-Louise Bigot lautete: Rechtsseitige Lähmung (Hemiplegie), totale Taubheit und Blindheit (seit August 1952). Weil der Zustand von Marie-Louise Bigot hoffnungslos war, sind von den Ärzten keine weiteren Behandlungen angeordnet worden.

Im Oktober 1952 konnte die Todkranke an der Rosenkranzwallfahrt ihrer Heimatdiözese Rennes teilnehmen und kam zum ersten Mal nach Lourdes. In dem Gutachten, das ihr von Dr. Menguy für die Pilgerfahrt am 3. Oktober 1952 ausgestellt und für das Ärztebüro in Lourdes mitgegeben wurde, ist zu lesen:

>Vollständige Blindheit und Taubheit seit Mitte Juli 1952. Rechtsseitige Hemiparese (motorische Schwäche einer Körperhälfte). In ihrem Zustand ist keine Änderung eingetreten.«[275]

Aber alle Gebete in der Grotte von Massabielle, alle Waschungen in der Piszine von Lourdes blieben 1952 bei Marie-Louise Bigot ergebnislos. Trotzdem nahm sie im nächsten Jahr, im Oktober 1953, wiederum an der Rosenkranzwallfahrt nach Lourdes teil. Was damals in einer ersten Ankündigung göttlichen Heilswirkens geschah, hat der damalige Präsident und Leiter des Ärztebüros von Lourdes, Dr. Leuret, nach einer Untersuchung festgehalten: Schlagartig ist die rechtsseitige Lähmung verschwunden; Blindheit und Taubheit bleiben jedoch unverändert.[276]

Ein drittes Mal suchte Marie-Louise Bigot im Oktober 1954 wiederum mit der Rosenkranzwallfahrt ihrer Heimatdiözese Rennes Lourdes auf. Als der begleitende Pilgerarzt Dr. Debroise[277] die Meldung der Teilheilung, der halbseitigen Lähmung von Marie-Louise Bigot (im Oktober 1953) dem damals neuen Präsidenten und Leiter des Ärztebüros von Lourdes, Dr. Pellissier, vorlegte, erhielt er die barsche Antwort: »Das reimt sich nicht: Die Heilung einer Lähmung bei jemand, der blind und taub ist. Wenn die heilige Jungfrau ein Wunder wirken wollte, hätte sie sie ganz heilen müssen.«[278] Was aber wenige Tage später, am 8. Oktober 1954, gegen Ende der nachmittäglichen Sakramentsprozession geschah, ist in einem Bericht der schlagartig von ihrer Taubheit Geheilten selbst festgehalten worden:

»Ich befand mich während der Sakramentsprozession auf meiner Krankentrage. Mit einem Male habe ich ein furchtbares Geräusch gehört. Ich hatte Angst. Ich wußte nicht, was mir geschah ... Ich vermochte den Kopf zu wenden. Lediglich eine Art Kontraktion im oberen Teil des Kopfes blieb wie in einem Schraubstock. Ich konnte meinen Nachbarn hören, einen Kranken von Saint Malo, der mir sagte: Marie, hören Sie? Ich antwortete: Pst! Ich hörte und verstand, wie sich die Leute ringsum Gedanken machten und sprachen: Woher ist sie? In welchem Saal liegt sie? Wer ist sie? Die Krankenpflegerin kam zu mir, gab mir die Hand und bat mich, nicht zu sprechen.«[279]

Am nächsten Tag, 9. Oktober 1954, war die immer noch blinde Marie-Louise Bigot von heftigen Schmerzen in den Augen und im Kopf geplagt. Sie bat, weil diese Schmerzen unerträglich waren, ein letztes Mal vor der Abfahrt des Pilgerzuges in das Badebecken einge-taucht zu werden und sich die Augen zu waschen. Ihren damaligen Zustand hat sie ihrer Krankenpflegerin mitgeteilt: »Ich komme sicher nicht mehr lebendig nach Saint Malo zurück.«[280]

Bei der noch am gleichen Tag erfolgten Rückfahrt konnte Marie-Louise Bigot wegen der rasenden, sich verstärkenden Kopfschmerzen an Schlaf nicht denken. Am nächsten Tag, 10. Oktober 1954, machte der begleitende Pilgerarzt, Dr. Debroise, um 10 Uhr im Abteil von Marie-Louise Bigot Visite und konstatierte völlige Schmerzfreiheit und vollständige Rückkehr der Sehkraft.[281]

Der Heilungsprozeß hat sich in drei Etappen vollzogen: Beseitigung der rechtsseitigen Lähmung im Oktober 1953 – vollständige Rückkehr der Hörfähigkeit am 9. Oktober 1954 während der Sakramentsprozession in Lourdes – vollständige Rückkehr der Sehkraft am 10. Oktober 1954 während der Heimfahrt des Pilgerzuges von Lourdes nach Rennes und gleichzeitige, dauerhafte Schmerzfreiheit.

Wie bei allen in Lourdes Geheilten mußte auch der Aktenvorgang »Fall Marie-Louise Bigot« das kritische Verfahren der Untersuchungen und Protokollierung im Ärztebüro in Lourdes (Oktober 1955) und auch im Internationalen Ärzte-Komitee durchlaufen. Am 18. März 1956 hat Professor Thiébaut der letzten, ärztlichen Entscheidungsinstanz, dem

Internationalen Ärzte-Komitee, seinen umfassenden Bericht vorgelegt, den er mit den Worten abgeschlossen hat:

> »Am organischen Ursprung der Störungen von Fräulein Bigot dürfte kein Zweifel bestehen. Professor Ferey hat im Verlauf der Operation das wirkliche Vorhandensein einer verwachsenen Arachnoiditis der hinteren Grube feststellen können. Ohne Zweifel könnte eine Arachnoiditis für sich allein nicht alle beobachteten Störungen erklären. Aber die Arachnoiditis existierte niemals allein. Sie war nur Begleiterscheinung einer Nervenentzündung, welche die beobachteten Störungen bezeugen. Bei der Kranken ist keine hysterische Manifestation beobachtet worden, und die Tatsache, daß sie Braillesche Blindenschrift für die Kommunikation mit ihrer Umgebung verwandte, spricht zugunsten der Organbedingtheit. Die plötzliche Heilung der Taubheit, dann der Blindheit, die mehr als zwei Jahre zurücklagen, scheint nicht natürlich erklärt werden zu können.«[282]

Diesen Ausführungen fügte Dr. Debroise, der begleitende Pilgerarzt von Marie-Louise Bigot, hinzu:

> »Wir hatten eine ins einzelne gehende Beobachtung der Krankheit mit Blutanalyse, Lumbalpunktion, Untersuchung des Augenhintergrundes, die in den Archiven des Krankenhauses begraben lag. Das Ganze ist gezeichnet von Beobachtern, die keiner religiösen Parteilichkeit bezichtigt werden können, da damals ja niemand damit rechnete, die Kranke könnte eines Tages wunderbar geheilt werden. Der Ursprung der Taubheit und Blindheit wurde unter Beweis gestellt durch eine Operation, deren Ergebnisse am gleichen Tage von den Operateuren aufgezeichnet wurden. Das ist von außerordentlicher Wichtigkeit. Plötzlich eine Blindheit verschwinden sehen, deren Ursache man nicht kennt, ist gewiß eindrucksvoll; aber das braucht noch nicht notwendig ein Wunder zu sein. Ein Zu-Ende-Denken kann immer die Möglichkeit einer natürlichen Erklärung sowohl der Krankheit wie der Heilung aufweisen. Nehmen wir das Beispiel einer Blindheit, die im Zuge eines zerebralen Ödems auftritt; sie kann ebenso schnell, wie sie

gekommen ist, wieder verschwinden. Im Falle von Marie Bigot kannten wir nach dem Eingriff in den Schädel die Ursache dieser Blindheit und dieser Taubheit. Wir wußten gleicherweise, daß die bei der Kranken vorhandenen Symptome die notwendige Folge von Hirnschädigungen waren und durch keine Einbildung zum Verschwinden gebracht werden konnten. Das Studium ähnlicher Fälle erlaubt die Behauptung, daß eine Heilung niemals eintritt, wenn die Schädigungen einige Monate angedauert haben und wenn die Augenstörungen, insbesondere die Verengung des Gesichtsfeldes, ein gewisses Ausmaß erreicht haben, das bei Marie Bigot längst überschritten war. Schließlich waren eine unmittelbare und sofort vollständige Rückkehr des Gesichtes und Gehöres etwas Undenkbares. Bei der Schwere und dem Alter der Schäden wäre bereits eine progressive und unvollständige Heilung etwas Außerordentliches gewesen.«[283]

Nach Abschluß der kirchlichen Untersuchungen durch die kanonische Kommission der zuständigen Erzdiözese Rennes am 5. Juni 1956 verkündete der Erzbischof von Rennes, Clemens-Emile Kardinal Roques in einer feierlichen Erklärung vom 15. August 1956 den Wundercharakter der Heilung von Marie-Louise Bigot:

»Wir Clemens-Emile Kardinal Roques vom Titel der heiligen Balbina, durch Gottes Gnade und des Apostolischen Stuhles Autorität Erzbischof von Rennes, Dol und Saint-Malo:
Nach Einsicht in den Bericht der Kanonischen Untersuchungskommission, die wir zum Studium der Heilung von Fräulein Marie-Louise Bigot, Hausangestellte bei Frau Costard in La Richardais, Diözese Rennes, eingesetzt hatten, – in dem Bericht sind glaubwürdige Zeugnisse und glaubwürdige Schlußfolgerungen mehrerer Ärzte und Fachleute enthalten –;
In Anbetracht, daß diese Zeugnisse, deren Wert und Sachkenntnis außer Diskussion stehen, keine Zweifel an der extremen Schwere der Krankheit und ihrem augenblicklichen, vollkommenen und endgültigen Verschwinden lassen, ohne daß irgendein materielles Heilmittel angewandt worden wäre, und die überreich dartun, daß die fragliche Heilung mit allen Kennzeichen übernatürlichen Geschehens versehen ist;

Erkennen wir an, daß Fräulein Marie-Louise Bigot, an totaler rechtsseitiger Hemiplegie (Halbseitenlähmung), Taubheit und Blindheit leidend, einmal bei der Rosenkranzpilgerfahrt in Lourdes im Oktober 1953 plötzlich und radikal von den Störungen der Hemiplegie geheilt wurde und dann von ihrer totalen Blindheit und Taubheit während der Rosenkranzpilgerfahrt, die im Oktober 1954 stattfand;

Wir erklären hiermit, daß diese Heilung wunderbar ist und einem besonderen Eingriff Gottes auf Fürsprache U. L. Frau von Lourdes zugeschrieben werden muß.

Gegeben zu Rennes, am 15. August 1956, dem Feste Mariä Himmelfahrt

Clemens-Emile Kardinal Roques,
Erzbischof von Rennes, Dol und Saint-Malo.«[284]

61. Heilung einer Knochen- und Gelenktuberkulose
Elisa Aloi (geheilt am 5. Juni 1958)

Die Sizilianerin Elisa Aloi[285] wurde am 26. November 1931 in Patti geboren. Ihr Vater, gestorben an Tbc, und ihre Mutter, gestorben an einem schweren Herzleiden, begleitet von Tbc, könnten die potentiellen Überträger der Tuberkulose gewesen sein, die den Lebensweg ihres Kindes Elisa schwerstens belasteten.

Um das zwanzigste Lebensjahr brach, wie die Krankenakte bestätigt, die Tuberkulose bei Elisa Aloi an immer neuen Stellen aus: am rechten Knie in der Gelenkhöhle (1948) – am 12. Rückenwirbel und am rechten Ellenbogen (1950) – am rechten Schenkel (1951) – Anaemie, zahlreiche, eiternde Fisteln, Veränderung des rechten sakro-iliakalen Gelenkes (1953) – Operation am rechten Oberschenkel mit Verlängerung der Achillessehne (1954).

Am 3. Mai 1958 wurde Elisa Aloi in das Krankenhaus San Angelo in Messina aufgenommen. Das Gutachten, ausgestellt von Professor di Cesare am 11. Juni 1959, bestätigt überdeutlich den katastrophalen Gesundheitszustand von Elisa Aloi in dieser Zeit:

»Elisa Aloi wurde in der chirurgischen Abteilung dieses Krankenhauses vom 3. Mai 1958 bis 10. Oktober 1958 wegen multipler Fisteln am Oberschenkel und am Becken rechts wie am Oberschenkel links und in der rechten Ellenbeuge behandelt. Diese Fisteln, Folge von spezifischer tuberkulöser Osteomyelitis, traten seit 1948 auf, ohne sich je zu bessern, weder durch konservative Behandlung noch durch Operationen, die in verschiedenen Krankenhäusern, wo sie gerade aufgenommen war, vorgenommen wurden.

Es bestand außerdem eine tuberkulöse Osteochondritis links an der zweiten Rippe an der Insertion am Sternum (Brustbein). Vorher war die Kranke wegen Platt- und Knickfuß beiderseits operiert worden und mit einem orthopädischen Korsett wegen Tuberkulose des 12. Rückenwirbels behandelt worden.

Die Glieder waren völlig gelähmt. Beuge- und Streckbewegungen der Füße, Knie, Hüften waren unmöglich. Der Allgemeinzustand war sehr schlecht. Während ihres Krankenhausaufenthaltes vermochten alle Verordnungen nichts auszurichten.«[286]

Über den Allgemeinbefund von Elisa Aloi während der Wallfahrt nach Lourdes vom 4. bis 13. Juni 1959 schreibt der begleitende Pilgerarzt Dr. Zappie in einer Erklärung vom 4. Juni 1960:

»Die Kranke trägt ein Gipskorsett beiderseits von den Rippen bis zu den Füßen. Mehrere Fisteln in der iliakalen Gegend und am Oberschenkel rechts. In zwei sind Drainageröhren eingelegt ... Während der Lourdes-Fahrt und an den ersten beiden Tagen des Aufenthaltes im Asyl öffneten sich die Abszesse an der Oberfläche und sonderten eine eitrige grünliche und stinkende Flüssigkeit ab. Auf Bitten der Kranken wurden diese Abszesse mit Lourdeswasser behandelt und dieses selbst unter die Haut injiziert. Am dritten Tag gab es in den Fisteln keine eitrige Flüssigkeit mehr. Man nahm die Abzugsröhrchen heraus. Verband einmal am Tage ... Am dritten Tage hatte sich die Kranke in Lourdes besser gefühlt und da sie die Zehen bewegen konnte, wollte sie aus dem Gips heraus, aber ich verweigerte es ihr. Dieses überließ ich lieber dem Krankenhausarzt, wo sie behandelt worden war.«[287]

Elisa Aloi wurde nach ihrer Rückkehr in das Krankenhaus San Angelo in Messina gebracht, um sich vom gleichen Arzt, Professor di Cesare, untersuchen zu lassen, der sie vor ihrer Pilgerfahrt nach Lourdes schon behandelt hatte. Das Ergebnis seiner Untersuchung lautet:

>»Frl. Elisa Aloi ist aus Lourdes vollständig geheilt zurückgekehrt und fühlt sich so gut, daß man kaum glauben kann, es handle sich um dieselbe Person, die hier in verzweifeltem Zustand abgefahren war. Ich bestätige, daß Elisa Aloi vollständig geheilt ist.«[288]

Im Ärztebüro in Lourdes wurde die am 5. Juni 1959 geheilte Elisa Aloi noch am gleichen Tag und ein Jahr später, am 4. Juni 1960, untersucht. Das Endergebnis lautete:

>»Es handelt sich um eine echte und vollständige Heilung der Osteoarthritis (Knochen-Gelenktuberkulose); man sollte die Heilung dem Internationalen Ärzte-Komitee (als letzter Entscheidungsinstanz) vorlegen.«[289]

Vor dem Internationalen Ärzte-Komitee wurde am 23. April 1961 der »Fall Elisa Aloi« an Hand der Unterlagen und der Entscheidung des Ärztebüros von Lourdes bearbeitet und diese Heilung in medizinischer Hinsicht unerklärbar konstatiert.[290]

Auf Grund des Urteils, das die kanonische Kommission des zuständigen Erzbistums Messina am 25. Mai 1965 vorlegte, erklärte Erzbischof und Archimandrit Francesco von Messina bereits am nächsten Tag, 25. Mai 1965, die am 5. Juni 1958 in Lourdes erfolgte Heilung von Elisa Aloi von vielfacher Knochentuberkulose mit mehreren Fisteln des rechten Unterschenkels ist Gnadengeschenk Gottes und als Wunder anzuerkennen.[291]

Nach ihrer Heilung hat Elisa Aloi geheiratet und ist als Frau Varacalli Mutter von zwei gesunden Kindern geworden.[292]

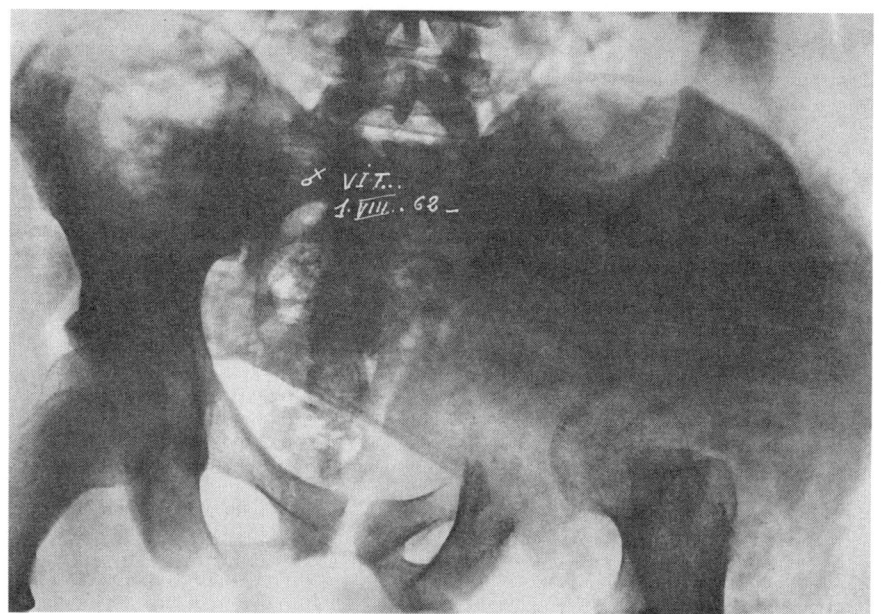

Das Becken von Vittorio Micheli (unter Gips). Röntgenaufnahme vom 1. August 1962, vor der Wallfahrt nach Lourdes.

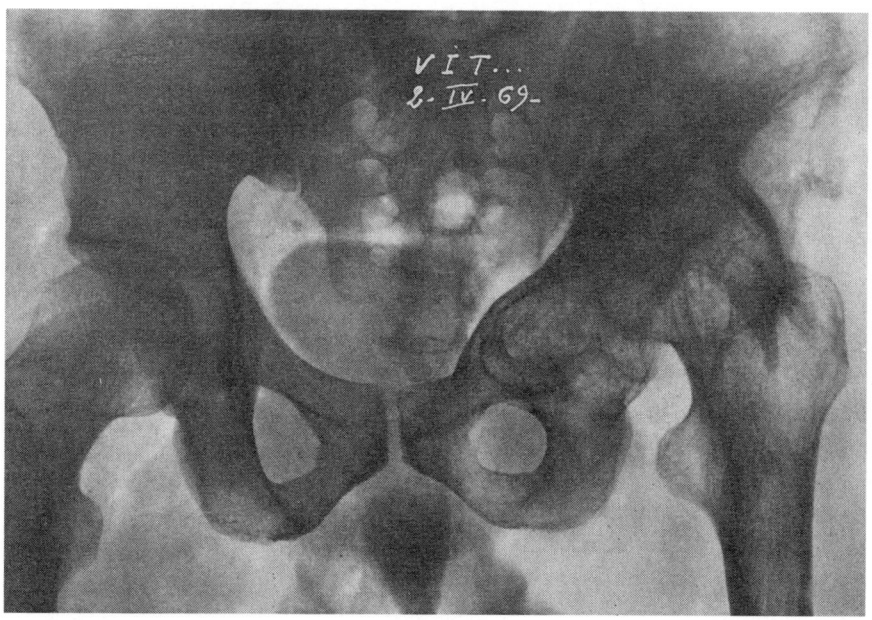

Röntgenaufnahme des Beckens von Vittorio Micheli vom 2. April 1969, nach der Heilung in Lourdes.

62. »Alle eiternden Fisteln sind vollständig geschlossen ...«
Juliette Tamburini (geheilt am 17. Juli 1959)

Wer als Gesunder die Heilungsberichte von Lourdes liest und auf sich wirken läßt, wird nachdenklich über seine eigene von Gott geschenkte Gesundheit, aber auch über die Krankheitsanlagen oder Behinderung, die andere als Lebenskreuz schon mit ihrer Geburt tragen. Warum hier Gesundheit, warum dort Krankheit? Ist es nicht erstaunlich, daß von Geburt an Kranke, unheilbar Kranke und körperlich Behinderte, an ihrem Schöpfer – und Erlösergott nicht verzweifeln! Nicht selten besitzen sie aus ihrem christlichen Glauben eine große, beispielhafte Kraft des Kreuztragens. Trotz vergeblicher Fahrten nach Lourdes und Nichterhörung ihrer Gebete zerbrechen sie nicht an Gott.[293]

In der südfranzösischen Hafenstadt Marseille wurde Juliette Tamburini[294] am 4. Dezember 1936 geboren. Ihre Lebensgeschichte ist bis zu ihrer Heilung in Lourdes am 17. Juli 1959 eine Leidensgeschichte mit einer Vielzahl von Kreuzwegstationen in Gestalt von elf chirurgischen Eingriffen (darunter vier Trepanationen und Knochenausschabungen) in zwölf Jahren in der Zeit von 1939 bis 1951.

Bereits im Alter von drei Jahren (1939) erkrankte Juliette an einem Lungenbefall mit Brustfellentzüdung (Fixations-Abszeß am linken Oberschenkel). 1948 wurde sie wegen einer Hilus-Geschwulst behandelt, die den Anfang einer Osteomyelitis (Infizierung von Knochen im linken Oberschenkel) anmeldete. Immer wieder gab es nach Operationen Fistelbildungen. Die Untersuchungen des Eiters ergaben das Vorhandensein von Staphylokokken, die Ursache der akuten Osteomyelitis waren. Wiederholt trat seit 1951 starkes Nasenbluten auf, das nur mit größter Mühe gestillt werden konnte.

Im Juli 1959 nahm Juliette Tamburini an der Wallfahrt der Diözese Marseille nach Lourdes teil. Nur liegend und ständig betreut vom Pilgerarzt Dr. Bouyala war dies möglich. Ein Bad in den Piszinen von Lourdes war wegen der Kälte des Wassers zunächst nicht möglich. Nur der Verband über der eiternden Fistel konnte mit Lourdeswasser benetzt werden. Täglich war Juliette Tamburini im Gebet versunken in

der Grotte von Massabielle anzutreffen. Täglich nahm sie im Krankenwagen liegend an der nachmittäglichen Sakramentsprozession teil.

Am Mittwoch, 15. Juli 1959 machte die Krankenpflegerin Isabella
Fabre[295] aus Lamaurelle der 23jährigen Juliette Tamburini den Vor-
schlag, mit Hilfe einer Spritze etwa 10 ccm Grottenwasser in die Fistel-
gegend einzuspritzen; nach Zustimmung der Schwerkranken wurde
dies auch getan. Am nächsten Tag, Donnerstag 16. Juli 1959, zeigten
sich nur noch kleine Eiterspuren im Verband. Mit einem bergeversetzenden Glauben ließ sie sich in den Abendstunden dieses Tages doch
in das Lourdeswasser der Piszine eintauchen. Am nächsten Morgen
des Freitags, 17. Juli 1959, ließ sie sich, noch immer auf einer Tragbahre liegend, ein zweites Mal in das kalte Wasser der Piszine eintauchen. Am Abend des gleichen Tages wird beim Erneuern des Verban-
des festgestellt: Die Wunde und alle eiternden Fisteln sind vollständig
geschlossen.[296] Gott hat Heilung geschenkt! Gott hat, auch durch die
Fürsprache Marias, die Gebete erhört!

Mit dem »Fall Juliette Tamburini« befaßte sich das Ärztebüro von
Lourdes in drei Sitzungen: am 11. Juli 1960, am 11. Juli 1961, am 11.
Juli 1963. Am 21. Mai 1961 hatte bereits Dr. Luccioni, Chirurg in
Marseille, der im Dezember 1958 bei der Patientin Juliette Tamburini
eine »Knochenauskratzung und eine Knochentrepanation mit dem
Bohrer«[297] vorgenommen hatte, dem Ärztebüro in Lourdes ein Gut-
achten zugestellt und darin die Heilung von Juliette Tamburini vollauf
bestätigt.[298]

In dem Endergebnis der Untersuchungen des Ärztebüro von
Lourdes wurde festgehalten: Es gab keinen Rückfall. Die Struktur des
Oberschenkelknochens war wieder normal. Auch die Dicke der äußeren Knochenschicht (Corticalis) ist fast normal. Die Heilung ist medizinisch nicht erklärbar.

Der außerordentliche Heilungsfall von Juliette Tamburini wurde
dem Internationalen Ärzte-Komitee in der Sitzung am 2. Mai 1964 in
Paris vorgelegt. Berichterstatter war Dr. M. M. Salmon, Professor für
orthopädische Chirurgie in Marseille, der früher eine Operation bei
Juliette Tamburini vorgenommen hatte. Seine damalige Aussage über
die plötzliche Heilung einer Fistel des linken Oberschenkels als Folge
einer chronischen Osteitis des Oberschenkels, die seit 11 Jahren immer
größer wurde und allen Heilungsversuchen getrotzt hatte, lautete:

»... Diese augenblickliche Heilung ohne längere Ausheilungszeit gehört in die Reihe von außerordentlichen Heilungen, die medizinisch nicht erklärbar sind.«[299]

Nach Durchführung des kirchlichen Prozesses durch die kanonische Kommission des zuständigen Erzbistums Marseille verkündete Erzbischof Lallier am 11. Mai 1965, sieben Jahre nach dem Heilungsdatum, in einer feierlichen Erklärung über die am 17. Juli 1959 in Lourdes erfolgte Heilung von Juliette Tamburini:

»... sie ist wunderbar, geschehen durch eine besondere Fürsprache der Seligsten und Unbefleckten Jungfrau und Gottesmutter Maria.«[300]

63. Ein Sarkom, das ohne Behandlung heilte
Vittorio Micheli (geheilt am 1. Juni 1963)

Neben Oberst Paul Pellegrin (Nr. 50 in der Chronologie der als Wunder bestätigten Lourdes-Heilungen) ist der italienische Rekrut und Alpenjäger Vittorio Micheli[301] der zweite Geheilte im Militärdienst, dem die Gnade der Heilung am 1. Juni 1963 geschenkt wurde.

Vittorio Micheli wurde am 6. Februar 1940 im italienischen Scurelle (Trient) geboren. Während der Ableistung seines Militärdienstes wurde der damals 22jährige plötzlich von einer rätselhaften Krankheit befallen. Am 16. April 1962 wurde er deshalb zunächst in das Militärhospital in Verona eingeliefert. Röntgenaufnahmen bereits am 22. Mai 1962 bestätigten den ernsten Verdacht der Ärzte: Zerrüttung der Knochenstruktur mit Osteolyse (einer Art Knochenverflüssigung), welche die untere Hälfte des linken Iliumflügels und das Dach der Gelenkpfanne betraf. Gefährlich schnell entwickelte sich das Osteosarkom der linken Beckenhälfte, wie die Röntgenaufnahmen vom 18. Juli 1962 ergaben:

»Die linke Beckenhälfte ist fast völlig zerstört, es besteht nur noch ein Teil des Flügels Ilion-Pubis und das obere Drittel des Ilion-Flügels; Osteoporose des Femurs und des Knies.«

Im histologischen Protokoll von Professor Natucci (Verona) steht zu lesen:

»Die Untersuchung ergab: Die Knochenfragmente haben nekrotisches Aussehen.«[302]

Durch einen Gipsverband vom Becken bis zum linken Fuß versuchte man den Kranken ruhig zu stellen. Die weiteren zehn Monate im Militärhospital in Trient verbrachte Vittorio Micheli ohne chirurgische und medizinische Behandlung; auch eine Strahlenbehandlung wurde nicht durchgeführt. In einem Gutachten, ausgestellt am 24. Mai 1963 für die Pilgerfahrt nach Lourdes vom 24. Mai bis zum 6. Juni 1963, wird konstatiert:

»... kein Skelett-Element mehr (in der unteren Beckenhälfte), lediglich eine formlose Masse von pastöser Konsistenz. Der Kranke ist unfähig, die geringste Bewegung mit dem linken Bein auszuführen.«[303]

Was auf der Hin- und Rückfahrt und vor allem am Wallfahrtsort Lourdes geschah, wurde in einem Bericht zusammengefaßt, in dem sowohl die Aussagen von Vittorio Micheli wie die seiner Begleiter aufgenommen sind. Obwohl in diesem Bericht das genaue Heilungsdatum (1. Juni 1963) nicht enthalten ist, so ist dieses Datum der Heilung auf Grund der Befragungen, Untersuchungen und Antworten des Geheilten sicher verbürgt.

»Auf einer Trage wird Micheli zu einer Militärpilgerfahrt nach Lourdes mitgenommen. Mit seinem Gipsverband badet er mehrere Male im Quellwasser der Grotte. Nach einem Bade verspürte er Hunger und sich geheilt. Die schmerzstillenden Mittel werden abgestellt. Dr. Frizzera bestätigt den plötzlichen Stillstand in der Entwicklung des Tumors.
Dennoch wurde Micheli (nach seiner Rückkehr von Lourdes) zunächst in das Hospital von Trient zurückgebracht und einige Monate beobachtet. Röntgenaufnahmen aus dieser Zeit zeigen, daß der Wiederaufbau der zerstörten Knochenteile in vollem

Gange ist. Der Allgemeinzustand bessert sich von Tag zu Tag. Der Genesende kann wieder gehen, obwohl als Vorsichtsmaßnahme das linke Bein noch in einer Gipshülle verbleibt.

Die folgenden Untersuchungen im Februar 1964 zeigen eine Asymmetrie des Beckens mit sichtbarer Verkürzung des linken Beines; der Oberschenkelkopf ist nach oben verschoben, wo sich eine neue Gelenkpfanne gebildet hat. Der Geheilte kann wieder ungehindert gehen.«[304]

Für die ärztlichen Entscheidungsgremien war hilfreich, ja ausschlaggebend das Zeugnis, das der zuständige Militärarzt, Dr. Cindolo, über den Gesundheitszustand des Rekruten Vittorio Micheli vor und nach der Pilgerfahrt nach Lourdes schriftlich angefertigt hat:

»Ich, Unterzeichneter Oberstleutnant Cindolo, Vittorio Michelis ehemaliger Chefarzt und Majoradjutant an der Medizinischen Abteilung des Militärkrankenhauses von Trient in der Zeit vom Februar 1953 bis September 1965, derzeit im Dienst bei der Medizinischen Kommission für Kriegsrenten in Trient, erkläre nach bestem Wissen und Gewissen

1. Ich habe den von einem Sarkom des linken Beckenknochens befallenen Alpenjäger Vittorio Micheli in meine Abteilung aufgenommen und in der Zeit von 1962 bis 1964 betreut; während seines Aufenthaltes im Krankenhaus erhielt er keinerlei antimitotische Behandlung.

2. Der Alpenjäger Micheli hat nach seine Rückkehr von seiner Pilgerfahrt nach Lourdes im Mai 1963 sofort den Gebrauch von Schlafmitteln eingestellt, da alle Anzeichen des Appetits und Besserung des Allgemeinbefindens feststanden.

3. Im Juni des gleichen Jahres ließ Vittorio Micheli die Krücken, dann seinen Stock weg und begann mit seinem Gipsapparat zu gehen, bis zu seiner Entlassung bei der Abnahme des Gipsverbandes, kurze Zeit danach.«[305]

Heute noch liegen zwei Röntgenaufnahmen vor, die eine aufgenommen am 1.8.62 (vor der Wallfahrt nach Lourdes) und die zweite vom 2.4.69 (nach der Wallfahrt), die die bemerkenswerten Unterschiede dokumentarisch festhalten.[306]

Das Ärztebüro von Lourdes konnte neben Gesprächen und Untersuchungen des Geheilten auf hervorragende und aussagestarke Dokumente, Gutachten und Röntgenaufnahmen bei seinen Entscheidungen zurückgreifen. Neben den mehrjährigen Kontrolluntersuchungen des geheilten Vittorio Micheli wurden jedoch nachgefordert systematische Röntgenaufnahmen vom Krankheitsherd mit Fahndung nach möglichen Metastasen, Bestätigung des Gewebebefundes durch Professor Payan (Ordentlicher Professor für pathologische Anatomie in Marseille). Erst nach diesen Formalitäten, die heute gegenüber Skeptikern ein realistisches Beweismaterial sind, hat das Ärztebüro von Lourdes die Krebsheilung von Vittorio Micheli als »medizinisch nicht erklärbar« protokolliert und zur Letztentscheidung an das Internationale Ärzte-Komitee weitergeleitet.

Zur Verwunderung vieler wurde dort die Entscheidung vertagt und ein weiteres Gutachten von Professor Fabre, einem Fachmann für anatomische Pathologie, eingefordert. Erst am 3. Mai 1971 kam es zur Endentscheidung des Internationalen Ärzte-Komitees nach einem ebenso brisanten wie sorgfältigen Referat, das Professor Salmon gehalten hatte und dabei die Argumente Pro und Contra vorlegte. Geradezu plakativ faßte er am Ende das Ergebnis zusammen:

>»Vittorio Micheli war von einem bösartigen Tumor des Beckens befallen, der das Gefäß überwucherte und den größten Teil des Darmbeins zerstörte. Dieser Tumor war ein Sarkom, das plötzlich, ohne jede Behandlung heilte. Man sucht vergeblich nach einer medizinischen Erklärung für diese Heilung; man findet keine.«[307]

Einstimmig wurde der Bericht von Professor Salmon am gleichen Tag (3. Mai 1971) angenommen, unterzeichnet und an die zuständige kirchliche Entscheidungsinstanz, das Erzbistum Trient, weitergeleitet.

Nachdem die dafür eigens errichtete kanonische Kommission seit 1973 die Heilung von Vittorio Micheli erst nach reichlicher Verzögerung von fast drei Jahren das Plazet gegeben hatte, verkündete am 26. Mai 1976 Erzbischof Alessandro Gottardi in einer feierlichen Erklärung:

>»Die Heilung (von Vittorio Micheli am 1. Juni 1963 in Lourdes) ist zu verdanken einem besonderen Eingreifen Gottes, des Schöpfers

und Vaters, unter Mitwirkung und Fürsprache der Unbefleckten Jungfrau Maria.«[308]

64. Familienvater gesund
Serge Perrin (geheilt am 1. Mai 1970)

Mitten aus seinem Familien- und Berufsleben wurde Serge Perrin,[309] geboren am 13. Februar 1929 in Le Lion d'Angers, durch eine plötzlich auftretende Krankheit herausgerissen, die sich zunächst in heftigen Kopfschmerzen äußerte. Er war verheiratet, hatte drei Kinder und arbeitete als Buchhalter. Gewiß wußte er auf Grund der Krankheits- und Sterbefälle in seiner Familie, daß er durch erbliche Risikofaktoren (Bluthochdruck, Gefäßerkrankungen und Adipositas) bedroht war. Aber wer rechnet schon damit, daß diese erblichen Risikofaktoren ausgerechnet bei ihm zum Ausbruch kommen?

Seit 1964 bekam Serge Perrin heftige Kopfschmerzen, Geh- und Sprechstörungen. Der Hausarzt stellte als Erster die richtige Diagnose: rechtsseitiger Schlaganfall mit Halbseitenlähmung. Hinzu kamen schwere Augenstörungen durch zerebrale Probleme. Untersuchungen bei Professor Pecker, dem Leiter der Neuro-chirurgischen Klinik in Rennes, bestätigten im Februar und nochmals im April 1969 eine linksseitige Thrombose der Arteria carotis. Es wird festgestellt

»eine Tendenz zur Bilateralisation des Syndroms der cerebralen Kreislaufinsuffizienz.«

Deutliche Veränderungen des Gesichtsfeldes und der Sehschärfe waren die Folge.

In dieser hoffnungslosen Situation gab es für Serge Perrin nur noch eine einzige Hoffnung – eine Wallfahrt nach Lourdes. Nach einer Lourdeswallfahrt im April/Mai 1969 kam er ungeheilt zurück, aber mit erstaunlich großer Zuversicht und neuem Gottvertrauen. Was er aber in den nächsten Wochen und Monaten an sich erlebte und was von den behandelnden Ärzten mit großer Sorge bestätigt wurde, war ein rasch zunehmender Verfall der Kräfte: Verschlechterung des Sensoriums (fast völlige Blindheit), Häufung der cerebralen Anfälle, Wirkungslosigkeit aller ärztlichen Behandlungen und Hilfen.

Für Ende April 1970 plante Serge Perrin eine zweite Wallfahrt nach Lourdes. Sein Gebetsanliegen war nicht in erster Linie seine Heilung, sondern Hilfe für seine mit ihm leidende und an Gottes Güte und Barmherzigkeit fast verzweifelte Familie, seine Frau und seine drei Kinder.

Anreise und Aufenthalt in Lourdes Ende April/Anfang Mai 1970 waren für den halbseitig gelähmten und fast erblindeten Serge Perrin überaus schwierig und beanspruchten alle seine schwindenden Kräfte. Er schleppte und tastete sich mit seinen Stöcken vom Hospital zur Grotte von Massabielle, von dort zu den Piszinen. Er zog sich am Geländer die vielen Stufen hinauf zur Rosenkranzkirche und schleppte sich die Stationen des Kreuzweges in seiner Gesamtlänge von 1530 Meter entlang.

Alle Pilger kannten ihn, bemitleideten ihn, munterten ihn mit guten Worten auf, beteten für ihn, halfen ihm. Aber Gott schien alle Gebete nicht zu hören und alle Mühsal zu übersehen. Am letzten Tag der Pilgerfahrt in Lourdes, am 1. Mai 1970, geschah es. Am Ende der Krankensalbung begann es in seinen Füßen, die bisher wie Blei an seinem Körper hingen, seltsam zu kribbeln und rätselhaft warm zu werden. Plötzlich konnte Serge Perrin ohne Stöcke und mit aufrechtem Körper gehen! Die seit Jahren fast erblindeten Augen begannen erste Konturen, dann Farbunterschiede und schließlich gestochen scharf zu sehen – die Menschen und Gebäude im »Heiligen Bezirk« von Lourdes, die neugotische Kirche mit dem hochragenden, spitzen Turm, die vielen brennenden Kerzen auf Altären, vor Marienstatuen und Heiligenbildern.

Weil der 1. Mai 1970 Heilungstag, aber auch Abfahrtstag war und die Zeit bereits drängte, war es dem Geheilten nicht mehr möglich, im Ärztebüro in Lourdes noch vorstellig zu werden. Es drängte ihn, selig vor Freude, möglichst bald nach Hause zu seiner Familie zu kommen und dort zu berichten, was ihm geschehen war und wie sehr der gute Gott auf die Fürsprache Marias alles zum Guten gewendet hatte!

Die begleitenden Pilgerärzte und später der Hausarzt stellten in schriftlichen Gutachten die Heilung fest. Professor Pecker, der Serge Perrin unmittelbar vor der ersten Lourdeswallfahrt behandelt hatte, wie auch der Augenarzt Dr. Drevillon bestätigten nach sorgfältigen und gezielten Untersuchungen, daß von den früheren Behinderungen nichts mehr zurückgeblieben war: Der Gehirnkreislauf ist normal. Die sensitiv-motorischen Defekte (der Lähmung) sind verschwunden. Das Sehvermögen ist wieder gewonnen. Professor Pecker hielt in seinem Untersuchungsbericht am 30. Mai 1970 fest:

»... ich versichere, daß diese plötzliche Heilung bei einem cerebralen Durchblutungssyndrom ungewöhnlich ist.«

Serge Perrin kehrte im Zeitraum von zwei Jahren viermal nach Lourdes zurück, um Gott zu danken, aber auch um sich im Ärztebüro zu melden und untersuchen zu lassen. Am 4. Mai 1972 konnte dort festgestellt werden:

»Das Syndrom der zunächst linksseitigen und dann beidseitigen Carotisstenose (oder Thrombose) ist geheilt in vollständiger Weise, sofort und von Dauer. Es besteht Grund, diese Heilung als erwiesen und sicher zu betrachten.«

Es war unverkennbar, daß es sich um eine dauerhafte Heilung von rezidivierender Lähmung mit Augenschäden durch cerebrale Kreislaufstörungen handelte. In seinem Schlußbericht vom Oktober 1967 konstatierte das Ärztebüro von Lourdes:

»Herr Serge Perrin bot das Bild einer organischen, rezidivierenden Hemiplegie mit Augenstörungen durch Hirngefäßveränderungen, ohne daß es möglich war, Art und Ausmaß der Gefäßstörungen zu präzisieren. Die Heilung dieses Zustandes ohne wirksame Behandlung kann – wegen des sofortigen Einsetzens und Fehlens jeder Krankheitsfolge über sechs Jahre – aus ärztlicher Sicht als völlig ungewöhnlich angesehen werden.«

Dieser Feststellung stimmte auch das Internationale Ärzte-Komitee einstimmig zu. Nach einem musterhaften Untersuchungsvorgang erklärte die vom zuständigen Bistum Angers eingesetzte kanonische Kommission im Mai 1978 ihr Plazet.

Am 22. Juni 1978 verkündete Bischof Orchampt von Angers, daß die Heilung von Serge Perrin am 1. Mai 1970 in Lourdes

»... menschlich nicht erklärbar ist und die Eigenart eines Wunders vorliegt. Ich lade die Gläubigen ein, in diesem Zeichen einen Akt der barmherzigen Liebe des Herrn zu sehen.«

65. Heilung von einer bösartigen Geschwulst im rechten Schienbein
Delizia Cirolli (geheilt – um Weihnachten – 25. Dezember 1976)

Wie Elisa Aloi (Nr. 61) ist Delizia Cirolli[310] eine Sizilianerin, geboren am 17. November 1964 in Paternò, etwa 20 km nordwestlich von Catania.

Das fröhliche Kind, ihr Taufname Delizia deutet auf Freude hin, war vor allem in der ganzen Pfarrgemeinde wegen seines religiösen Eifers bekannt und beliebt.

Eine schmerzhafte Schwellung des rechten Kniegelenks zu Beginn des Jahres 1976 wurde von den Eltern als bedeutungslose, keineswegs außergewöhnliche Kinderkrankheit registriert und kuriert. Röntgenaufnahmen machten jedoch den Hausarzt in Paternò unruhig. Er überwies seine Patientin Delizia an die Orthopädische Universitätsklinik der Hauptstadt Catania, wo vom 30. April bis zum 17. Mai 1976 wiederholte Röntgenaufnahmen gemacht wurden, um zu einer klaren Diagnose zu kommen. Auch Gewebeentnahmen aus dem oberen Teil des Schienbeins wurden vorgenommen. Die Röntgenbilder wie vor allem die histologischen Untersuchungen ergaben die Bestätigung der befürchteten Diagnose: bösartige Knochengeschwulst, ein Sarkom im oberen Bereich des rechten Schienbeins.

Die Ärzte mußten angesichts der fatalen Prognose den erschütterten Eltern Palliativtherapien anraten und zwar zunächst eine Kobalttherapie. Sie standen vor der Entscheidung, das Bein sofort abzunehmen oder die Ausbreitung der Krebsmetastasen durch Röntgen-Tiefenbestrahlung bzw. medikamentös zu verlangsamen. Wegen der geringen, fast aussichtslosen Heilungsmöglichkeiten wurde dem zwölfjährigen Mädchen ein Eingriff erspart. Weil die Ärzte die Lebensspanne der krebskranken Delizia Cirolli nur noch auf ein halbes Jahr schätzten, nahmen die Eltern das Kind nach Hause, um es in der heimatlichen Geborgenheit pflegen, trösten und um vor allem das Mädchen auf ein gutes Sterben vorbereiten zu können.

Die ganze Ortsgemeinde von Paternò nahm am Schicksal der todgeweihten Delizia und ihrer schwer geprüften Eltern herzlichen Anteil. Durch Sammlungen von Haus zu Haus wurde eine Wallfahrt nach Lourdes vom 5. bis 13. August 1976 ermöglicht. Die zu Haus verbliebenen Mitglieder der katholischen Pfarrgemeinde S. Barbara beteten mit der nach Lourdes reisenden Pilgergruppe, in deren Mitte sich die todkranke Delizia befand, begleitet von ihrer Mutter.

Aber die Heilung von Delizia wurde nicht geschenkt. Gebete und Waschungen im Lourdeswasser der Piszinen zeigten keine Wirkung. Die Familie von Delizia Cirolli und die Pfarrgemeinde von Paternò, die die Pilgerfahrt nach Lourdes mitfinanziert und mit ihren Gebeten begleitet hatten, waren enttäuscht. Inmitten der Enttäuschung war und blieb ausgerechnet das ungeheilte Mädchen Delizia ein still leuchtender Stern der ungebrochenen Hoffnung. Sie gab nicht auf. Sie wußte sich in den guten Händen Gottes.

Gott kann mit Menschen bis an die äußerste Grenz- und Krisensituation der Prüfungen (wie einst bei Abraham und der geplanten Opferung seines einzigen Sohnes Isaak: Gen 22,1–19) gehen, um dann erst das Wunder der Rettung und Heilung zu gewähren. Delizias Mutter nähte bereits das Totenhemd. Aber mit Delizia betete und hoffte die ganze Pfarrgemeinde.

Was nur im Gebet erhofft wurde, trat in den Weihnachtstagen (um den 25. Dezember) 1976 ein. Plötzlich wurden merkwürdige Veränderungen festgestellt: die Schmerzen ließen nach, die Knieschwellung ging zurück. Es mußte etwas im Knocheninneren, in der bösartigen Knochengeschwulst geschehen sein. Das Mädchen Delizia konnte das Bein bewegen. Es konnte ohne fremde Hilfe wieder gehen. Bald auch konnte es wieder am Schulunterricht teilnehmen.

Im nächsten Jahr 1977 stellte sich Delizia Cirolli dem Ärztebüro in Lourdes, dem sämtliche Krankenakten ausgehändigt wurden. Nach dreijährigen, gewissenhaften Untersuchungen und Überprüfungen wurde die beständige und völlige Heilung vom Ärztebüro in Lourdes in dem Beschluß vom 28. Juli 1980 festgehalten:

»Die Heilung der jungen Delizia Cirolli von einer bösartigen Geschwulst des rechten Schienbeins, ohne Behandlung und sechs Jahre nach seiner Entstehung bestätigt, stellt ein ganz außerordentliches Phänomen dar im strengsten Sinne der Auslegung und im Gegensatz zu jeder ärztlichen Beobachtung und Vorhersage. Sie bleibt unerklärlich.«

Das Internationale Ärzte-Komitee, dem dieser Beschluß ausgehändigt wurde, hat in seiner Sitzung am 26. September 1982 den »Fall Delizia Cirolli« ausführlich und vertieft diskutiert und folgende, einstimmig beschlossene Stellungnahme veröffentlicht:

»Diese Heilung einer bösartigen Neubildung des rechten Schienbeins, die ohne Therapie seit sechs Jahren besteht, stellt ein ganz außergewöhnliches Phänomen dar. Es widerspricht im strengsten Sinne jeder ärztlichen Beobachtung und Vorhersage, und bleibt darüberhinaus unerklärlich.«

Nach der Bestätigung durch die kanonische Kommission der zuständigen Erzdiözese Catania bestätigte Erzbischof Luigi Bomnarita am 28. Juni 1989 in einer feierlichen Erklärung den Wundercharakter der Heilung der krebserkrankten Delizia Cirolli und rief die Gläubigen auf, Gott für das Geschenk der Heilung zu danken, die »Frucht der Fürsprache der Jungfrau Maria und Antwort Gottes auf die inständige Gebete der Menschen ist«.

■ Was ist seit dieser letzten, kirchlich bestätigten Wunderheilung in Lourdes geschehen?

Immer wieder werden in Medien Wunderheilungen in Lourdes (aber auch in esoterisch-charismatischen Gemeinden) sensationell gemeldet. So war in Zeitungen zu lesen:

»Rollstuhlfahrer (der 59jährige Joseph Charpentier aus dem lothringischen Dorf Homburg-Haut, nach einem Unfall an den Rollstuhl gefesselt) steht auf und geht. Gnade in Lourdes: Franzose nach 19 Jahren auf Pilgerfahrt geheilt.«[311]

In einer anderen Zeitungsmeldung heißt es:

»Gelähmter (der 58jährige Jean Salaun aus Chartres, der an multipler Sklerose leidet) kann gehen. Neues Wunder von Lourdes wird untersucht.«[312]

Es wurde außerdem berichtet über eine Tagung in Lourdes über Wunderheilungen.[313] Gibt es auch heute noch Wunderheilungen in Lourdes? Sind sie zurückgegangen? Ist heute die Kirche mit der Wunderbestätigung von Heilungen in Lourdes vorsichtiger, genauer, zurückhaltender?

Es liegt allein in Gottes Hand, die Gnade der Heilung zu schenken. Menschen können um die Gnade der Heilung nur beten und sich in einem Leben der Gottverbundenheit für das Geschenk einer Heilung vorbereiten und öffnen.

Alle ärztlichen Gremien, die in Lourdes Heilungen zu untersuchen und zu werten haben, versuchen mit Sachverstand und in beruflicher Verantwortung ihr Urteil abzugeben, das nicht immer mit dem Beschluß »medizinisch unerklärbar« endet. Die geringe Zahl der von den ärztlichen Gremien an die kirchliche Letztinstanz weitergegebenen Heilungen läßt die große Verantwortung überdeutlich erkennen. Die Ärzte wissen sich immer auch weltweit unter der Kontrolle der ärztlichen Kollegen.

Noch größer und kühner ist die Herausforderung, unter der kirchlich-kanonische Gremien, vor allem der letztentscheidende Bischof der für den Heilungsfall zuständigen Diözese stehen. Denn dort wird die Aussage der ärztlichen Bewertungs- und Entscheidungsinstanzen »medizinisch unerklärbar« auf eine ganz neue und andere Ebene gehoben, nämlich in einer feierlichen Erklärung, den Wundercharakter der Heilung zu verkünden. Mit dieser kühnen Herausforderung verbindet der letztentscheidende Bischof die zweifache Demut, einerseits seine feierliche Erklärung der höchsten Autorität des Papstes (und des kirchlichen Lehramtes) zu unterstellen, und andererseits niemand im persönlichen, durchaus kirchenverbundenen Gewissen zu verpflichten, den wunderbaren Charakter einer Heilung in seinen Glauben zu integrieren. In der »herrlichen Freiheit der Kinder Gottes« (Röm 8,21) ist dies der Urteilsbildung und Entscheidung jedes einzelnen Christen überantwortet.

Mario Fisicaro, von einer Lähmung geheilt, die von Ärzten als unheilbar eingestuft worden ist. Seine Heilung ist noch nicht als Wunder anerkannt.

III. Kapitel

Ist Lourdes überall?

Die Frage: »Ist Lourdes überall?« mag seltsam klingen, vielleicht sogar unsinnig erscheinen. Es scheint, daß diese Frage nur mit einem klaren Nein beantwortet werden kann.

Das weltbekannte Städtchen am Fuß der Pyrenäen mit über 400 Hotels und über 16000 Gästezimmern, heute drittgrößte Hotelstadt Frankreichs, ist mit seinem religiösen Flair einmalig und einzigartig. Sicherlich und deutlich unterscheidet sich der marianische Wallfahrtsort Lourdes von Fatima, von La-Salette, von Kevelaer, von Altötting, vom italienischen Loretta, vom irischen Knock.[314]

Nicht nur die Entstehungsdaten unterscheiden die marianischen Wallfahrtsorte. Bild und Botschaft Marias, die in der Grotte von Massabielle im Jahr 1858 erstmals der 14jährigen Bernadette Soubirous erschienen ist und mit ihr gesprochen hat, sind ganz anders als etwa Bild und Botschaft Marias, die zwischen dem 13. März und 13. Oktober 1917 den drei Kindern Lucia Santos und dem Geschwisterpaar Francisco Marto († 1919) und Jacinta Marto († 1920) erschienen ist und ihre Worte mit dem Sonnenwunder am 13. Oktober 1917 bei der Steineiche in der Cova da Iria (im Tal des Friedens) bekrönt und bestätigt hat.

In Lourdes hat sich Maria als »Unbefleckt Empfangene« (Maria Immaculata) vorgestellt. Sie hatte keine politische Botschaft, wie etwa in Fatima, die zum Gebet »für die Bekehrung Rußlands« aufgefordert hat. Das Marienbild vieler anderer Wallfahrtsorte ist häufig die Gottesmutter mit dem Jesuskind wie etwa die »Schwarze Madonna« von Altötting.

Warum also diese Frage: Ist Lourdes überall?

Wer die Tausenden von Heilungen in Lourdes, aus denen in diesem Buch nur die 65 von der Kirche als Wunder bestätigten vorgestellt worden sind, auf sich wirken läßt, wird nachdenklich. Er wird das Thema »Lourdes« in einen größeren Zusammenhang stellen. Eine weitere Frage lautet dann: Ist die Wirklichkeit »Lourdes« nur auf einige Quadratmeter Boden beschränkt und eingeengt?

Wirklichkeit Lourdes?

Die Wunderheilungen in Lourdes selbst sind nicht auf eine einzige magische Stelle im »Heiligen Bezirk« begrenzt. Gewiß sind nach der Statistik die meisten Wunderheilungen in den Piszinen geschehen, andere vor der Grotte von Massabielle. Es wird aber auch von Wunderheilungen berichtet, die sich während der nachmittäglichen Sakramentsprozession ereigneten und weniger einen marianischen als einen christologischen Akzent besitzen. Das Gnadengeschenk der Heilung haben Kranke auf der mächtigen Treppe empfangen, die hinführt zur Rosenkranzkirche mit dem imposanten, neugotischen Kirchturm, der den Gesamtkomplex der drei übereinandergebauten Kirchen und des »Heiligen Bezirks« von Lourdes überragt. Aber auch im Innern der Rosenkranzkirche, selbst noch im Hospiz oder in der Asylunterkunft hat es Wunder gegeben. Es wird außerdem berichtet, daß Wunderheilungen erst bei der Abfahrt des Pilgerzuges von Lourdes und beim letzten Blick auf den »Heiligen Bezirk« sich noch ereignet haben.

Daß die »Wirklichkeit« Lourdes eine rätselhafte, von Menschen nicht einschränkbare Ausstrahlung hat, bezeugen die Wunderheilungen von Pieter de Rudder (Nr. 8) oder von Delizia Cirolli (Nr. 65), die überhaupt nicht in Lourdes stattfanden, sondern an Hunderte von Kilometern entfernten Orten. Auch Wasser, das in Behältern von der Pilgerreise in die Heimat mitgebracht wurde, hat oft weit entfernt von Lourdes Heilung bewirkt.

Es ist offensichtlich und wird durch nicht wenige Wunderheilungen bestätigt: Es *gibt* das heilende Flair *in* Lourdes wie *außerhalb* von Lourdes. Auch wenn man nicht in Lourdes betet, hat das Gebet vor einem Marienbild oder einer Marienstatue von Lourdes wie auch der ehrfürchtige Gebrauch des mitgebrachten Lourdeswassers Anteil an einer geheimnisvollen Ausstrahlung von Lourdes. Sie stehen in geheimnisvoller Beziehung zu Lourdes und zu den Verheißungen, die Maria an Bernadette Soubirous und über die Bewohner von Lourdes hinaus an alle Menschen gerichtet hat.

Lourdes – Wallfahrtsort nur für Europäer?

Ein Überblick über die 65 kirchlich bestätigten Wunderheilungen in Lourdes seit 1858 vermittelt folgende Aussagen über Zahl und Herkunft der Geheilten:

Land	Zahl der Geheilten	Reihenfolge in der Chronologie des Heilungsdatums
Deutschland	1	Nr. 53/1950
Österreich	1	Nr. 55/1950
Schweiz	1	Nr. 57/1952
Belgien	3	Nr. 8/1875; Nr. 9/1878; Nr. 33/1905
Italien	4	Nr. 51/1948; Nr. 54/1950; Nr. 63/1963; Nr. 65/1976
Frankreich	55	Alle übrigen

Aufgeteilt nach geheilten Frauen und Männern ergeben sich folgende Zahlen:

Zeitraum	Gesamtzahl der Geheilten (mit kirchlicher Wunderbestätigung)	Frauen	Männer
1858	7	4	3
1875–1911	33	30	3
seit 1924	25	19	6

Die meisten Geheilten stammen aus Frankreich (55 von 65 Geheilten). Nur wenige Geheilte kommen aus anderen europäischen Ländern. Die meisten europäischen Länder und Völker scheinen ausgegrenzt, etwa die englischsprechenden Völker und die gesamten skandinavischen Länder. Werden dadurch Konfessionsgrenzen sichtbar, die seit dem 16. Jahrhundert Europa durchziehen? Sicherlich spielen dabei auch unterschiedliche Auffassungen über Wallfahrten, über Marien- und Heiligenverehrung, über Sakramente und Sakramentalien eine nicht unwesentliche Rolle. Werden durch das Anwachsen der Sekten und der esoterischen Gemeinschaften, nicht zuletzt durch religiöse Gleichgültigkeit und durch den registrierten Schwund des christlichen Glaubens und Lebens in vielen europäischen Ländern – künftig weniger Wallfahrten organisiert und weniger Menschen nach Lourdes pilgern?

Besonders auffallend ist, daß unter den Herkunftsländern der Geheilten selbst das benachbarte, katholische Spanien nicht vertreten ist. Für die Katholiken von Portugal scheint der Wallfahrtsort Fatima die nationale Pilgerstätte und daher eine Wallfahrt nach Lourdes nicht notwendig zu sein. Erstaunlich ist aber auch, daß Frankreich mit seinen (ehemaligen) Kolonien durch katholische Angehörige anderer Länder, Rassen und Hautfarben nicht stärker vertreten ist.

Ist Lourdes Wallfahrtsort nur für Europäer, nur für ganz wenige europäische Völker, vor allem Wallfahrtsort für Franzosen? Fehlt Lourdes das typisch Katholische, das Weltweite, das alle Völker, Rassen und Sprachen Umspannende und Einigende? Wer je in Lourdes war, erinnert sich, dort nicht wenige Afrikaner, Inder, Amerikaner gesehen zu haben. Auch Menschen des Nahen und Fernen Ostens und deren ehrfürchtige Gebetshaltung werden in Lourdes immer wieder bestaunt. Haben Geheilte anderer Kontinente für Untersuchungen im Ärztebüro von Lourdes keine Zeit, kein Geld?

Das Besondere an Lourdes

Gott hat in Lourdes durch den Hinweis Marias auf das Wasser ein »Zeichen« gesetzt. Der Blick auf dieses »Zeichen« darf nicht verstellt werden. Er muß immer frei gehalten werden. In Lourdes gibt es keine Christusreliquien, wie z. B. eine Kreuzrelique in Rom, das Leichentuch in Turin oder der Heilige Rock in Trier. Auch keine der meist umstrittenen Marienreliquien findet sich in Lourdes. Es ist auch nicht so, daß die Pilgerströme zum Leichnam der heiligen Bernadette im weit entfernten Nevers pilgern.

Gott hat durch die Verheißung Marias in der neunten Erscheinung am 25. Februar 1858: »Gehe zur Quelle, trinke und wasche dich dort!« ein Zeichen gesetzt, ein Schöpfungszeichen; das ungeweihte Naturelement »Wasser«.[315]

Damit aber das Zeichen »Wasser« nicht zum magischen Zeichen, zum sicher glückbringenden Fetisch degeneriert, hat Gott durch Maria in der vorausgegangenen, achten Erscheinung am 24. Februar 1858 auf die Bedeutung und Unerläßlichkeit des Gebetes hingewiesen: »Bete zu Gott für die Sünder! Buße! Buße! Buße! Küsse die Erde in Reue für die Bekehrung der Sünder!«[316] Es genügt nicht, Lourdeswasser in magischer Vorstellung zu nehmen oder in den Piszinen in Lourdeswasser sich eintauchen zu lassen. Lourdeswasser allein erzwingt von Gott nie und nimmer Heil und Heilung – ohne Gebet, ohne das Sich-Ausliefern in die Fügungen Gottes.

Gott hat Lourdes den Menschen geschenkt, nicht um seine Vorsehungspläne zu verändern, sondern um seine Heilspläne zu verwirklichen. Lourdeswasser ist kein exklusives, magisch wirkendes Heils- und Gnadenzeichen. Gewiß kann Gott seine unsichtbare Gnade an sichtbare Zeichen binden. Gott kann aber auch ohne das Zeichen des Wassers in den Piszinen von Lourdes seine Großtaten, seine Heilungen an Leib und Seele wirken.

Mit Lourdes tritt etwas Antignostisches dem heutigen Menschen entgegen. Nicht wenige Fromme und Idealisten heutiger Esoterik, die Gnostiker und Doketen unserer Zeit, denken und leben nach dem Motto: Je hochgeistiger und »spiritueller«, je distanzierter und abgehobener von der »bösen Welt«, umso frömmer und gottnäher! Im Zeichen »Wasser« erfahren die Menschen die Würde der Schöpfung. Sie erleben in überzeugender Greifbarkeit das im Geheimnis der Erlösung weiterwirkende Ja und Amen Gottes zu seiner Schöpfung. Es gibt so etwas wie die »Durchsichtigkeit«, die Transparenz des Lourdeswassers hin zum Schöpfer-Gott, hin zum Erlöser-Gott an Hand der Fürsprache Marias. Man kann gerade in Lourdes Maria nicht gegen Christus, das Eintauchen in das Wasser der Piszinen nicht gegen die Sakramentsprozession, das Naturelement Wasser nicht gegen das Gebet ausspielen.

Lourdes und die Weltreligionen

Seit dem Erscheinungsjahr 1858 hat Gottes Gnade Lourdes zum Ort der Gnade gemacht. Warum ausgerechnet Lourdes?

Auf diese Frage werden wir von Gott keine letzte Antwort erhalten oder durch unsere Reflexionen ergründen. Wir können nur die Tatsache dieser göttlichen Entscheidung und offensichtlichen Bevorzugung von Lourdes feststellen und respektieren. Die Tatsache dieser göttlichen Entscheidung und Bevorzugung entzieht sich dem noch so scharfsinnigen Zugriff der Menschen. Es liegt bei Lourdes eine ähnliche, wenn auch heilsgeschichtlich keineswegs so bedeutungsvolle, Auszeichnung vor wie etwa bei Bethlehem, »der unbedeutendsten unter den führenden Städten von Juda« (Mt 2,6) oder bei dem Städtchen Nazaret, so daß Natanael die Frage nicht unterdrücken konnte: »Aus Nazaret? Kann von dort etwas Gutes kommen?« (Joh 1,46).

Was aber wäre geschehen, wenn nach den Erscheinungen und der Botschaft Marias in der Grotte von Massabielle nur ein dürftiges, mit dem Tod Bernadettes abklingendes und verstummendes Echo erfolgt wäre? Seit 1858 gibt es in Lourdes einen immer neuen Dialog zwischen Gott und den Menschen, zwischen den Menschen und Gott: Eine erstaunliche Antwort der Menschen auf Gottes Verheißung, eine ebenso erstaunliche Antwort und Hilfe Gottes auf die Gebete der Menschen. Dieser göttlich-menschliche Dialog regt förmlich gegenseitig zur Aktion und Reaktion an, die wiederum neue Aktion und neue Reaktion auslöst.

In Lourdes wird erlebte Wirklichkeit, was Reinhold Schneider (1903–1958) über das Gebet in der Geschichte der Völker und im Leben des einzelnen geschrieben hat: »Sollten wir einmal wieder zu einer Geschichtsschreibung aus dem Glauben gelangen ..., so würde sich die Erkenntnis immer weiter verbreiten, daß ein großer Teil der in der Geschichte wirkenden Kräfte, und vielleicht sogar der entscheidende Teil, nur auf unzulängliche Weise erfaßt und eingeschätzt werden kann und somit häufig übersehen wurde. Unter diesen Kräften ist das Gebet die wesentlichste Kraft.«[317]

Beten aber Menschen anderer Völker, anderer Kontinente nicht auch zu Gott – in ihrer Freude, in ihrer Trauer, in ihren Nöten und Anliegen? Öffnen wir uns für die große Wahrheit der Güte und der Menschenfreundlichkeit Gottes: Gott schenkt seine Botschaft und seine Heilungswunder – wann und wo und wie oft und wodurch und wem, wie Er will. Gott grenzt mit seinem weltweiten Gnadenwirken Lourdes nicht aus, wenn er an anderen Orten Menschen hört und erhört. Der allmächtige und barmherzige Gott hat gewiß in den biblischen Religionen seine Großtaten gewirkt. Er hat gewiß auch in außerbiblischen, selbst in vorchristlichen Religionen die Gebete der Menschen erhört, Heil und Heilung geschenkt.

Gottes Wirken dürfen und können Juden und Christen nicht für sich allein beanspruchen. Gertrud von Le Fort (1876–1971) hat von der weltweiten Gegenwart und von der Hilfe und Nähe Gottes auch in den großen Weltreligionen überzeugend und nachdenkenswert geschrieben:

»Ich war heimlich in den Tempeln ihrer Götter,
ich war dunkel in den Sprüchen aller ihrer Weisen.
Ich war auf den Türmen ihrer Sternsucher.
Ich war bei den einsamen Frauen, auf die der Geist fiel.
Ich war die Sehnsucht aller Zeiten.«[318]

Warum haben manche Christen Schwierigkeiten, Gottes Heilwirken auch außerhalb des Christentums in den großen Weltreligionen zu erkennen, vor allem anzuerkennen? Solche Überlegungen haben nichts zu tun mit der heute allzu oft propagierten multikulturellen und multireligiösen Vermischung und Nivellierung.[319] Sie wollen vielmehr den Blick auf den einen und einzigen Schöpfer des Himmels und der Erde, auf den »einen Mittler zwischen Gott und den Menschen« (1 Tim 2,5), auf den menschgewordenen, gekreuzigten und auferstandenen Sohn Gottes, Jesus Christus, öffnen und schärfen, auf den durch alle noch so bizarren Götterbilder und Götzenvorstellungen »hindurch« die Gebete der Menschen zielen und von dem allein Heil und Heilung kommen.[320] Kein Mensch, der in vorchristlicher Zeit lebte oder der im außerchristlichen Raum von der Botschaft und von der Erlösung durch Jesus Christus keine Kenntnis hat, ist aus der heiligenden und heilenden Barmherzigkeit Gottes ausgeschlossen.

Die Verehrung des Heilgottes Asklepios und seine Heilungswunder in Epidauros, in Pergamon und an vielen anderen, hellenischen Kultstätten wird skeptisch beurteilt. In einem griechischen Hymnos, entstanden um 500 v. Chr., wird der Kranken- und Heilgott Asklepios überschwenglich gefeiert:

> »Auf den Heiler der Krankheit Asklepios heb'
> ich mein Lied an,
> auf den Sohn Apollons; die hehre Koronis
> gebar ihn,
> König Phlegyas Tochter auf Dorions
> ebenen Fluren.
> Freudebringer den Menschen,
> Besänftiger schmerzender Übel.
> Heil also dir auch, Herrscher!
> Ich bete zu dir im Gesange.«[321]

Ist der im griechischen Kulturkreis verehrte Heilgott Asklepios oder der im fernöstlichen Raum verehrte Buddha »durchsichtig« – hin auf den einen wahren und barmherzigen Gott, den die vorchristlichen Griechen oder die Buddhisten unserer Zeit nicht kennen? Als »unbekannter Gott« (Apg 17,23) hört und erhört der eine wahre Gott hinter den vielen Götterbildern die Gebete der Menschen – auch in den großen vorchristlichen und außerchristlichen Weltreligionen und sicherlich weit über sie hinaus.

Von Heilungen unterschiedlicher Krankheiten wurde bereits im Zusammenhang mit der Verehrung des griechischen Kultgottes Asklepios gesprochen, von pathologischen Läsionen, sogar von Krebsgeschwulsten in der Augenhöhle. Der vorchristlich-griechische Schriftsteller Pindar (520–434 v. Chr.) hat sehr realistisch darüber berichtet – ist's nur Legende oder war es doch Wirklichkeit?

»Wie viel nun auch kamen, am Leib ein Geschwür,/
das von selbst wuchs, oder die Glieder verletzt durch/
graues Eisen oder durch/
den weithin geschleuderten Stein,/
oder durch Sommersglut oder den Winter versehrt/
am Körper: die macht' er von der, andere von/
jener Qual frei, manche behandelnd durch sanften Zauberspruch
andre mit heilendem Trank/
oder Salbverbänden um die Glieder rings./
Andere bracht' er durch Schneiden auf die Beine.«[322]

Lourdes ist gewiß ein Weg zu Maria, durch Maria ein Weg zu
Christus, zum dreifaltigen Gott und – was nicht vergessen werden
darf! – ein Weg auch zum Verständnis des göttlichen Wirkens und
Heilens in den Weltreligionen.

Gottes Heilwirken ist in Lourdes. Gottes Heilwirken ist auf der
ganzen Erde. Weil menschliches Beten überall ist und weil auch göttliches Heilswirken überall ist, ist »Lourdes« überall.

IV. Kapitel

Dokumente

Erlaß des Bischofs Bertrand-Sévère Laurence von Tarbes vom 28. Juli 1858

(Gründung einer Kommission zur Feststellung der Echtheit und der Natur der Marienerscheinungen und der Wasserquelle in der Grotte von Massabielle bei Lourdes)[323]

Bertrand-Sévère Laurence, durch die Göttliche Barmherzigkeit und die Gnade des Heiligen Apostolischen Stuhles Bischof von Tarbes, grüßt und segnet die Geistlichkeit und die Gläubigen unserer Diözese im Namen unseres Herrn Jesus Christus.

Ereignisse von hoher Bedeutung, die mit der Religion in Zusammenhang stehen und die Diözese bewegen und weit und breit im Lande Widerhall finden, haben sich seit dem vergangenen 11. Februar in Lourdes zugetragen.

Bernadette Soubirous, ein 13jähriges Mädchen aus Lourdes, soll in der Grotte von Massabielle, die im Westen dieser Stadt liegt, Visionen gehabt haben; die Unbefleckte Jungfrau sei ihr erschienen; aus einer Quelle sei Wasser hervorgeschossen; das Wasser dieser Quelle, als Getränk oder zur Waschung verwandt, soll eine große Anzahl von Heilungen bewirkt haben; diese Heilungen würden als Wunder angesehen. Viele Leute kamen und kommen jeden Tag aus unserer Diözese und den benachbarten Diözesen, um von diesem Wasser die Heilung ihrer verschiedenen Krankheiten zu erlangen, indem sie die Unbefleckte Jungfrau anrufen. Die zivile Obrigkeit ist darüber beunruhigt. Von allen Seiten verlangt man seit dem vergangenen März, daß die kirchliche Behörde zu diesen improvisierten Pilgerfahrten eine Erklärung abgebe.

Zunächst hielten wir die Stunde noch nicht für gekommen, um uns sinnvoll mit dieser Angelegenheit zu beschäftigen. Wir glaubten, daß wir, um das von uns erwartete Urteil zu fällen, mit weiser Bedachtsamkeit vorgehen, uns vor der Begeisterung der ersten Tage hüten, die Gemüter sich beruhigen lassen, zum Überlegen Zeit geben und um Erleuchtung für eine aufmerksame und einsichtige Beobachtung bitten müßten.

Drei verschiedene Gruppen von Menschen erwarten unsere Entscheidung, aber in sehr verschiedener Hinsicht. Zunächst sind es diejenigen, die sich jeder Untersuchung gegenüber ablehnend verhalten und in den Ereignissen an der Grotte und in den dem Wasser der Quelle zugeschriebenen Heilungen nichts als Aberglauben, Gaukelei und Schwindel sehen. Es ist klar, daß wir nicht a priori und ohne ernsthafte Untersuchung der Ereignisse ihrer Meinung sein können. Ihre Zeitschriften haben zuerst sehr laut von Aberglauben, Schwindelei und Unehrlichkeit gesprochen; sie haben behauptet, daß die Ereignisse in der Grotte nur gemeinem Interesse und sträflicher Gier dienten, und damit das religiöse Empfinden unserer christlichen Bevölkerung verletzt. Nun ist es gewiß am einfachsten, wenn man Schwierigkeiten aus dem Wege gehen will, alles zu leugnen und die guten Absichten zu mißdeuten. Aber abgesehen davon, daß es wenig gerecht ist, ist es auch vernunftwidrig und wiegelt die Gemüter mehr auf, als daß es sie überzeugt. Die Möglichkeit übernatürlicher Geschehnisse zu leugnen, hieße einer überholten Lehrmeinung folgen, der christlichen Religion abschwören und sich auf die Spuren der ungläubigen Philosophie des vergangenen Jahrhunderts begeben. Wir Katholiken können weder bei diesen Personen Rat holen, die Gott die Macht absprechen, Ausnahmen von den allgemeinen Gesetzen zu machen, die Er selbst für die Beherrschung der Welt aufgestellt hat, die also Seiner Hände Werk sind, noch können wir mit ihnen darüber diskutieren, ob diese oder jene Tatsache übernatürlich ist, da sie von vornherein behaupten, daß das Übernatürliche unmöglich sei. Bedeutet das, daß wir eine ausführliche, aufrichtige, gewissenhafte und von Wissenschaft und Fortschritt bestimmte Diskussion der Ereignisse, um die es sich handelt, ablehnen? Gewiß nicht: im Gegenteil, wir wünschen sie dringend. Wir wünschen, daß diese Tatsachen zunächst den strengen Forderungen der Beständigkeit unterworfen werden, die eine gesunde Philosophie erlaubt, daß dann, um zu entscheiden, ob diese Geschehnisse übernatürlich und göttlich sind, Spezialisten, die in den Wissenschaften der mystischen Theologie, der Medizin, der Physik, der Chemie, der Geologie usw. bewandert sind, zu einer Diskussion zusammengerufen werden, und daß schließlich die Wissenschaft zu Wort kommt und ihr Urteil abgibt. Und vor allem wünschen wir, daß, um die volle Wahrheit zu erlangen, kein Mittel unversucht gelassen werde.

Eine zweite Gruppe von Personen billigt weder noch tadelt sie die Ereignisse, von denen man erzählt, und fällt auch kein Urteil darüber. Bevor sie urteilt, möchte sie die Entscheidung der zuständigen Stelle kennen, die sie sehnlichst erwartet.

Und es gibt schließlich noch eine dritte, sehr zahlreiche Gruppe, die bereits über die Ereignisse, die uns beschäftigen, ihre eigene, wenn auch verfrühte Meinung besitzt. Sie erwartet mit lebhafter Ungeduld, daß in erster Linie der Bischof der Diözese über diese ernste Angelegenheit urteilt. Obwohl sie von uns eine für ihre frommen Gefühle günstige Entscheidung erhofft, kennen wir ihre Ergebenheit gegenüber der Kirche, um sicher zu sein, daß sie unser Urteil, wie es auch ausfallen mag, annehmen wird, sobald es ihr bekannt ist.

Um die Religiosität und Frömmigkeit Gläubiger zu erleuchten und einem öffentlichen Interesse entgegenzukommen, die Ungewißheit zu bannen und die Gemüter zu beruhigen, geben wir heute den inständigen Bitten nach, die seit langem von allen Seiten an uns gerichtet werden, und geben Aufklärung über Ereignisse, die die Gläubigen, den Marienkult und selbst die Religion zutiefst berührten. Zu diesem Zweck haben wir beschlossen, in der Diözese eine dauernde Kommission einzurichten, welche die Dinge, die sich in der Grotte von Lourdes oder in Verbindung mit ihr ereignet haben oder noch ereignen können, sammeln und bestätigen soll. Sie soll uns über die Ereignisse und ihren Charakter unterrichten und uns die für ihre Erklärung unentbehrlichen Grundlagen liefern.

Aus diesen Gründen haben wir
unter Anrufung des Heiligen Namens Gottes
folgendes angeordnet:

Art. 1. – In der Diözese Tarbes wird eine Kommission eingerichtet, die untersuchen soll:

1. Ob Heilungen durch Anwendung des Wassers aus der Grotte von Lourdes, als Getränk oder zur Waschung angewandt, erfolgt sind und ob diese Heilungen sich auf natürliche Art und Weise erklären lassen oder ob sie übernatürlichen Kräften zugeschrieben werden müssen.

2. Ob die Visionen, die das Kind Bernadette Soubirous gehabt zu haben vorgibt, wahr sind, und, wenn dem so ist, ob sie sich auf natürliche Weise erklären lassen oder ob sie einen übernatürlichen und göttlichen Charakter tragen.

3. Ob die Erscheinung Forderungen an das Kind gestellt oder irgendwelche Absichten bekundet hat. Ob sie das Kind beauftragt hat, diese mitzuteilen. Wem? Und welcher Art die Forderungen oder die bekundeten Absichten seien.

4. Ob die Quelle, die heute in der Grotte fließt, schon vor der von Bernadette Soubirous angeblich gesehenen Erscheinung da war.

Art. 2. – Die Kommission wird uns nur auf feste Beweise gegründete Tatsachen liefern und uns über diese Tatsachen ausführliche Berichte mit ihrer eigenen Stellungnahme erstatten.

Art. 3. – Die Dekane der Diözese werden am häufigsten mit der Kommission in Verbindung treten. Sie werden gebeten, der Kommission mitzuteilen: 1. die Ereignisse, die sich im Bereich ihres Dekanats zugetragen haben; 2. Personen, die Zeugnis über die Wahrheit dieser Ereignisse ablegen können; 3. Personen, die durch ihre wissenschaftlichen Kenntnisse und Fähigkeiten die Kommission beraten können; 4. Ärzte, die die Kranken vor ihrer Heilung behandelt haben.

Art. 4. – Sobald sie genügend informiert ist, kann die Kommission mit den Untersuchungen beginnen. Die Zeugnisse werden unter Eid geleistet. Werden die Untersuchungen an Ort und Stelle vorgenommen, so müssen zumindest zwei Mitglieder der Kommission anwesend sein.

Art. 5. – Wir empfehlen der Kommission dringend, möglichst oft Sachverständige aus den Gebieten der Medizin, der Physik, der Chemie, der Geologie usw. einzuberufen, damit sie über schwierige Fragen aus ihrem Spezialgebiet diskutieren und ihre Meinung dazu äußern. Die Kommission darf keine Gelegenheit versäumen, sich zu unterrichten und die Wahrheit ausfindig zu machen, ganz gleich wie sie nun lauten möge.

Art. 6. – Die Kommission besteht aus den neun Mitgliedern unseres Domkapitels, den Superioren unserer Seminare, dem Superior der Missionare der Diözese, dem Pfarrer von Lourdes und den Professoren für Dogmatik, Moraltheologie und Physik unseres Seminars. Auch der Professor der Chemie unseres Vorseminars wird häufig zur Mitarbeit herangezogen werden.

Art. 7. – Hochw. Nogaro, Stiftserzpriester, wird zum Präsidenten der Kommission ernannt. Die Hochw. Domherren Tabariés und Soulé werden zu Vizepräsidenten ernannt. Die Kommission bestimmt einen Sekretär und zwei Vizesekretäre aus ihrer Mitte.

Art. 8. – Die Kommission wird unverzüglich mit ihrer Arbeit beginnen und wird sich so oft versammeln, wie sie es für notwendig erachtet.

Gegeben in unserem bischöflichen Palast zu Tarbes, mit unserer Unterschrift und unserem Siegel versehen und gegengezeichnet von unserem Sekretär am 28. Juli 1858.

† *Bertrand-Sévère*, Bischof von Tarbes
Im Auftrag:
Fourcade, Domherr und Sekretär

Hirtenbrief des Bischofs Bertrand-Sévère Laurence von Tarbes vom 18. Januar 1862

(Beurteilung der achtzehn Marienerscheinungen zwischen dem 11. Februar und 16. Juli 1858 in der Grotte von Massabielle bei Lourdes)[324]

Bertrand-Sévère Laurence, durch göttliche Barmherzigkeit und die Gnade des Heiligen Apostolischen Stuhles Bischof von Tarbes, päpstlicher Thronassistent ...

Der Geistlichkeit und den Gläubigen unserer Diözese Gruß und Segen im Namen unseres Herrn Jesus Christus.

Zu allen Epochen der Menschheit, geliebte Mitarbeiter und teure Brüder, haben wunderbare Verbindungen zwischen Himmel und Erde bestanden. Zu Anbeginn der Welt ist der Herr unseren Stammeltern erschienen, um ihnen das Verbrechen ihres Ungehorsams vorzuwerfen. In den folgenden Jahrhunderten sehen wir ihn zu den Patriarchen sprechen; und das Alte Testament ist weitgehend die Geschichte der himmlischen Erscheinungen, mit denen die Kinder Israels begnadet wurden.

Diese göttlichen Gunstbezeugungen sollten mit dem mosaischen Gesetz nicht aufhören, sondern im Gegenteil unter dem Gesetz der Liebe Christi noch zahlreicher und auffälliger werden.

Von der Wiege der Kirche an, jenen blutigen Zeiten der Verfolgung, erlebten die Christen die Erscheinung Christi oder der Engel, die ihnen die Geheimnisse der Zukunft offenbarten, sie von ihren Ketten befreiten oder sie im Kampfe stärkten. Auf diese Weise stärkte Gott nach Auffassung eines bekannten Schriftstellers diese hervorragenden Bekenner, während die Mächtigen der Erde ihre Anstrengungen vereinten, um die Lehre, welche die Welt retten sollte, im Keime zu ersticken.

Diese übernatürlichen Kundgebungen beschränkten sich jedoch nicht nur auf die ersten Jahrhunderte des Christentums. Die Geschichte bezeugt, daß sie sich zum Ruhm der Religion und zur Erbauung der Gläubigen von Jahrhundert zu Jahrhundert fortgesetzt haben.

Unter den himmlischen Erscheinungen nehmen die der heiligen Jungfrau einen breiten Raum ein und sind eine unerschöpfliche Segensquelle für die Welt. Wer durch die katholische Welt geht, trifft in regelmäßigen Abständen Tempel, die der Muttergottes geweiht sind. So manche dieser Bauten verdanken ihren Ursprung einer Erscheinung der Himmelskönigin. Wir besitzen bereits eines dieser gesegneten Heiligtümer, das vor vier Jahrhunderten durch eine einer jungen Schäferin gewährten Erscheinung entstand.[325] Dort knien Tausende von Pilgern vor dem Thron der glorreichen Jungfrau Maria, um ihre Wohltaten zu erflehen.

Dank sei dem Allmächtigen! Aus dem unermeßlichen Born seiner Güte hat er uns eine neue Gunst beschert. Er will, daß in der Diözese von Tarbes ein neues Heiligtum zum Ruhme Mariens errichtet werde. Und welches Werkzeuges bedient er sich, um uns seine barmherzigen Pläne mitzuteilen? Wieder dessen, »was vor der Welt schwach ist« (1 Kor 1,27). Eines Mädchens von 14 Jahren, Bernadette Soubirous, das als Kind armer Eltern in Lourdes geboren wurde.

Es war am 11. Februar 1858 als Bernadette in Begleitung einer ihrer Schwestern, die 11 Jahre alt war, und eines anderen jungen Mädchens im Alter von 13 Jahren am Ufer des Gave (gegen 14.00) trockenes Holz sammelte. Sie war vor der sogenannten Grotte von Massabielle angekommen, als sie mitten im Schweigen der Natur ein Geräusch hörte, das einem Windstoß ähnlich war. Sie schaute zum rechten Ufer des Flusses hin, das von Pappeln umsäumt ist, und sah, daß sie sich nicht bewegten. Nachdem das Geräusch erneut an ihr Ohr gedrungen war, wandte sie sich zur Grotte und erblickte am Rande des Felsens in einer Art Nische neben einem sich bewegenden Busch eine Dame, die ihr bedeutete, sich ihr zu nähern. Ihr Gesicht war von hinreißender Schönheit, sie war weiß gekleidet, mit einem blauen Gürtel, einem weißen Schleier auf dem Kopf und einer gelben Rose auf den Füßen. Der Anblick verwirrte Bernadette. In der Meinung, einer Täuschung zum Opfer gefallen zu sein, rieb sie sich die Augen; aber die Erscheinung wurde immer deutlicher. Daraufhin fiel Bernadette instinktiv auf die Knie nieder und griff nach ihrem Rosenkranz. Als das Kind sein Gebet vollendet hatte, verschwand die Erscheinung.

Entweder dank einer geheimen Inspiration oder durch die Anregung ihrer Gefährtinnen, denen sie mitgeteilt hatte, was sie gesehen hatte, kehrte Bernadette am folgenden Sonntag und Donnerstag zur Grotte zurück, und jedesmal wiederholte sich die Erscheinung. Um sich zu vergewissern, daß dieses geheimnisvolle Wesen von Gott komme, besprengte es das junge Mädchen am Sonntag dreimal mit Weihwasser und erhielt dafür einen Blick voll Sanftmut und Zärtlichkeit. Am Donnerstag sprach die Erscheinung zu Bernadette und gebot ihr, während 14 Tagen zurückzukommen, an der Quelle zu trinken und sich zu waschen und ein Kraut zu essen, das sie dort finden werde. Da das junge Mädchen kein Wasser in der Grotte sah, ging es auf den Fluß Gave zu, worauf die Erscheinung es zurückrief und ihm bedeutete, in das Innere der Grotte zu gehen an die Stelle, die sie ihm mit dem Finger zeigte. Das Kind gehorchte, fand aber nur etwas feuchte Erde. Sogleich höhlte es mit den Händen eine kleine Vertiefung aus, die sich mit schlammigem Wasser füllte. Es trank, wusch sich und aß von einer Art Kresse, die an jener Stelle wuchs.

Nach der Erfüllung dieses Gehorsamsaktes sprach die Erscheinung weiter zu Bernadette: sie beauftragte sie, den Priestern zu sagen, sie wünsche, daß man ihr am Ort der Erscheinung eine Kapelle baue, und das Kind erfüllte eiligst beim Pfarrer des Ortes den Auftrag, den es erhalten hatte.

Das junge Mädchen war aufgefordert worden, während 14 Tagen täglich zur Grotte zurückzugehen. Es folgte getreulich diesem Ruf und erlebte bis auf zwei Tage jedesmal das gleiche Schauspiel, während die unzählige Menge, die sich vor der Grotte drängte, nichts sah und nichts hörte. Während dieser zwei Wochen forderte die Erscheinung Bernadette mehrere Male auf, sich an dem angegebenen Ort zu waschen und zu trinken. Sie empfahl ihr, für die Sünder zu beten, und erneuerte die Bitte um Errichtung einer Kapelle. Bernadette ihrerseits fragte sie, wer sie sei, erhielt aber nur ein holdes Lächeln zur Antwort.

Die beiden Wochen der Besuche waren zu Ende, doch fanden noch zwei Erscheinungen statt, am 25. März, dem Feste Mariä Verkündigung, und am 5. April. Am Verkündigungstage fragte Bernadette das geheimnisvolle Wesen dreimal, wer es sei. Daraufhin bewegte die Erscheinung die Hände, faltete sie in Brusthöhe, erhob die Augen zum Himmel und sprach lächelnd: »Ich bin die Unbefleckte Empfängnis.«

Dies ist im wesentlichen der Bericht, den wir in Gegenwart der Kommission, die sich versammelt hatte, um sie nochmals zu vernehmen, aus dem Munde Bernadettes erhielten.

So hätte also das junge Mädchen ein Wesen gesehen und gehört, das sich die Unbefleckte Empfängnis nannte und das, obwohl es menschliche Gestalt aufwies, von keinem der zahlreichen Zuschauer gesehen oder gehört wurde. Demnach wäre es ein übernatürliches Wesen. Was soll man von diesem Ereignis halten?

Ihr wißt, meine geliebten Brüder, daß die Kirche bei der Anerkennung übernatürlicher Ereignisse mit weiser Bedachtsamkeit vorgeht.

Sie fordert sichere Beweise, ehe sie etwas für göttlich anerkennt und proklamiert. Seit dem Sündenfall ist der Mensch gerade auf diesem Gebiete vielen Irrtümern unterworfen. Wenn er sich nicht durch seine schwachgewordene Vernunft verwirren läßt, fällt er vielleicht Machenschaften des Teufels zum Opfer. Wer wüßte nicht, daß dieser sich mitunter als Engel des Lichts tarnt, um uns leichter in seine Falle zu locken (2 Kor 2,14). Daher empfiehlt uns der Lieblingsjünger, nicht jedem Geist zu trauen, sondern die Geister zu prüfen, ob sie von Gott kommen (1 Joh 4,1). Diese Prüfung haben wir vorgenommen, meine geliebten Brüder: das Ereignis, über das wir zu euch sprechen, ist seit vier Jahren Gegenstand unserer Bemühungen; wir haben es in seinen verschiedenen Phasen verfolgt und uns von der Kommission belehren lassen. Diese setzt sich zusammen aus frommen, gut unterrichteten und erfahrenen Priestern, die das Kind befragt, die Tatsachen untersucht und alles geprüft und erwogen haben. Wir haben auch die Autorität der Wissenschaft bemüht und sind zu der Überzeugung gelangt, daß die Erscheinung übernatürlich und göttlich ist und daß folglich das, was Bernadette gesehen hat, wirklich die Heilige Jungfrau war. Unsere Überzeugung hat sich auf Grund des Zeugnisses von Bernadette, vor allem aber an Hand der Tatsachen gebildet, die sich ereigneten, und die sich nur durch ein göttliches Eingreifen erklären lassen.

Das Zeugnis des jungen Mädchens bietet uns alle Garantien, die wir nur wünschen können. Vor allem aber kann seine Aufrichtigkeit nicht in Zweifel gezogen werden. Wer bewundert nicht die Einfachheit, Unschuld und Bescheidenheit dieses Kindes, wenn er ihm begegnet? Während alle Welt sich über die wunderbaren Dinge unterhält, die ihm enthüllt wurden, bewahrt es allein Schweigen und spricht nur, wenn man es fragt. Dann erzählt es alles ohne Geziertheit, mit rührender Unbefangenheit, und beantwortet die zahlreichen Fragen, die man ihm stellt, ohne Zögern. Es gibt klare, genaue und passende Antworten, die Überzeugung verraten. Selbst wenn man es harten Prüfungen unterwarf, ließ es sich nie durch Drohungen einschüchtern. Auch auf die großzügigsten Angebote antwortete es mit edler Selbstlosigkeit. Sich selbst getreu, erhielt es bei den verschiedenen Verhören, denen man es unterwarf, stets das aufrecht, was es gesagt hatte, ohne etwas hinzuzufügen oder wegzulassen. Die Aufrichtigkeit Bernadettes ist also unbestreitbar und wurde, wie wir hinzufügen können, auch nie bestritten. Selbst diejenigen, die ihr gelegentlich widersprachen, ließen ihr diese Ehre widerfahren.

Aber wenn Bernadette nicht hat täuschen wollen, hat sie sich dann nicht selbst getäuscht? Hat sie nicht geglaubt, Dinge zu sehen und zu hören, die sie gar nicht gesehen und gehört hat? Ist sie nicht das Opfer einer Halluzination geworden? – Wie könnten wir das glauben? Die Weisheit der Antworten dieses Kindes offenbart einen aufrechten Geist, eine maßvolle Phantasie und einen gesunden Menschenverstand, der über sein Alter hinausgeht. Das religiöse Gefühl hat bei ihm nie exaltierte Formen angenommen und man hat bei diesem jungen Mädchen weder geistige Verwirrung noch Überspanntheit, weder Wunderlichkeit noch eine krankhafte Neigung festgestellt, die zur Erfindung von Phantasiegebilden hätten verführen können.

Sie hat nicht nur einmal, sondern achtzehnmal gesehen; sie hat zunächst unvermittelt gesehen, als noch nichts sie auf das Ereignis vorbereiten konnte, das sich dann abspielte. Während der 14 Tage, als sie darauf gefaßt war, alle Tage zu sehen, hat sie an zwei Tagen nichts gesehen, obwohl sie sich in der gleichen Umgebung und den gleichen Umständen befand. Und dann, was geschah während der Erscheinungen?

In Bernadette vollzog sich eine Wandlung; ihr Gesicht nahm einen neuen Ausdruck an, ihr Blick entzündete sich, sie sah Dinge, die sie nie gesehen hatte, und hörte eine Sprache, die sie nie gehört hatte, deren Sinn sie nicht immer begriff, deren Erinnerung sie jedoch bewahrte. All diese Umstände zusammen lassen nicht an eine Halluzination denken. Das junge Mädchen hat also wirklich ein Wesen gesehen und gehört, das sich die Unbefleckte Empfängnis nannte; und da sich dieses Phänomen nicht auf natürliche Weise erklären läßt, haben wir Grund, an eine übernatürliche Erscheinung zu glauben.

Das an und für sich allein schon bedeutende Zeugnis Bernadettes erhält noch ein ganz anderes Gewicht, ja wir möchten sogar sagen seine Vervollständigung durch die wunderbaren Geschehnisse, die sich seit der ersten Erscheinung abspielten. Wenn man den Baum nach seinen Früchten beurteilen soll, können wir sagen, daß die von dem jungen Mädchen berichtete Erscheinung übernatürliche und göttliche Auswirkungen gehabt hat. Was hat sich denn ereignet, meine lieben

Brüder? Kaum war die Erscheinung bekannt, verbreitete sich die Nachricht davon wie ein Lauffeuer. Man wußte, daß Bernadette während 14 Tagen zur Grotte gehen sollte, und schon setzte sich die ganze Gegend in Bewegung. Unzählige Menschen stürzten zum Ort der Erscheinung. Mit frommer Ungeduld erwartete man die feierliche Stunde, und während das Mädchen hingerissen und ganz entrückt in den Gegenstand versunken ist, den es betrachtet, bewegt die gerührten Zeugen dieses Wunders ein einziges Gefühl der Verehrung und des Gebetes.

Die Erscheinungen haben aufgehört; aber der Zustrom hält an. Von fern und nah eilen die Pilger zur Grotte. Man sieht Menschen jeden Alters, jeden Ranges und jeden Standes sich um sie drängen. Und was veranlaßt diese zahlreichen Besucher zu kommen? Sie kommen zur Grotte, um zu beten und die Unbefleckte Jungfrau um irgendwelche Gnadenerweise zu bitten. Durch ihre andächtige Haltung beweisen sie, daß sie etwas wie einen göttlichen Hauch verspüren, der diesen inzwischen berühmt gewordenen Felsen beseelt. Christliche Seelen wurden in ihrer Tugend bestärkt; Menschen, die in Gleichgültigkeit erstarrt waren, wurden einem lebendigen religiösen Leben zurückgewonnen. Hartnäckige Sünder versöhnten sich mit Gott, nachdem man die Hilfe Unserer Lieben Frau von Lourdes für sie erfleht hatte. Diese Wunder der Gnade, die einen Charakter von Universalität und Dauer tragen, können nur Gott zum Urheber haben. Bestätigen sie also nicht die Wahrheit der Erscheinung?

Und über wieviele Wunder haben wir zu berichten, wenn wir von den Auswirkungen zum Wohle der Seelen auf die übergehen, die die Gesundheit des Körpers betreffen! Man hatte gesehen, wie Bernadette an der Stelle, die die Erscheinung ihr angegeben hatte, trank und sich wusch, und das hatte die allgemeine Aufmerksamkeit erregt. Daher fragte man sich, ob dies nicht der Hinweis auf übernatürliche Eigenschaften sei, die der Quelle von Massabielle zuteil wurden. Aus dieser Überlegung heraus versuchten manche Kranke das Wasser der Grotte und sahen sich nicht getäuscht. Mehrere, gegen deren Gebrechen keine noch so wirksame Behandlung geholfen hatte, erhielten plötzlich ihre Gesundheit wieder. Diese außergewöhnlichen Heilungen erregten ungeheures Aufsehen; die Kunde davon verbreitete sich rasch. Kranke aus allen Ländern baten um das Wasser von Massabielle, wenn sie sich nicht selbst zur Grotte begeben konnten. Wieviele Leidende wurden geheilt, wieviele Familien getröstet! ... Wenn wir sie als Zeugen aufrufen würden, erhöben sich unzählige Stimmen, um dankbar die siegreiche Wirksamkeit des Wassers der Grotte zu verkünden. Wir können hier nicht die erlangten Gnaden aufzählen; aber wir müssen euch sagen, daß das Wasser von Massabielle Kranke geheilt hat, die bereits aufgegeben und als unheilbar erklärt worden waren. Diese Heilungen wurden durch den Gebrauch eines Wassers erzielt, das keine natürliche Heilkraft besitzt, wie uns die Gutachten sachkundiger Chemiker bezeugen, die eine strenge Analyse durchführten. Sie vollzogen sich zum Teil augenblicklich, zum Teil nach zwei- oder dreimaligem Gebrauch des Wassers, sei es zum Trinken oder zur Waschung. Außerdem sind diese Heilungen von Dauer. Welche Macht hat sie verursacht? Etwa die Kraft des Organismus? Die hierüber befragte Wissenschaft hat eine verneinende Antwort gegeben. Die Heilungen sind also das Werk Gottes. Nun hängen sie aber mit der Erscheinung zusammen. Sie ist ihr Ausgangspunkt; sie hat das Vertrauen der Kranken erweckt. Es besteht also eine enge Verbindung zwischen den Heilungen und der Erscheinung. Die Erscheinung ist göttlich, da ja die Heilungen das göttliche Siegel tragen. Was aber von Gott kommt, ist Wahrheit! Folglich ist die Erscheinung, die sich die Unbefleckte Empfängnis nannte und die Bernadette gesehen und gehört hat, die Allerheiligste Jungfrau! Rufen wir also laut: Hier ist der Finger Gottes! Digitus Dei est hic (Ex 8,19).

Wie sollten wir, geliebt Brüder, nicht den Plan der göttlichen Vorsehung bewundern? Am Ende (8. Dezember) des Jahres 1854 verkündete Pius IX. das Dogma der Unbefleckten Empfängnis. Das Echo trug die Worte des Papstes bis in die äußersten Winkel der Erde; die Herzen der Katholiken bebten vor Freude, und überall feierte man das glorreiche Privileg Mariens mit Festen, die sich unauslöschlich in unsere Erinnerung eingruben. Und nun erscheint etwa drei Jahre später die Heilige Jungfrau einem Kinde und sagt ihm: »Ich bin die Unbefleckte Empfängnis ... Ich will, daß man hier mir zu Ehren eine Kapelle errichte.« Scheint es nicht, als ob sie den unfehlbaren Spruch des Nachfolgers des heiligen Petrus durch ein Bestätigungsmal weihen wollte?

Und wo will sie dieses Monument errichtet haben? Am Fuße unserer Pyrenäenberge, in einer Gegend, wo sich zahlreiche Fremde aus allen Teilen der Welt versammeln, um durch unsere Thermalquellen ihre Gesundheit wieder zu erlangen. Möchte man nicht sagen, daß sie die Gläubigen aller Nationen einlädt, sie in dem neuen Tempel zu ehren, der ihr errichtet werden wird?

Einwohner der Stadt Lourdes, freut euch! Die erhabene Gottesmutter läßt sich herab, ihre barmherzigen Blicke auf euch zu senken. Sie will, daß man ihr bei eurer Stadt ein Heiligtum errichte, woselbst sie ihre Wohltaten austeilen wird. Dankt ihr für dieses Zeugnis ihrer Liebe, das sie euch gewährt. Und da sie euch verschwenderisch mit ihrer mütterlichen Zärtlichkeit beschenkt, erweist euch als ihre ergebenen Kinder, indem ihr ihre Tugenden nachahmt und unserer christlichen Religion die unerschütterliche Treue bewahrt.

Übrigens erkennen wir gerne an, daß die Erscheinung bereits reiche Früchte des Heils unter euch getragen hat. Als ihr Augenzeugen des Ereignisses in der Grotte und seiner glücklichen Folgen wurdet, war euer Vertrauen ebenso groß, wie eure Überzeugung stark war. Wir haben eure Klugheit und eure Folgsamkeit gegenüber unserem Anraten der Unterwerfung unter die zivile Behörde bewundert, als ihr während einiger Wochen eure Besuche in der Grotte einstellen und das Gefühl in euren Herzen zurückdrängen mußtet, welches dieses Schauspiel in euch hervorgerufen hatte, das euch während der zwei Wochen der Erscheinungen so tiefen Eindruck machte.

Und ihr alle, geliebte Diözesanen, öffnet eure Herzen der Hoffnung; eine neue Gnadenzeit beginnt für euch; ihr alle seid aufgerufen, euren Anteil an den uns verheißenen Gnaden zu gewinnen. In eure Bitten und Gesänge werdet ihr von nun an neben den Namen Unserer Lieben Frau von Garaison, von Peoylaün, von Héas und von Piétat den Namen U. L. Frau von Lourdes aufnehmen.

Von diesen geweihten Heiligtümern aus wird die Unbefleckte Jungfrau über euch wachen und euch in ihre hilfreiche Obhut nehmen. Ja, meine geliebten Mitarbeiter und Brüder, wenn wir mit vertrauensvollem Herzen die Augen auf diesen Meerstern heften, werden wir ohne Angst vor Schriffbruch die Stürme des Lebens überstehen und heil und sicher im Hafen des ewigen Glückes landen.

Aus diesen Gründen,

nach Beratung mit unseren ehrwürdigen Brüdern, den Würdenträgern, den Domherren und dem Kapitel unserer Kathedrale, nach Anrufung des Heiligsten Namens Gottes und unter Bezugnahme auf die Regeln, die Benedikt XIV. in seinem Werk (Bd. 3, Kap. 51) über die Selig- und Heiligsprechung weise aufgestellt hat, um die wahren von den falschen Erscheinungen zu unterscheiden;

nach dem günstigen Bericht der Kommission, die damit beauftragt war, Informationen über die Erscheinung in der Grotte von Lourdes und die Tatsachen, die damit zusammenhängen, zu beschaffen;

nach dem schriftlichen Zeugnis der Ärzte, die wir anläßlich zahlreicher Heilungen durch Anwendung des Grottenwassers zu Rate zogen;

unter Berücksichtigung vor allem der Tatsache, daß die in Frage stehende Erscheinung sowohl bei dem jungen Mädchen, das von ihr berichtete, als auch vor allem in den außergewöhnlichen Wirkungen, die sie hervorbrachte, nur durch das Eingreifen einer übernatürlichen Kraft erklärt werden kann;

ferner im Hinblick darauf, daß diese Kraft nur göttlich sein kann, da ihre Auswirkungen zum Teil – wie zum Beispiel die Bekehrung der Sünder – sichtbare Zeichen der Gnade, zum anderen Teil – wie die Wunderheilungen – Abweichungen von den Naturgesetzen sind und daher nur dem Urheber der Gnade und dem Herrn über die Naturgesetze zugeschrieben werden können;

mit Rücksicht schließlich darauf, daß unsere Überzeugung bestärkt wird durch den ungeheuren und spontanen Zustrom, der seit den ersten Erscheinungen keineswegs aufgehört hat und dessen Ziel es ist, Gnaden zu erflehen oder Dank für bereits erhaltene abzustatten;

um der berechtigten Ungeduld unseres ehrwürdigen Domkapitels, des Klerus, der Laien unseres Bistums und so vieler frommer Seelen, die seit langem von der kirchlichen Behörde eine Entscheidung verlangen, die wir aus Gründen der Vorsicht so lange hinauszögerten;

sowie auch um den Wunsch mehrerer unserer bischöflichen Kollegen und einer großen Zahl hochstehender Persönlichkeiten aus anderen Bistümern zu erfüllen;

und nachdem wir Erleuchtung durch den Heiligen Geist und den Beistand der Heiligen Jungfrau erflehten, *erklären wir folgendes:*

Art. 1. – Wir sind der Meinung, daß die Unbefleckte Gottesmutter
Maria am 11. Februar 1858 und an den darauffolgenden Tagen in der
Grotte von Massabielle bei der Stadt Lourdes Bernadette Soubirous
insgesamt 18mal wirklich erschienen ist, daß diese Erscheinung alle
Anzeichen der Wahrheit an sich trägt und daß die Gläubigen berech-
tigt sind, sie als wahr zu betrachten.

Wir unterwerfen unser Urteil demütig demjenigen des Papstes,
des Oberhauptes der Weltkirche.

Art. 2. – Wir gestatten in unserem Bistum den Kult zu Ehren
Unserer Lieben Frau von der Grotte zu Lourdes; aber wir verbieten,
ohne unsere schriftliche Erlaubnis besondere Gebete, Lieder oder
Erbauungsbücher, die sich auf dieses Ereignis beziehen, zu veröffentli-
chen.

Art. 3. – Um dem Willen der heiligen Jungfrau nachzukommen,
den sie im Laufe der Erscheinungen mehrere Male äußerte, beabsichti-
gen wir, auf dem Gelände der Grotte, das Eigentum der Bischöfe von
Tarbes geworden ist, ein Heiligtum zu errichten.

Dieser Bau wird angesichts der abschüssigen und ungünstigen
Lage des Ortes langwierige Arbeiten und erhebliche Kapitalien erfor-
dern. Daher benötigen wir, um unser Vorhaben verwirklichen zu können, die Hilfe der Priester und Gläubigen unseres Bistums, der Priester, ja ganz Frankreichs und des Auslandes. Wir appellieren an ihr
großzügiges Herz und vor allem an alle frommen Menschen aller
Länder, die die Unbefleckte Empfängnis Mariens verehren.

(Es folgen Angaben praktischer Art, die sich auf die Kollekte der
Opfergaben für die Errichtung des Heiligtums von Lourdes beziehen.)

Erlassen in unserem bischöflichen Palast zu Tarbes, mit unserer
Unterschrift und unserem Siegel versehen und gegengezeichnet von
unserem Sekretär am 18. Januar 1862, dem Feste Petri Stuhlfeier in
Rom.

† *Bertrand-Sévère*, Bischof von Tarbes

Im Auftrag: Fourcade, Domherr und Sekretär

Enzyklika des Papstes Pius XII. »Le Pèlerinage de Lourdes« (Über die Wallfahrt nach Lourdes) vom 2. Juli 1957[326]

(Aus Anlaß der ersten Jahrhundertfeier der Marienerscheinungen in Lourdes)

An Unsere geliebten Söhne
Kardinal Achilles Liénart, Bischof von Lille,
Kardinal Petrus Gerlier, Erzbischof von Lyon,
Kardinal Clemens Roques, Erzbischof von Rennes,
Kardinal Maurice Feltin, Erzbischof von Paris,
Kardinal Georg Grente, Erzbischof von Le Mans
und an alle Ehrwürdigen Brüder, die Erzbischöfe und die Bischöfe von Frankreich, die in Frieden und Gemeinschaft mit dem Apostolischen Stuhle leben.

Gruß und Apostolischen Segen!

Die Lourdes-Wallfahrt (Le Pèlerinage de Lourdes), die Wir zu Unserer Freude unternehmen durften, um im Namen Unseres Vorgängers Pius XI. den eucharistischen und marianischen Feierlichkeiten zum Schluß des Jubiläumsjahres der Erlösung zu präsidieren, hat in Unserer Seele tiefe und traute Erinnerungen hinterlassen. Uns ist es besonders lieb zu erfahren, daß sich die Marianische Stadt auf Anregung des Bischofs von Tarbes und Lourdes zu prachtvoller Feier der Hundertjährigen Wiederkehr der Erscheinungen der Unbefleckten Jungfrau in der Grotte von Massabielle rüstet und daß sich dazu ein internationaler Ausschuß unter Leitung von Kardinal Eugen Tisserant, dem Dekan des Heiligen Kollegiums, gebildet hat. Mit euch, Geliebte Söhne und Ehrwürdige Brüder, haben Wir Gott für die besondere, eurem Vaterland zuteilgewordene Gunst und für so viele im Laufe eines Jahrhunderts an die Menge der Pilger ausgespendete Gnaden zu danken. Wir möchten ebenfalls alle Unsere Söhne in diesem Jubiläumsjahre zur Erneuerung ihrer vertrauensvollen und hochherzigen Verehrung von Jener anregen, die sich nach einem Worte des

Blick auf den »Heiligen Bezirk« in Lourdes.

Hl. Pius X. würdigte, Lourdes »zum Sitze ihrer unermeßlichen Güte« zu machen (Brief vom 12. Juli 1914; AAS[327] VI, 1914, S. 376).

I. Die ganze christliche Welt ist eine marianische Welt und es gibt kein im Blut Christi erkauftes Volk, das nicht gern Maria als seine Mutter und Patronin anerkennt. Diese Wahrheit gewinnt ergreifende Gestalt, wenn man die Geschichte Frankreichs durchgeht. Die Verehrung der Gottesmutter reicht bis in die ersten Zeiten der Glaubensverkündigung zurück. Unter den ältesten marianischen Heiligtümern zieht Chartres noch heute Scharen von Pilgern und Tausende von Jugendlichen an. Das Mittelalter, das – vor allem in St. Bernhard – den Ruhm Mariens besang und ihre Geheimnisse feierte, erlebte ein großartiges Aufblühen von Kathedralen, die Unserer Lieben Frau geweiht sind: Le Puy, Reims, Amiens, Paris und so viele andere ... Den Ruhm der Unbefleckten verkünden sie weithin durch ihre zum Himmel ragenden Türme. Ihn strahlen die in reinen Farben leuchtenden Glasfenster und die harmonische Schönheit ihrer Statuen wider. Hier bezeugt sich vor allem der Glaube eines Volkes, das sich in einem großartigen Schwung über sich selbst erhebt, um die dauernde Widmung seiner marianischen Frömmigkeit in den Himmel Frankreichs zu schreiben.

In Städten und Dörfern, auf der Höhe von Hügeln oder über dem Meer bedeckten die Maria gewidmeten Heiligtümer – schlichte Kapellen oder großartige Basiliken – langsam das Land mit ihrem schützenden Schatten. Fürsten und Hirten, unzählbare Gläubige, sind im Verlauf von Jahrhunderten hierhin zur Heiligen Jungfrau geeilt, welche sie mit rührenden Titeln ihres Vertrauens oder ihrer Dankbarkeit begrüßten. Hier ruft man sie an als Unsere Liebe Frau von der Barmherzigkeit, vom guten Rate oder der immerwährenden Hilfe. Der Pilger flüchtet sich zu Unserer Lieben Frau von der guten Wacht, vom Mitleid oder des Trostes. Weiterhin steigt sein Gebet auf zu Unserer Lieben Frau des Lichtes, des Friedens, der Freude oder der Hoffnung. Oder er fleht Unsere Liebe Frau von der Tugend, vom Wunder oder vom Siege an. Wundervolle Litanei von Titeln, deren endlose Aufzählung von Provinz zu Provinz die Wohltaten berichtet, welche die Gottesmutter im Laufe der Zeiten auf die Erde Frankreichs ausgeschüttet hat.

Nach den Revolutionsstürmen sollte das 19. Jahrhundert besonders reich an marianischen Titeln sein. Um nur eine Tatsache zu nen-

nen: wer kennt heute nicht die »Wunderbare Medaille«? Im Herzen der französischen Hauptstadt an eine demütige Tochter des heiligen Vinzenz von Paul geoffenbart, die wir die Freude hatten in das Verzeichnis der Heiligen einzuschreiben, hat diese Medaille mit dem Bild »Marias ohne Sünde empfangen« an allen Orten ihre wunderbaren geistigen und materiellen Wirkungen verbreitet. Und einige Jahre später, vom 11. Februar bis 16. Juli 1858, wollte die Allerseligste Jungfrau Maria dem Land der Pyrenäen eine neue Gunst erweisen; sie erschien einem frommen und reinen Kinde, das aus einer armen, aber arbeitsamen christlichen Familie stammt. »Sie kommt zu Bernadette, sagten Wir einst, sie macht sie zu ihrer Vertrauten, ihrer Mitarbeiterin, dem Werkzeug ihrer mütterlichen Zartheit und der barmherzigen Allmacht ihres Sohnes, um die Welt durch eine neue und unvergleichliche Ausgießung der Erlösung in Christus zu erneuern« (Rede vom 28. April 1935 in Lourdes: Eug. Card. Pacelli, Discorsi e Panegirici, 2. Aufl., Vatikan, 1956, S. 435).

Die Ereignisse, die sich dann in Lourdes abspielten und deren geistliche Bedeutung man heute besser ermessen kann, sind euch wohl bekannt. Ihr wißt, Geliebte Söhne und Ehrwürdige Brüder, unter welch erstaunlichen Bedingungen sich die Stimme des Kindes, Botschafterin der Unbefleckten an die Welt, trotz Spöttereien und Zweifeln durchgesetzt hat. Ihr kennt die Standhaftigkeit und Reinheit des Zeugnisses, das von der Bischöflichen Autorität mit Klugheit geprüft und seit 1862 durch sie bestätigt ist. Schon waren Mengen herbeigeeilt und brandeten unablässig zur Erscheinungsgrotte hin, zur wunderbaren Quelle im Heiligtum, das auf Wunsch Mariens errichtet worden war. Diese ergreifende Prozession von Demütigen, Kranken und Bedrängten; diese imposante Wallfahrt von Tausenden von Gläubigen einer Diözese oder einer Nation; dieses diskrete Kommen einer unruhigen Seele, die die Wahrheit sucht ... »Niemals, sagten Wir, hat man an einem Ort der Erde einen ähnlichen Zug des Leides gesehen, niemals ein ähnliches Aufleuchten des Friedens, der Heiterkeit und der Freude!« (Ebenda S. 437). Niemals, könnten Wir hinzufügen, wird man die Summe der Wohltaten kennen, welche die Welt der hilfreichen Jungfrau schuldet. »O glückliche Grotte, verherrlicht durch die Erscheinungen der himmlischen Mutter! Verehrungswürdiger Felsen, aus dem in vollem Strudel lebendige Wasser geströmt!« (Offizium vom Feste der Erscheinung, Hymnus der zweiten Vesper).

Diese hundert Jahre Marienverehrung haben zwischen dem Sitz des heiligen Petrus und dem Heiligtum in den Pyrenäen enge Bande geknüpft, die Wir gern anerkennen. Hat die Jungfrau Maria nicht selbst diese Verbindung gewünscht? »Was der Papst in Rom durch sein unfehlbares Lehramt definierte, wollte offensichtlich die Unbefleckte Jungfrau, Gottesmutter, gebenedeit unter allen Frauen, durch ihren Mund bestätigen, als sie sich wenig später in feierlicher Erscheinung an der Grotte von Massabielle zeigte ...« (Dekret de Tuto zur Kanonisation der heiligen Bernadette, am 2. Juli 1933: AAS XXV, 1933. S. 377). Gewiß brauchte das unfehlbare Wort des römischen Pontifex, des authentischen Interpreten der geoffenbarten Wahrheit, keine himmlische Bestätigung, um von den Gläubigen Glauben zu fordern. Doch mit welcher Ergriffenheit und welcher Dankbarkeit nahmen nicht das christliche Volk und seine Hirten von den Lippen Bernadettes diese vom Himmel gekommene Antwort: »Ich bin die Unbefleckte Empfängnis!«

Daher ist es auch nicht erstaunlich, daß unsere Vorgänger dem Heiligtum immer wieder gern ihre Gunst bewiesen haben. Seit 1869 konnte sich Pius IX., seligen Angedenkens, über die Tatsache freuen, daß die von der Bosheit der Menschen gegen Lourdes erhobenen Hindernisse nur »um so eindringlicher die Echtheit der Tatsachen ans Licht gestellt hatten« (Brief vom 4. September 1869 an Henri Lasserre: Vatikanisches Geheimarchiv, Ep. lat. an. 1869, n. CCCLXXXVIII, f. 695). Auf Grund dieser Überzeugung überhäuft er die neuerbaute Kirche mit geistlichen Wohltaten und läßt die Statue von Unserer Lieben Frau von Lourdes krönen. Im Jahre 1892 stimmt Leo XIII. einem eigenen Offizium und der Messe vom Feste »Der Erscheinung der Unbefleckten Jungfrau Maria« zu, welche sein Nachfolger bald auf die ganze Kirche ausdehnen wird. Der alte Anruf der Schrift sollte seitdem eine neue Anwendung finden: »Steh auf, meine Freundin, meine Schöne, und komm: meine Taube in den Felsenritzen, in der Mauerhöhlung!« (Hld 2,13–14. Graduale der Messe vom Feste der Erscheinung). Am Ende seines Lebens ließ der große Papst in den Vatikanischen Gärten eine Nachbildung der Grotte von Massabielle errichten und weihte sie selbst ein. Zu gleicher Zeit erhob sich seine

Stimme in inbrünstigem und vertrauensvollem Gebet zur Jungfrau von Lourdes: »Daß die Jungfrau Mutter, die einst durch ihre Liebe bei der Geburt der Gläubigen aus dem Schoße der Kirche mitgewirkt, in ihrer Machtfülle noch jetzt Werkzeug und Hüterin unseres Heiles sei; ... daß sie den verängstigten Gemütern die Ruhe des Friedens bringe; daß sie schließlich im privaten wie im öffentlichen Leben die Rückkehr zu Jesus Christus beschleunige« (Breve vom 8. September 1901: Acta Leonis XIII, vol. XXI, S. 159 bis 160).

Die Fünfzigjahrfeier der Definition des Dogmas der Unbefleckten Empfängnis der Allerseligsten Jungfrau gab Pius X. Gelegenheit, in einem feierlichen Dokument das historische Band zwischen diesem Akt des Lehramtes und der Erscheinung von Lourdes zu bestätigen: »Kaum hatte Pius IX. als zum katholischen Glauben gehörig definiert, daß Maria von Anfang an von der Sünde ausgenommen war, als die Jungfrau selbst ihre Wunder in Lourdes zu wirken begann« (Enzyklika Ad diem illum vom 2. Februar 1904, Acta Pii X; Bd. I, S. 149). Wenig später kreiert er den Bischofstitel von Lourdes, verbindet ihn mit dem von Tabres und unterzeichnet die Einleitung zur Seligsprechung von Bernadette. Es war vor allem diesem großen Papst der Eucharistie vorbehalten, die wunderbare Verbindung, die in Lourdes zwischen der Verehrung des Altarssakramentes und der Marias besteht, zu unterstreichen und zu fördern: »Die Frömmigkeit zur Gottesmutter«, bemerkt er, »ließ hier eine beachtliche, lebendige Frömmigkeit zu Christus unserem Herrn erstehen« (Brief vom 12. Juli 1914: AAS VI, 1914, S. 377). Konnte es übrigens anders sein? Alles in Maria weist uns hin zu ihrem Sohn, dem einzigen Erlöser. Dessen Verdienste vorausgesehen, war sie unbefleckt und voll der Gnaden. Alles in Maria leitet uns an, die verehrungswürdige Dreifaltigkeit zu preisen. Glücklich war Bernadette, die vor der Grotte ihren Rosenkranz abperlte und von den Lippen und dem Anblick der Heiligen Jungfrau lernte, dem Vater, dem Sohne und dem Heiligen Geiste Ehre zu erweisen! Auch Wir sind glücklich, Uns bei dieser Jahrhundertfeier mit der Huldigung von Papst Pius X. zu verbinden: »Der einzigartige Ruhm des Heiligtums von Lourdes besteht in der Tatsache, daß die Völker hier von Maria hingeführt werden zur Anbetung von Jesus Christus im Allerheiligsten Sakrament derart, daß dieses Heiligtum zugleich Mittelpunkt des Marianischen Kultes wie Thron des Eucharistischen Geheimnisses ist, worin es wohl alle anderen Heiligtümer der katholischen Welt übertrifft« (Breve vom 25. April 1911: Arch. Brev. Ap., Pius X., an. 1911, Div. Lib IX, pars I, f. 337).

Benedikt XV. ließ es sich angelegen sein, dieses Heiligtum, das schon viele Gnadenerweise besaß, mit neuen und kostbaren Ablässen zu bereichern. Wenn es ihm auch die tragischen Umstände seines Pontifikates nicht erlaubten, seine Verehrung in vielen öffentlichen Akten zu zeigen, zeichnete er doch die marianische Stadt dadurch aus, daß er ihrem Bischof das Privilegium des Palliums am Orte der Erscheinungen gewährte. Pius XI., der selbst als Pilger nach Lourdes gekommen war, setzte sein Werk fort und hatte die Freude, die Bevorzugte der Heiligen Jungfrau auf die Altäre zu erheben, die unter dem Schleier Schwester Maria-Bernard von der Kongregation der christlichen Liebe und Erziehung geworden war. Bestätigte er nicht von seiner Seite her das Versprechen der Unbefleckten an die junge Bernadette, »sie nicht auf dieser Erde, aber in der anderen glücklich zu machen«? Und seitdem zieht Nevers, das die Ehre hat, den kostbaren Schrein zu hüten, Lourdespilger in großer Zahl an, die begierig sind, nach der Heiligen die Botschaft Unserer Lieben Frau in rechter Weise aufzunehmen. Bald entschied der hohe Papst, der nach dem Beispiel seiner Vorgänger die Jubiläumsfeste der Erscheinungen durch eine Gesandtschaft ehrte, das Erlösungsjubiläum an der Grotte von Massabielle zu beschließen, dort, wo nach seinen eigenen Worten »die Unbefleckte Jungfrau Maria sich mehrmals der seligen Bernadette Soubirous zeigte, wo sie in Güte alle Menschen zur Buße ermahnte, an eben diesem Ort der erstaunlichen Erscheinung, den sie mit Gnaden und Wundern überhäufte« (Breve vom 11. Januar 1933: Arch. Brev. Ap. Pius XI., Ind. Perpet. f. 128). »Tatsächlich«, schloß Pius XI., »stellt dieses Heiligtum jetzt mit Recht eines der marianischen Hauptheiligtümer der Welt dar« (ebenda).

Wie sollten Wir nicht mit Unserer Stimme in diesen einmütigen Chor der Lobeserhebungen einfallen? Wir taten es bekanntlich in Unserer Enzyklika Fulgens corona, wobei Wir Uns schon auf Unsere Vorgänger beriefen, daß »die Allerseligste Jungfrau Maria offensichtlich selbst durch ein Wunder den Spruch, den der Vertreter ihres göttlichen Sohnes auf Erden eben erlassen hatte, zum Beifall der ganzen Kirche bekräftigen wollte« (Enzyklika Fulgens corona vom 8. September 1953: AAS XLV, 1953, S. 578). Wir erinnerten bei dieser Gelegenheit daran, wie die römischen Päpste immer wieder geistliche Gnaden und Zeichen ihres Wohlwollens diesem Wallfahrtsorte im Bewußtsein seiner Bedeutung verliehen hatten. Stellt nicht die Geschichte dieser hundert Jahre, die Wir eben in großen Zügen in Erinnerung gerufen haben, in Wahrheit eine ununterbrochene Veranschaulichung dieses päpstlichen Wohlwollens dar, dessen letzter Akt der Abschluß der Hundertjahrfeier der Dogmatisierung der Unbefleckten Empfängnis in Lourdes war? Wir rufen euch, Geliebte Söhne und ehrwürdige Brüder, vor allem ein neueres Dokument in Erinnerung, durch das Wir den Aufschwung des Missionsapostolates in eurem teuren Vaterlande förderten. Uns lag am Herzen, »die besonderen Verdienste, die sich Frankreich im Laufe der Jahrhunderte bei der Verbreitung des katholischen Glaubens erworben hat«, hervorzuheben. Deshalb »wandten Wir Unseren Geist und Unser Herz nach Lourdes, wo vier Jahre nach der Definition des Dogmas die Unbefleckte Jungfrau selbst auf übernatürliche Weise durch Erscheinungen, Worte und Wunder die Erklärung des obersten Lehrers bestätigte« (Apost. Konstitution Omnium Ecclesiarum vom 15. August 1954: AAS XLVI, 1954, S. 567).

Heute wieder wenden Wir Uns zum berühmten Heiligtum hin, das sich anschickt, an den Gave-Ufern die Pilgermengen der Jahrhundertfeier zu empfangen. Wenn seit einem Jahrhundert innige Bitten öffentlicher und privater Art auf Fürsprache Marias bei Gott so viel Heilungs- und Bekehrungsgnaden erlangt haben, haben Wir die sichere Zuversicht, daß in diesem Jubiläumsjahr Unsere Liebe Frau auf die Aufwartung ihrer Kinder mit Freigebigkeit antworten wird. Wir haben aber vor allem die Überzeugung, daß sie uns drängt, die geistlichen Lehren der Erscheinungen anzunehmen und uns auf den Weg zu begeben, den sie uns so klar vorgezeichnet hat.

II. Die Lehren von Lourdes, getreues Echo der Botschaft des Evangeliums, bringen uns überwältigend zum Bewußtsein, in welchem Gegensatz Gottes Urteile zur eitlen Weisheit der Welt stehen. In einer Gesellschaft, der die Übel, von denen sie zerfressen wird, kaum bewußt werden, die ihr Elend und ihre Ungerechtigkeiten unter der glänzenden und sorglosen Außenseite des Fortschrittes verdeckt, tut sich die Unbefleckte Jungfrau, welche die Sünde niemals gestreift hat, einem unschuldigen Kinde kund. Mit mütterlichem Mitgefühl durcheilt ihr Blick diese durch das Blut ihres Sohnes erkaufte Welt, wo die Sünde leider Tag für Tag so viele Verheerungen anrichtet. Und dreimal fordert sie dringlich: »Buße, Buße, Buße!« Zugleich verlangt sie ausdrückliche Gebärden: »Küß die Erde aus Buße für die Sünder!« Mit der Gebärde ist die Fürbitte zu verbinden: »Bittet Gott für die Sünder!« So wie zu Zeiten Johannes des Täufers, wie zu Beginn der öffentlichen Tätigkeit Jesu, gebietet der gleiche ausdrückliche und strenge Befehl den Menschen den Rückweg zu Gott: »Bekehret euch!« (Mt 3,2; 4,17) Wer wagt zu behaupten, dieser Aufruf zur Bekehrung des Herzens hätte in unseren Tagen seine Aktualität verloren?

Aber könnte die Gottesmutter zu ihren Kindern kommen, wenn nicht mit der Botschaft der Verzeihung und der Hoffnung? Schon das Wasser zu ihren Füßen rauscht: »Alle, die ihr dürstet, kommt zu den Wassern und trinket Heil vom Herrn« (Offizium vom Feste der Erscheinung, 1. Respons. der III. Noct.). An dieser Quelle, wo Bernadette gelehrig zum ersten Male getrunken und sich gewaschen hat, sollen alle Leiden der Seele und des Leibes zusammenfließen. »Ich ging hin, wusch mich und wurde sehend« (Joh 9,11), könnte der dankbare Pilger mit dem Blinden im Evangelium antworten. Aber wie für die Menschen, die sich um Jesus scharten, stellt die Heilung der leiblichen Leiden, zugleich eine Tat der Erbarmung, das Zeichen der Macht dar, daß der Menschensohn Sünden vergeben kann (vgl. Mk 2,10). Bei der gesegneten Grotte ladet uns die Jungfrau im Namen ihres göttlichen Sohnes zur Bekehrung des Herzens und zur Hoffnung auf Verzeihung ein. Werden wir sie hören? In der demütigen Antwort des Menschen, der sich als Sünder bekennt, besteht die wahre Größe dieses Jubiläumsjahres. Welche Wohltaten kann man nicht mit Recht für die Kirche erwarten, wenn jeder Lourdespilger – und auch jeder Christ, der mit dem Herzen an den Feierlichkeiten des Jubiläums teilnimmt – zuerst in sich selbst dieses Werk der Heiligung verwirklicht, »nicht dem Worte nach und mit der Zunge, sondern in Tat und Wahrheit!« (1 Joh 3,18). Alles ladet ihn übrigens hierzu ein; denn wohl nirgendwo fühlt man sich so wie in Lourdes zum Gebete, zur Selbstvergessenheit und zur Liebe hingezogen. Beim Anblick der Hingabe der Krankenträger und des heiteren Friedens der Kranken, bei der

Feststellung der Brüderlichkeit, mit welcher Gläubige jeder Herkunft die gleichen Anrufungen beten, bei der Beobachtung der unwillkürlichen gegenseitigen Hilfe und der ungekünstelten Inbrunst der vor der Grotte knienden Pilger, werden die Besten durch den Zauber eines dem Dienste Gottes und ihrer Mitbrüder völlig ergebenen Lebens ergriffen. Die eifrigen Mönche kommen zum Bewußtsein ihrer Lauheit und finden den Weg des Gebetes wieder. Die verhärtetsten Sünder und selbst die Ungläubigen sind oft von der Gnade gerührt oder bleiben, wenn sie ehrlich sind, zumindest nicht unempfindlich angesichts des Zeugnisses dieser »Mengen von Gläubigen, die ein Herz und eine Seele sind« (Apg 4,32).

Für sich allein freilich genügt das Erlebnis einiger kurzer Tage Pilgerfahrt im allgemeinen nicht, den Aufruf Marias zu einer echten geistigen Bekehrung den Herzen mit unauslöschlichen Lettern einzuschreiben. Wir ermahnen die Hirten der Diözesen und alle Priester, darin zu wetteifern, die Pilgerfahrten der Hundertjahrfeier durch Vorbereitung, Durchführung und vor allem die so günstige Folgezeit für eine tiefe und dauerhafte Gnadenwirkung möglichst auszunützen. Die Rückkehr zu eifrigem Sakramentenempfang, die Achtung der christlichen Moral im ganzen Leben, der Eintritt schließlich in die Reihen der Katholischen Aktion und die verschiedenen von der Kirche empfohlenen Werke: nur so allein kann die für das Jahr 1958 für Lourdes vorgesehene wichtige Massenbewegung nach der Erwartung der Unbefleckten Jungfrau selbst die für die gegenwärtige Menschheit so notwendigen Heilsfrüchte tragen.

Wie wichtig die Einzelbekehrung des Pilgers auch ist, sie kann hier nicht ausreichen. In diesem Jubiläumsjahr ermahnen Wir euch, Geliebte Söhne und Ehrwürdige Brüder, unter den eurer Sorge anvertrauten Gläubigen eine gemeinsame Anstrengung zur christlichen Erneuerung der Gesellschaft in Gang zu bringen als Antwort auf den Anruf Marias: »Daß die blinden Geister ... durch das Licht der Wahrheit und der Gerechtigkeit erleuchtet werden, wünschte bereits Pius XI. bei den Marianischen Feierlichkeiten des Erlösungsjubiläums, daß die im Irrtum Verrannten auf den rechten Weg zurückgeführt werden, daß der Kirche allenthalben eine gerechte Freiheit gewährt werde und daß eine Zeit der Eintracht und des wahren Wohlstandes für alle Völker anbreche« (Brief vom 10. Januar 1935: AAS XXVII, S. 7).

Unsere heutige Welt, die auf der einen Seite so viel Anlaß zu Stolz und Hoffnung bietet, kennt andererseits eine unzweifelhafte Versuchung zum Materialismus, auf die von Unseren Vorgängern und von Uns selbst oft hingewiesen worden ist. Dieser Materialismus liegt nicht nur in der verurteilten Philosophie vor, welche die Politik und Wirtschaft eines Teiles der Menschheit beherrscht. Er wütet auch in der Geldgier, deren Verheerungen sich im Maße der modernen Unternehmungen vermehren und die leider so viele Bestimmungen befiehlt, welche das Leben der Völker belasten. Er äußert sich im Kult des Leibes, in maßloser Sucht nach Luxus und der Flucht vor jeder Lebenszucht. Er drängt auch zur Mißachtung des menschlichen Lebens, vor allem zur Vernichtung des ungeborenen Lebens. Er ist wirksam in der maßlosen Genußsucht, die sich ohne Scham zur Schau stellt und durch Schriften und Schaustücke die noch reinen Seelen zu verführen sucht. Er zeigt sich in mangelnder Sorge um den eigenen Bruder, im Egoismus, der ihn zertritt, in der Ungerechtigkeit, die ihn seiner Rechte beraubt, mit einem Wort: in dieser Lebensauffassung, die alles lediglich nach dem materiellen Nutzen und irdischer Befriedigung ausrichtet. »Nun, meine Seele«, sagte ein Reicher, »hast du einen reichen Vorrat an Gütern daliegen, auf viele Jahre! Ruhe denn aus, iß und trink und laß es dir wohl sein!« – Gott aber sprach zu ihm: »Du Tor, noch heute nacht wird dir die Seele abgefordert.« (Lk 12,19–20) An eine Gesellschaft, die im öffentlichen Leben oft die obersten Rechte Gottes bestreitet, die das Universum um den Preis ihrer Seele gewinnen will (vgl. Mk 8,36) und so in ihr Verderben rennt, hat die mütterliche Jungfrau einen alarmierenden Aufruf gerichtet. Aufmerksam auf ihren Anruf, mögen es die Priester wagen, allen ohne Furcht die großen Wahrheiten des Heiles zu predigen. Ein dauerhafter Frühling kann nur auf die unbeugsamen Prinzipien des Glaubens gegründet sein. Es ist Sache der Priester, das Gewissen des christlichen Volkes zu bilden. Ebenso wie die Unbefleckte aus Mitleid für unsere Nöte, aber hellsichtig für unsere wahren Bedürfnisse zu den Menschen kommt, um ihnen die wesentlichen und entschiedenen Maßregeln der religiösen Bekehrung in Erinnerung zu rufen, müssen die Diener des Gotteswortes mit einer übernatürlichen Sicherheit den engen Weg, der zum Leben führt, aufzeigen (vgl. Mt 7,14). Sie sollen es tun, ohne zu vergessen, mit welchem Geist von Milde und Geduld sie sich empfehlen (vgl. Lk 9,55), aber ohne etwas von den Forderungen des Evangeliums abzustreichen. In der Schule Marias werden sie lernen, nur zu leben, um der Welt Christus zu schenken. Wenn es not tut, werden sie auch im Glauben die Stunde Jesu erwarten und am Fuße des Kreuzes ausharren.

Um ihre Priester geschart, haben die Gläubigen an dem Werke der Erneuerung mitzuarbeiten. Niemand kann mehr für die Sache Gottes tun als dort, wo ihn die Vorsehung hingestellt hat. Unsere Gedanken richten sich zunächst auf die Menge der geweihten Seelen, die sich in der Kirche zahllosen guten Werken widmen. Ihre religiösen Gelübde weisen sie mehr als andere dazu, unter der Ägide Marias sieghaft zu streiten gegen die Brandung der maßlosen Süchte nach Unabhängigkeit, Reichtum und Genuß in der Welt. Sie zunächst werden sich auf den Anruf der Unbefleckten hin dem Ansturm des Bösen mit den Waffen des Gebetes und der Buße und den Siegen der Liebe entgegenstellen. Unser Denken wendet sich in gleicher Weise den christlichen Familien zu, um sie zu beschwören, ihrer unveräußerlichen Aufgabe in der Gesellschaft treu zu bleiben. Mögen sie sich in diesem Jubiläumsjahre dem Unbefleckten Herzen Marias weihen! Dieser Akt der Frömmigkeit wird für die Gatten eine wertvolle geistige Hilfe sein in der Erfüllung der Pflichten der ehelichen Keuschheit und Treue. Er wird die Atmosphäre des Heimes, in der die Kinder heranwachsen, in der Reinheit bewahren. Mehr noch, er wird in der durch die Marianische Frömmigkeit belebten Familie eine lebendige Zelle der gesellschaftlichen Wiedergeburt und der apostolischen Durchdringung erstehen lassen. Gewiß bieten besorgten Christen über den Familienkreis hinaus ihre beruflichen und bürgerlichen Beziehungen ein beachtliches Tätigkeitsfeld für die Erneuerungsarbeit an der Gesellschaft. Zu den Füßen der Jungfrau versammelt, gelehrig ihren Ermahnungen, werden sie zuerst bei sich selbst einen forschenden Blick tun; in ihrem Gewissen werden sie die Fehlurteile und die selbstsüchtigen Haltungen ausmerzen in Furcht vor der Lüge einer Gottesliebe, die sich nicht wirklich in der Bruderliebe auswirkt (vgl. 1 Joh 4,20). Christen aller Klassen und aller Nationen werden versuchen, sich in der Wahrheit und in der Liebe zu treffen, alles Unverständnis und alles Mißtrauen zu bannen. Ohne Zweifel ist das Gewicht der Gesellschaftsbindungen und des wirtschaftlichen Druckes, der auf dem guten Willen der Menschen lastet und ihn oft lähmt, enorm. Aber wenn es wahr ist, wie Unsere Vorgänger und Wir selbst immer wieder mit Nachdruck unterstrichen haben, daß die Frage des sozialen und politischen Friedens für den Menschen zuerst eine moralische Frage ist, so ist keine Reform fruchtbringend, kein Übereinkommen ohne Änderung und Reinigung der Herzen beständig. Daran erinnert die Jungfrau von Lourdes uns alle in diesem Jubiläumsjahre.

Wenn sich Maria bei ihrer Bemühung mit gewisser Vorliebe zu manchen ihrer Kinder niederneigt, so doch wohl, Geliebte Söhne und Ehrwürdige Brüder, zu den Kleinen, den Armen und den Kranken, welche Jesus so geliebt hat! »Kommt alle zu mir, die ihr mühselig und beladen seid, ich will euch erquicken«, scheint sie mit ihrem göttlichen Sohn zu sprechen (Mt 11,28). Geht zu ihr, welche euch das materielle Elend zerdrückt, hilflos den Härten des Lebens und der Gleichgültigkeit der Menschen ausgeliefert! Geht zu ihr, ihr, die ihr von den Betrübnissen und den moralischen Versuchungen bedrängt werdet! Geht zu ihr, teure Kranke und Siechen, die ihr in Lourdes wahrhaftig als leidende Brüder unseres Herrn empfangen und geehrt werdet! Geht zu ihr und empfanget den Frieden des Herzens, die Kraft für die tägliche Pflichterfüllung, die Freude des dargebrachten Opfers! Die Unbefleckte Jungfrau, welche die geheimen Wege der Gnade in den Seelen und die stille Arbeit dieses übernatürlichen Sauerteiges der Welt kennt, weiß, was eure Leiden, vereint mit denen, des Erlösers, in den Augen Gottes gelten. Sie vor allem können, Wir zweifeln nicht daran, an der christlichen Erneuerung der Gemeinschaft, welche Wir von Gott erflehen, unter der mächtigen Fürsprache seiner Mutter mitwirken. Was das Gebet der Kranken, der Einfältigen, aller Lourdespilger betrifft, Maria wendet ihren mütterlichen Blick in gleicher Weise denen zu, die noch außerhalb des einzigen Schafstalles der Kirche sind, um sie in der Einheit zusammenzubringen! Ihr Blick ruhe auf denen, welche suchen und Durst nach Wahrheit haben, um sie zur Quelle des lebendigen Wassers zu führen! Ihr Blick durcheile schließlich die unermeßlichen Kontinente und die weiten menschlichen Bereiche, wo Christus leider so wenig gekannt, so wenig geliebt wird! Sie erringe der

Kirche die Freiheit und die Freude, immer jung, heilig und aposto-
lisch, auf die Erwartung der Menschen an allen Orten Antwort zu
geben!

»Wollen Sie die Güte haben, zu kommen ...«, sagte die Heilige
Jungfrau zu Bernadette. Diese taktvolle Einladung, die sich an das
Herz wendet und mit Zartheit eine freie und großherzige Antwort
wachruft, legt die Gottesmutter von neuem den Söhnen Frankreichs
und der Welt vor. Ohne zu nötigen, drängt sie sie, sich selbst zu
erneuern und mit allen Kräften am Heil der Welt zu arbeiten. Die
Christen werden auf diesen Aufruf nicht taub bleiben; sie werden zu
Maria gehen. Jedem einzelnen von euch möchten Wir am Schlusse
Unseres Briefes mit dem heiligen Bernhard sagen: »In Gefahren, in
Nöten, in Zweifeln denkt an Maria, ruft Maria an ... Folgst du ihr,
so gehst du nicht irre. Bittest du sie, so verzweifelst du nicht.
Denkst du an sie, so irrst du nicht. Hält sie dich, so stürzt du nicht.
Unter ihrem Schutz brauchst du keine Furcht zu haben. Unter ihrer
Führung ermüdest du nicht. Unter ihrer Huld kommst du ans Ziel.«
(Hom. II über Missus est: P. L. CLXXXIII, 70–71).

Wir haben Vertrauen, Teure Söhne und Ehrwürdige Brüder, daß
Maria euer und Unser Gebet erhören wird. Wir bitten sie darum an
diesem Heimsuchungsfest, da wir gerade die feiern, die sich gewürdigt hat, die Erde Frankreichs vor einem Jahrhundert heimzusuchen.
Und indem Wir euch einladen, mit der Unbefleckten Jungfrau das
Magnifikat eurer Dankbarkeit zu singen, rufen Wir auf euch selbst
und eure Gläubigen, das Heiligtum von Lourdes und seine Pilger,
auch auf alle, die Verantwortung für die Jahrhundertfeiern tragen,
den reichsten Gnadensegen herab und erteilen als dessen Unterpfand von ganzem Herzen in Unserem dauernden und väterlichen
Wohlwollen den Apostolischen Segen.

Gegeben zu Rom bei Sankt Peter am Feste der Heimsuchung
der Seligsten Jungfrau am zweiten Juli des Jahres 1957, im neun-
zehnten Jahre unseres Pontifikates.

Papst Pius XII.

Analysen des Wassers aus der Grotte
von Massabielle

Vorbemerkung

Im Hintergrund der Grotte von Massabielle, links vom heutigen Altar, befindet sich die Quelle, auf die Bernadette Soubirous durch die »Dame« während der neunten Erscheinung am 25. Februar 1858 hingewiesen wurde. Die »Dame« hatte angeordnet, »an der Quelle zu trinken und sich dort zu waschen«. Über die Auffindung der Quelle hat Bernadette in einem Brief an Pater Gondrand vom 28. Mai 1861 geschrieben:

> »Da ich keine Quelle sah, ging ich auf den Gave (Fluß) zu. Aber sie sagte mir, daß es dort nicht wäre. Gleichzeitig wies sie mich mit dem Finger an, unter den Felsen (der Grotte von Massabielle) zu gehen.
> Ich ging hin. Ich sah nur ein wenig schmutziges Wasser. Ich führte meine Hand hin und hatte Mühe, ein wenig aufzunehmen. Ich begann die Erde aufzuwühlen, das Wasser kam, aber trüb. Dreimal habe ich es weggeschüttet. Erst beim vierten Mal konnte ich es trinken.«[328]

Die gefundene Quelle hat von Anfang an neben den kirchlichen Stellen auch die kommunalen Behörden von Lourdes interessiert. Man träumte bereits von einem gigantischen, wirtschaftlichen Aufschwung und sah Lourdes bereits als blühenden Kurort, der Aix-le-Bains oder Vichy[329] Konkurrenz machen werde. Noch aus dem Jahr der Erscheinungen liegt bereits eine Wasseranalyse vor, die von Zivilbehörden angefordert wurde. Das damals vorgelegte Resultat war ernüchternd. Es enttäuschte viele Visionen eines neu aufstrebenden, von Patienten und Rekonvaleszenten überlaufenen Kurortes.

Die Vorlage zweier Gutachten über die Wasserqualität aus der Grotte von Massabielle aus dem Jahr 1858 und 1964 belegt – wie viele andere Analysen – das Vorhandensein eines gewöhnlichen Trinkwassers ohne Substanzen, die einen therapeutischen Wert verleihen könnten.

Analyse des Wassers aus der Grotte von Massabielle durch Professor Dr. Filhol (Naturwissenschaftliche Fakultät in Toulouse) vom 7. August 1858[330]

Kohlensäure	8 ccm
Sauerstoff	5 ccm
Stickstoff	17 ccm
Ammoniak	Spuren
Kalkkarbonat	0,096 gr
Magnesiumkarbonat	0,012 gr
Eisenkarbonat	Spuren
Natriumkarbonat	Spuren
Sodiumchlorid	0,008 gr
Kaliumchlorid	Spuren
Sodasilikat	0,018 gr
Kaliumsilikat	Spuren
Kalium- und Sodasulfate	Spuren
Jod	Spuren
Total	0,134 gr

Das Resultat dieser Analyse zeigt, daß das Wasser der Grotte von Lourdes sich in seiner Zusammensetzung nicht von dem Trinkwasser der meisten Gebirgsquellen unterscheidet, die aus kalkreichem Boden entspringen. Das Wasser enthält keine aktiven Substanzen, die ihm ausgesprochen therapeutischen Wert verleihen könnten. Man kann es ohne nachteilige Folgen trinken.

Analyse des Wassers aus der Grotte von Massabielle durch das Hydrologische Forschungsinstitut in Nancy vom 8. Oktober 1964[331]

Hydrologisches Forschungsinstitut

Nancy, 10, rue Ernest-Bichat   Tel.: 53-26-55

8. Oktober 1964

Ärztebüro in Lourdes

Analyse des Wassers

Herkunft: Wasser von der Lourdes-Grotte
Entnahme: 18.9.1964, 11 Uhr (an den Hähnen)
durch Herrn Dr. Olivieri

Physikalische Prüfung

Organoleptische Eigenschaften
    Temperatur: Geruch, Geschmack:
    Aussehen: ziemlich klar
    Trübung: schwach (3 Tropfen Mastix)
Schwebstoffe: keine

Physikalische Eigenschaften:
    pH   7,75
    spez. Durchgangswiderstand bei 20 °C   3,280 Ohm/cm
    Trockengehalt bei 105–110 °C   220 mg/l
    Gesamthärte   9,9 °DH
    CO_2
        in Karbonaten: 0 mg/l
        in Bikarbonaten: 134 mg/l
        in Lösung: 6 mg/l
        als Gas: 0 mg/l
        Gesamtgehalt an CO_2:   140 mg/l
        Gelöster Sauerstoff: –

Beurteilung der korrodierenden Wirkung:

Wasser mit fast neutralem pH-Wert. Gehalt an freiem Kohlendioxid schwach, kein gasförmiges Kohlendioxid. Wasser ohne Einwirkung auf Baumaterial und Kanalanlagen.

Chemische Prüfung

Anionen			mg/l	m-Äquivalent/l
Bikarbonat	(HCO_3)	–	195	3,20
Hydroxyl	(OH)	–	0	–
Karbonat	(CO_3)	– –	0	–
Sulfat	(SO_4)		19	0,40
Chlorid	(Cl)	–	4	0,11
Nitrat	(NO_3)	–	3,2	0,05
Phosphat	(PO_4H)	– –	–	–
Silikat	(SiO_3)	– –	7,5	–
Kationen				
Calcium	(Ca)	+ +	62	3,10
Magnesium	(Mg)	+ +	5	0,43
Natrium	(Na)	+	3,5	0,15
Kalium	(K)	+	weniger als 1	–
Eisen	(Fe)	+ +	0,02	–
Mangan	(Mn)	+ +	0,0	–

Anzeichen für Verunreinigung

Ammoniakalischer Stickstoff	(NH_4)	+	0 mg/l
Nitritstickstoff	(NO_2)	–	0,03 mg/l
Schwefelwasserstoff	(H_2S)	–	

Organische Stoffe
(nach Sauerstoffverbrauch mg/l):
0,60 (in saurem Medium)
0,24 (in alkalischem Medium)

Spezielle Untersuchungen: keine

Zusammenfassung:

Wasser mit mittlerer Kalkhärte, entspricht normalem Wasser. Leichte Mineralisierung, bestehend im wesentlichen aus Calciumbikarbonat. Gehalt an Sulfaten und Chloriden sehr gering. Gehalt an gelöstem Eisen und organischen Stoffen ist normal.

Sammlung und Weiterleitung des Wassers aus der Grotte von Massabielle

Das Wasser der von Bernadette Soubirous gefundenen Quelle wird in mehreren, unterirdischen Reservoirs gesammelt und von dort zu den Piszinen und Brunnen weitergeleitet. Das große Reservoir (20 m lang, 10 m breit) mit einer Kapazität von etwa 450 000 Litern liegt unter dem nördlichen Seitenschiff der Rosenkranzkirche (Rosaire). Der Wasserzufluß beträgt je nach Jahreszeit zwischen 17 000 und 72 000 Liter am Tag. Das Wasser hat eine Wärme von 13 bis 14 Grad.

Im Winter, wenn keine Wallfahrten stattfinden, sammelt sich eine Reserve von etwa 12 Millionen Litern an. Durch eine elektrische Pumpe wird das Wasser aus den Behältern zu den Wasserbecken und Brunnen weitergeleitet. Im Jahr 1955 sind die heutigen Piszinen mit 18 Becken (je neun für Männer und Frauen) rechts von der Grotte aus graublauem Marmor errichtet worden.

Zweimal am Tag wird das Wasser in den Piszinen erneuert, nicht aber nach jedem der etwa über 2000 Heilungsuchenden pro Tag. »Syphilitiker, Krebskranke und Tuberkulöse werden in das gleiche Badewasser getaucht. Seltsamerweise hat dies keinerlei Infektionen zur Folge.«[332]

Nach dem Auskleiden wird ein blaues Tuch um den Leib der Heilungsuchenden gewickelt, und der Kranke in das Wasser des Badebeckens bis zum Hals eingetaucht. Das Bad selbst dauert etwa eine Minute. Alljährlich baden über 300 000 Gesunde und Kranke in den Piszinen. Zwei Drittel aller Heilungen in Lourdes ereignen sich in diesen Badehallen. Badestunden sind täglich von 9 bis 11 Uhr und von 14 bis 16 Uhr, ausgenommen am Sonntagmorgen.

Eine überaus wichtige und hilfreiche Aussage über die Deutung und Bedeutung des Lourdeswassers als »Zeichen« (im Sinne des Johannes-Evangeliums) hat Professor Prévot, Direktor am Pasteur-Institut in Paris, gegeben: »Das Wasser der Quelle ist weder antiseptisch noch antibiotisch ... Wenn es heilt, dann nicht durch einen Mechanismus oder einen Prozentsatz heilkräftiger Substanz. Genau gesagt: wie wenn nichts Wunderbares darin wäre. Das Wunder ist im Heiler wie im wunderbar Geheilten; das Quellwasser ist nur das Zeichen, das das Wunder sinnlich darstellt.«[333]

Formblatt eines Dossiers des Ärztebüros von Lourdes

Heilungen, die in Lourdes geschehen, werden von dem seit 1884 bestehenden Ärztlichen Konstatierungsbüro registriert und in einer Heilungsakte festgehalten.

Im Laufe der Jahrzehnte wurde ein Formblatt entwickelt, in dem in Kurzform die Krankheitsgeschichte wie auch der Heilungsvorgang festgehalten ist. Großer Wert wird dabei gelegt auf die Aussagen und schriftlichen Dokumente der behandelnden Ärzte und auch jener Zeugen, die die Heilung miterlebt hatten. Wiederholte und überaus genaue Untersuchungen der Geheilten werden von Fachärzten durchgeführt und in das angelegte Dossier eingefügt.

Nach der ersten Untersuchung, die meist unmittelbar nach der Heilung noch in Lourdes durchgeführt wird, wird der Geheilte für das kommende Jahr zu einer zweiten Untersuchung bestellt. Erst nach Abschluß dieser beiden Untersuchungen wird die Akte mit allen Dokumenten und Untersuchungsbelegen an das Internationale Ärztekomitee von Lourdes weitergeleitet, das mit dem Büro für wissenschaftliche Untersuchungen zusammenarbeitet.

Das Formblatt[334] besitzt die nachfolgend vorgelegte Form, die jedoch je nach Krankheitsfall durch weitere Fragen und Tests erweitert wird.

BISCHÖFLICHES ORDINARIAT VON TARBES UND LOURDES

Pilgerfahrt der Diözese _____

vom _____ bis _____ 19 _____

Ärztebüro von Lourdes
Wissenschaftliches Untersuchungsbüro
Jahr 19. .

Name und Vorname _____

Geburtsdatum _____

Beruf _____

Aufenthalt im Krankenhaus von _____

Vorstellung im Ärztebüro (zum erstenmal am)_____

(zum zweitenmal am)_____

Diagnose _____

_____

_____

Erste Untersuchung

Datum der Untersuchung _____ 19 _____

Vorgenommen durch die Ärzte _____

_____

_____

Referent: Dr. _____ von _____

_____

Formblatt eines Dossiers

Persönliche und Familienvorgeschichte des Kranken: _____

_____

_____

Krankheitsgeschichte

_____

_____

Bericht über die Heilung – Zeugenaussagen

_____

_____

_____

Dr. _____ von _____

Genaue Anschrift _____

wird ergänzende Informationen einsenden.

Zweite Untersuchung

Vorgenommen am _____

von den Ärzten _____

_____

_____

Referent: Dr. _____ von _____

_____

_____

_____

_____

Unterschriften der Ärzte:

1. Kann mit Sicherheit gesagt werden, daß die Krankheit, welche durch das bzw. die Atteste beschrieben wird, zum Zeitpunkt der Wallfahrt nach Lourdes bestand?

_____

_____

2. Wurde der Krankheitsverlauf plötzlich unterbrochen zu einem Zeitpunkt, da keine Aussicht auf Besserung bestand?

_____

_____

3. Fand eine Heilung statt? Geschah sie ohne Anwendung von Heilmitteln?

_____

_____

4. Ist es zweckmäßig, mit der Schlußfolgerung noch zuzuwarten?

_____

_____

5. Kann eine ärztliche Erklärung für die Heilung gegeben werden?

_____

_____

Überschreitet sie die Naturgesetze? _____

_____

Lourdes, am _____ 19 _____

Unterschriften der Ärzte:

Wurden die auf die Heilung folgenden Untersuchungen vom Ärztebüro
anerkannt?

Das große Lourdes-Lied

Unvergeßlich für jeden Besucher von Lourdes ist neben der täglich um
16.30 Uhr stattfindenden Sakramentsprozession die allabendlich um
20.30 Uhr beginnende Lichterprozession. Beim nächtlichen Heimgang
zu den Hotels und selbst nach der Rückkehr in die Heimatorte klingt
in vielen das bei der abendlichen Lichterprozession gesungene »Ave
Maria« immer wieder nach. Abbé Gaignet aus Luçon (Vendée) hat
1873 diesen Text in französischer Sprache verfaßt. Der ursprünglich
nur acht Doppelverse lange Text wurde bereits 1874 auf 60 Doppelverse vom Autor erweitert.

Die deutsche Übersetzung liegt in mehreren Fassungen vor; nachfolgend jene Übersetzung, die bei der Internationalen Pax-Christi-
Wallfahrt 1948 verwendet wurde.[335]

> Die Glocken verkünden mit fröhlichem Laut
> das Ave Maria so lieb und so traut:
> Ave, ave, ave, Maria!
> Ave, ave, ave Maria!

I.

2. Der Engel geleitet mit sorgender Hand
das Kind Bernadette an des Flusses Rand.

3. Im Brausen des Windes das Mägdlein vernimmt,
daß ihm eine Gnade des Himmels bestimmt.

4. Auf Massabiell' schaut's ein strahlendes Licht,
wie solches entstanden, begreift es wohl nicht.

5. Mit freundlichem Antlitz, gar lieblich und mild,
erscheint dort ein himmlisches Jungfrauenbild.

6. Der Blick ist erfüllet mit göttlichem Licht;
das wonnige Lächeln sagt: »Fürchte dich nicht!«

7. Weiß ist das Gewand wie die Lilie der Au;
der Gürtel ist lang und wie Himmel so blau.

8. Und sieh, zu den Füßen, da pranget in Gold
die himmlische Rose, so duftend und hold.

9. Der Rosenkranz schlinget sich fromm um die Hand,
es wallet der Schleier herab aufs Gewand.

10. Mit klopfendem Herzen beginnt nun geschwind
das Ave zu beten das glückliche Kind.

II.

1. Es schwand die Erscheinung, das Mägdlein ruft aus:
»Auf Wiedersehn morgen!« und eilet nach Haus.

2. Sein Herz aber bleibt in der Grotte zurück
und sehnt sich nach dem dort empfundenen Glück.

3. »Ach, laß mich zur Mutter, die dorten erscheint,
du, irdische Mutter! Mein Herze sonst weint;

4. Sie ist ja so schön, laß zur Grotte mich gehn,
ich muß jene Dame recht bald wieder sehn!«

Allabendliche Lichterprozession der Lourdespilger.

5. Und gleich einer Taube, so nimmt sie den Flug
und folget der Gnade allmächtigem Zug.

6. »O sprich, holde Dame, was willst Du von mir?
Was immer Dein Wunsch, ich erfülle ihn Dir!«

7. »Mit deinen Gespielen komm fünfzehnmal her,
das ist jetzt mein Wunsch und mein einzig Begehr.

8. Gehorsamstes Kind! Ich verspreche dafür,
dich glücklich zu machen im Himmel, nicht hier.«

9. »Du freilich bist gut; wird die Welt mir verzeihn,
daß ich Dich gesehn; wird sie nachsichtig sein?

10. O nein, sie wird spotten; sie glaubet mir nicht;
ich hab' nur die Wahrheit, die, ach, für mich spricht.«

III.

1. An Bernadett's Seite da kniet im Gebet
vor Tag schon die Menge und weinet und fleht.

2. Das Hirtenkind gleicht einem Engel, der gern
erfüllt den Befehl und den Willen des Herrn.

3. Nun wird sie verzückt, wird bald rot und bald bleich,
die Züge sind unschuldig, kindlich und weich.

4. Auf schaut sie zur Dame, ihr strahlender Blick
erzählt von unendlich erhabenem Glück.

5. Und während sie betet, erstrahlet auch schon
ihr Antlitz im Glanze der Himmelsvision.

6. Das gläubige Volk, es kniet staunend umher
und kennt fast das betende Mägdlein nicht mehr.

7. »Was ist Dir, o Dame?« so fragt jetzt das Kind,
»warum bist Du traurig, so sag es geschwind!

8. Was soll ich denn tun, um Dein Herz zu erfreun?«
»Du sollst für die Sünder Gebete mir weihn.

9. Auch will ich, daß gläubig, vertrauend und fromm
man hierher zur Grotte im Pilgerzug komm.

10. Es soll die Kapelle aus Marmor entstehn
hier an diesem Ort, der mein Antlitz gesehn.«

IV.

1. O tiefes Geheimnis der Liebe, so rein!
Vermag eine Mutter denn treulos zu sein!

2. Das Kind kommt schon zweimal; es hält liebend Wort;
die Mutter erscheint nicht am heiligen Ort.

3. »O gütige Dame, weißt Du denn gar nicht,
daß es Deinem Kinde an Beistand gebricht?«

4. »Sei mutig und harre: die Prüfung vergeht;
und stark wird der Glaube, wenn treu er besteht.«

5. Und wieder erschienen ist heut sie dem Kind,
das glücklich und selig und himmlisch gesinnt.

6. »O gütige Dame, sei freundlich zu mir
und gib mir ein Zeichen der Liebe von Dir!«

7. »Ein Unterpfand gib, daß ich Wahrheit gesagt;
denn siehe, wie man mich der Lüge anklagt.

8. Laß zu Deinen Füßen am Dornbusch erblühn
die Rose, auf daß ihre Zweifel verziehn!«

9. Da lächelt die Dame: »Dein Wunsch ist erhört,
doch geb' ich dir Beßres, als was du begehrst.

10. Die Blume verwelket, stirbt ab und vergeht;
die Liebe der Mutter für immer besteht.«

V.

1. »Geh hin zu der Quelle, ihr Wasser so rein,
es soll dies ein beßres Geschenk von mir sein.«

2. Das Kind eilt zum Flusse. Ein Zeichen, ein Blick,
ruft es in die Grotte zur Dame zurück.

3. Nun gräbt es die Erde mit flüchtiger Hand,
und bald schon entdeckt es befeuchtet den Sand.

4. Es fließet das Wasser, das seither befreit
viel Tausend von Menschen von Krankheit und Leid.

5. »O himmlische Dame, ich bitte Dich, sprich!
Wie ist doch Dein Name? Wie heißet man Dich?

6. Verbirg Dich nicht länger vor mir, Deiner Magd,
die demütig bittend Dich darum befragt.«

7. Und zweimal steigt aufwärts des Kindes Gebet
zum Herzen der Mutter und dränget und fleht.

8. Da naht sich das Fest, wo aus Gabriels Mund
das hohe Geheimnis der Jungfrau ward kund.

9. Sie strahlet in Schönheit, in lieblicher Weis;
auch gibt sie ihr letztes Geheimnis jetzt preis.

10. »Die Sündlos Empfangne«, so sprach sie, »bin ich;
die Makellos-Reine; nun kennest du mich.«

VI.

1. Zum Himmel steig wieder, Maria, hinauf,
und nimm unser Herzensgebet mit hinauf.

2. Es wird ja Dein Wunsch, viele Menschen zu sehn
in Lourd(es), ganz gewiß in Erfüllung einst gehn.

3. Wir grüßen dich, Tal, wo die Jungfrau so rein
besonders geliebt und verehret will sein.

4. Die Grotte, die ehmals verlassen und wild,
sie schmückt jetzt ihr heiliges himmlisches Bild.

5. Die Quelle, sie fließet und hört nimmer auf;
zu ihr strömt die Menge in eilendem Lauf.

Eine der Badehallen, in denen viele Heilungen registriert wurden.
Das Wasserbassin ist 2 m lang und 0,70 m breit und tief.

Ort der Hoffnung: Die Grotte von Massabielle.

6. Das Heiligtum hat schon seit Jahren gesehn
viel Tausend von Pilgern erscheinen und gehn.

7. Die heiligen Hallen verkünden es laut,
was einstens das Kind Bernadette geschaut.

8. Wohl kennt man den Weg, der zum Heiligtum führt,
es wallt ihn der Pilger gar freudig gerührt.

9. Er führet ins Vaterland, zum Paradies;
wohl dem, der in Lourd(es) dort sein Herz zurückließ.

10. O leite und führe uns, himmlischer Stern,
zum Himmel, zur Heimat, zu Gott unserm Herrn!

Erklärung der medizinischen Fachausdrücke

Abdominalkrankheit . . Krankheit in der Bauch- und Unterleibgegend

Abszeß . . . . Eiteransammlung, entstanden durch krankhafte Vorgänge

Achillessehne . . . . . . Sehne des dreiköpfigen Wadenmuskels zum Fersenbein, benannt nach dem griechischen Krieger und Arzt Achilles, von dem Homer in seiner Ilias berichtet (vgl. Schafgarbe = Achille millefolium)

Addisonsche Krankheit . Erkrankung der Nebenniere, meist verursacht durch Tuberkulose; benannt nach dem englischen Arzt Thomas Addison (1793–1860), 1855 als Nebennierenrinden-Unterfunktion mit charakteristischer Bronzefärbung der Haut beschrieben (Bronzekrankheit). Eine Sonderform dieser Krankheit stellt der sog. weiße Morbus Addison dar.

Ätiologie . . . . Erforschung der Krankheitsursache

Amputation . . . . . . aus dem Lateinischen »putare« (bereinigen, abschneiden): kunstfertiges Absetzen, Entfernen eines Körperteils (Fuß, Arm)

Anämie . . . . Blutarmut, Verminderung des Blutfarbstoffs und des Erythrozytengehalts (rote Blutkörperchen) im Blut

Anatomie . . . . Lehre von Bau und Form des menschlichen (tierischen) Körpers

Angina pectoris . . . . . aus dem Lateinischen »angina« (Enge) – »pectus« (Brust): Anfälle von heftigen Schmerzen in der linken Brustseite mit Ausstrahlungen auf Bauch, linke Halsseite und linken Arm, oft verbunden mit Kollapserscheinungen (kalter Schweiß, Angstzustände).

Antisepsis . . . . Hemmung bzw. Vernichtung von Wundinfektion; 1867 Forschung des englischen Chirurgen Joseph Baron Lister (1827–1912), angeregt durch Arbeiten des französischen Chemikers Louis Pasteur (1822–1895); später von der Asepsis als Schutzmaßnahme verdrängt (Forschungen des österreichisch-ungarischen Gynäkologen Ignaz Philipp Semmelweiß 1818–1865)

Aphasie . . . . (reine) Sprechstörung durch Schädigung/Ausfall bestimmter Gehirnzentren

Arachnoidea . . . . . . mittlere der drei Hirnhäute – Spinnwebenhaut, bildet zusammen mit der Gefäßhaut die weiche Gehirnhaut

Arterien . . . . alle Blutgefäße, in denen das Blut vom Herzen zur Peripherie fließt (Schlagader, Pulsader) – Arteria Carotis = Kopfschlagader

Asthenie . . . . Kraftlosigkeit, Schwäche, gesteigerte und rasche Ermüdbarkeit

Atrophie . . . . insbesondere durch Ernährungsstörungen bedingter Schwund von Organen, Geweben, Zellen

Babinski-Zeichen . . . . Beugung der Großzehe beim Bestreichen der Fußsohle; Joseph François Felix Babinski (1857–1932), französischer Neurologe

Barium-Einlauf . . . . . Anwendung eines Kontrastmittels zur Untersuchung des Magen-Darmkanals

Bauchfellentzündung . . siehe Peritonitis

Bauchspeicheldrüse . . . siehe Pankreas

Bilateralisation . . . . . beidseitige Störungen, meist Lähmungen

Blepharitis . . . . Entzündung des Augenlidrandes

Bronchitis . . . . Entzündung der Bronchialschleimhäute, häufige Ursache: Erkältung, Infektion

Budd-Chiari-Syndrom . durch Verschluß der Lebervene (V. hepatica), z. B. durch Thrombose, starke Schmerzen, Leber- und Milzvergrößerung, Leberverhärtung, evtl. Koma

Biopsie . . . . Betrachtung und Untersuchung der Bauchhöhle vor und bei Operationen

Carotisstenose . . . . . Verengung der Kopfschlagader

cerebral . . . . aus dem Großhirn kommende Kreislaufstörungen; aus dem Lateinischen »cebrum« = Großhirn

Cerebrospinalflüssigkeit . umfließt das von der Wirbelsäule umfaßte Rückenmark

Cholera . . . . meldepflichtige, schwere Infektionskrankheit des Dünndarms, häufigster Erreger: Vibrio cholerae asiaticae

Corticalis . . . . äußere Knochenschicht

Cystis . . . . Entzündung der Harnblase

Deoxyspergualin . . . . Abkürzung DSG; japanisches Bazillenpräparat zur Behandlung von multiple Sklerose (noch im Experimentierstadium)

Diathermie . . . . . . Anwendung von Hochfrequenzströmen, um die Gewebe im Körperinnern zu erwärmen

DNS . . . . Abkürzung für Desoxyribonukleinsäure; genetischer Code allen irdischen Lebens

Drainage . . . . Ableitung von Eiter, Wundsekreten aus Körperhöhlen, Wunden usw.

Dystonie . . . . Störung des normalen Spannungszustandes der Muskeln und Gefäße

Dysurie . . . . Störung der Harnentleerung

Echinokokkus-Zyste . . Zyste der Leber, hervorgerufen durch Echinokokkus (Hülsenwurm); tumorartiges Durchwachsen des befallenen Organs

Ekzem . . . . vielgestaltige Juckflechte der Hautbezirke

Elektrokardiographie . . Abkürzung: EKG-Apparat; zur Ablesung und Schreibung der Aktionsströme des Herzens

Endoskopie . . . . . . Besichtigung von Körperhöhlen und -kanälen mit einem röhrenförmigen Instrument, das mit einer elektrischen Lichtquelle und Spiegelvorrichtung versehen ist

Exophtalmie . . . . . ein- oder beidseitiges starkes Vordringen des Augapfels mit Bewegungseinschränkung

Fistel . . . . röhrenförmiger Gang zwischen Körperhöhlen und der äußeren oder inneren Körperoberfläche

Fraktur . . . . Knochenbruch

Gangrän . . . . fressendes Geschwür (Brand) durch Einwirkung der Außenwelt mit Farbveränderung der befallenen Gewebe (bräunlich-schwarz = »wie verbrannt«)

genital . . . . zu den Geschlechtsorganen gehörend (z. B. Genitalkrebs, Genitaltuberkulose)

Heliotherapie . . . . . Anwendung von Sonnenwärme und -licht zu Heilzwecken

Hemiparese . . . . . . leichte Halbseitenlähmung, leichtere Form einer Hemiplegie

Hemiplegie . . . . . . motorische Lähmung einer Körperseite

Henle-Albee-Operation . Operative Versteifung der Wirbelsäule zwecks Ruhigstellung bei Wirbelknochentuberkulose, benannt nach dem deutschen Chirurgen Adolf Henle (1864–1936) und dem amerikanischen Chirurgen Fred Albee (1876–1945)

Hernie . . . . »Bruch«, insbesondere Eingeweidebruch

Herzinfarkt . . . . siehe Myokardinfarkt

Histologie . . . . wissenschaftliche Lehre von den Körpergeweben der Lebewesen

Hochdruck . . . . siehe Hypertonie

Hodgkinsche Krankheit . maligne, bösartige Erkrankung der Lymphknoten am Hals – Lymphogranulomatose – mit Leberschwellung, Fieberanfällen, benannt nach dem englischen Internisten Thomas Hodgkin (1798–1869)

Hypermenorrhoe . . . . überlange Regelblutung

Hypertonie . . . . Bluthochdruck, durch erhöhten arteriellen Blutdruck gekennzeichnete Krankheit des Kreislaufsystems

Hypertrophie . . . . . . Vergrößerung der einzelnen Zellen eines Organs

Hypophyse . . . . innersekretorische Drüse an der Hirnbasis

Hyposystolie . . . . . . Schwäche der Herzkammerkontraktionen

Hysterektomie . . . . . operative Entfernung der Gebärmutter

Inkubationszeit . . . . . aus dem Lateinischen »incubare« = daraufliegen, brüten; Zeit zwischen Ansteckung und Ausbruch der Infektionskrankheit

Insertium . . . . aus dem Lateinischen »inserere« = einsetzen; Ansatz, Anheftung, z. B. Ansatz der Nabelschnur an der Placenta

Insuffizienz . . . . ungenügende Funktion eines Organs

intrakraniell . . . . . . innerhalb des Schädeldaches

Inzision . . . . operativer Einschnitt

Jodtinktur . . . . Behandlung mit Jod-Desinfektionsmittel zur Haut- und Wunddesinfektion

Kachexie . . . . Kräfteverfall, Auszehrung, schlechter Ernährungszustand vor allem bei Krebs

Karies . . . . als Zahnkaries: Zahnfäule mit eintretender Erweichung des Zahnschmelzes

Karzinom . . . . Krebs, Krebsgeschwulst mit raschem Wachstum

Kaverne . . . . durch Gewebseinschmelzung entstandener Hohlraum im Körpergewebe (besonders bei schwerer Lungentuberkulose) in der Lunge

Klonus . . . . Zuckungen der Arme oder Füße mit pathologischen Reflexen (Babinski-Zeichen)

Klumpfuß	Lateinisch »pes equinovarus«; Spitzfußstellung des Gesamtfußes
Kollaps	Kreislaufkollaps als Versagen des peripheren Kreislaufs
Konjunktivalreflex	Schleimhautreflex bei Berührung des Augenlides mit der Bindehaut
Koronaritis	siehe Angina pectoris
Koronarstörungen	plötzlicher Verschluß einer Herzkranzarterie
Kotfistel	Darmfistel
Läsion	Verletzung, Störung
Laparotomie	Bauchschnitt (operative Eröffnung der Bauchhöhle von den Bauchdecken her)
Leberzyste	sackartige Geschwulst der Leber
Lumbalpunktion	Punktion des Rückenmarkkanals zwischen drittem und viertem Lendenwirbel zur Entnahme der Rückenmarksflüssigkeit
Lupus	aus dem Lateinischen »lupus« = Wolf; häufigste Form der Hauttuberkulose meist im Gesicht (Tuberculosa eutis luposa); bösartige (maligne) Lymphknotenerkrankung. Siehe Hodgkinsche Krankheit!
Meningitis	Hirnhautentzündung
Meningoencephalitis	Form der Meningitis, bei der die Gehirnsubstanz in Mitleidenschaft gezogen ist
Mesenteritis	Erkrankung in der Mitte der Eingeweide (Dünndarm)
Metastase	Tochtergeschwulst durch Verschleppung von Krankheitsstoffen vom Entstehungsort; Entstehung bösartiger Geschwulste (Karzinom, Sarkom) an anderen Stellen im Organismus (sekundäre Krankheitsherde)
Mitralfehler	Herzklappenfehler zwischen linkem Vorhof und Kammer
Morphium	benannt nach dem griechischen Gott »Morpheus« – schmerzstillendes und einschläfernd wirkendes Mittel
multiple Sklerose	Abkürzung MS; Entzündung des zentralen Nervensystems, die an mehreren – multiplen Stellen auftreten kann; die oft in Schüben auftretende Krankheit löst Bewegungsstörungen, Lähmungen, Sehstörungen oder Depressionen aus. Die Ursache der MS ist noch nicht geklärt.

Muskelatrophie . . . . . Muskelschwund aus unterschiedlichen Ursachen (myogene, neurogene, spinalprogressive M.)

Myelitis (transversa) . . Erkrankung eines Rückenmarksegments in meist nur geringer Längsausdehnung

Myokardinfarkt . . . . . Herzmuskelinfarkt (Koronarinfarkt), ausgelöst durch Thrombose, Embolie, Sklerose, Spasmus, Ostienstenose

Myom . . . . Muskelgeschwulst (meist für Uterusmyom gebräuchlich)

nekrotisch . . . . abgestorben

Nephritis . . . . Nierenentzündung; N. tuberculosa = Nierentuberkulose

Neurologie . . . . Lehre von Nervenkrankheiten, ihrer Entstehung und Behandlung

Neurose . . . . angeborene oder erworbene Störungen des personal-seelischen Gleichgewichts, meist in Form abnormer Erlebnis- und Konfliktreaktionen

Nystagmus . . . . Augenzittern, schnell aufeinanderfolgende Zuckungen der Augäpfel

Ödem . . . . örtliche oder allgemeine Ansammlung wässeriger Flüssigkeit

Ophthalmoskop . . . . Augenspiegel

Opticus-Atrophie . . . . Verminderung der Sehfähigkeit

Osteoarthritis . . . . . . Knochen- und Gelenktuberkulose

Osteochondritis . . . . . Knochen- u. Knorpelentzündung

Osteomyelitis . . . . . . Knochenmarkentzündung

Osteoperiostitis . . . . . Knochen- und Hautentzündung

Osteosarkom . . . . . . bösartige Knochengeschwulst

Ostitis . . . . Knochenentzündung

Panaritium . . . . Eitrige Entzündung an Fingern (Nagelgeschwüre), meist als Folge von Wundinfektionen

Pankreas . . . . Bauchspeicheldrüse

Pathologie . . . . Lehre von den Krankheiten, ihrer Entstehung und den durch sie hervorgerufenen Veränderungen im Organismus (pathologisch = krankhaft)

Penicillin . . . . benannt nach dem Schimmelpilz »Penicillium«; von dem englischen Bakteriologen Alexander Fleming (1881–1955) entdeckte (1928) Antiobiotika-Gruppe mit antibakterieller Wirkung

Peritonitis . . . . Bauchfellentzündung, plastische P. = zu flächenhafter Verwachsungen führende P.; P. tuberculosa = tuberkulöse Bauchfellentzündung

Phenylbutazol . . . . . einwertige Atomgruppe, eine Senfverbindung

Phlebitis purulenta . . . eiternde Venenentzündung

Phlegmone . . . . flächenhaft fortschreitende, eitrige Entzündung des Zellgewebes

Physiologie . . . . Lehre von den Lebensvorgängen und Funktionen des menschlichen Organismus

Plantarreflex . . . . . . Reaktion der Zehen beim Bestreichen der Fußsohle

Pleuritis . . . . Rippenfellentzündung, häufig unerkannt, ausgelöst durch Erkältungen und Überanstrengungen

Plexus brachialis . . . . Nervengeflecht am Schlüsselbein, von dem u. a. die Armvenen ausgehen

Poliomyelitis epidemica . anzeigepflichtige, »spinale Kinderlähmung«, die im frühen Lebensalter auftritt, durch Viren hervorgerufene Entzündung der grauen Rückenmarksubstanz

Pollakisurie . . . . Störung des Entleerungsmechanismus der Harnblase mit dem Drang zu häufiger Harnentleerung

Pottsche Krankheit . . . tuberkulöse Erkrankung des Rückgrates (Wirbeltuberkulose), benannt nach dem englischen Bakteriologen Percival Pott (1713–1788)

pränatal . . . . vorgeburtlich

Prognose . . . . Beurteilung und Vorausbestimmung des weiteren Verlaufs einer Krankheit und der Gesundungschancen

Quadriplegie . . . . . . Lähmung aller vier Gliedmaßen (Arme und Beine)

Radiumbestrahlung . . . Radium, vom Ehepaar Marie (1867–1934) und Pierre Curie (1859–1906) bei ihren Forschungen über Radioaktivität (Polonium und Uran) 1898 entdeckt, es wird verwendet für strahlentherapeutische Zwecke und vor allem bei bösartigen Wucherungen (Karzinomen)

Resektion . . . . aus dem Lateinischen »resecare« = abschneiden; Ausschneiden eines Organs bzw. Entfernung von kranken Organteilen

Rheumatismus . . . . . schmerzhafte, das Allgemeinbefinden vielfach beeinträchtigende Erkrankung der Gelenke, Muskeln, Nerven, Sehnen

Röntgenbestrahlung . . radioaktive Durchleuchtungstechnik mit Durchleuchtungsbild zur Erkenntnis wie zur Behandlung von Krankheiten, benannt nach dem deutschen Physiker Wilhelm Conrad Röntgen (1845–1923); der Ausdruck »Röntgenstrahlen« wurde von dem

Schweizer Biologen und Mediziner Albert von Köl-
liker (1817–1905) 1896 geprägt.

Sakrokoxalgie . . . . . . aus dem Lateinischen »coxa« = Hüfte, Schmerzen
im Bereich des Kreuzbeins und der Hüfte

Sehnervatrophie . . . . Sehnervstörung, angeboren oder durch Stauungs-
papillen ausgelöst (Atrophia nervi optici)

Sensorium . . . . Bewußtsein

Sklerose . . . . krankhafte Verhärtung eines Organs

Spiralcomputer-
tomograph . . . . Gerät für Untersuchungen bei Erkrankungen der
Lunge und der Atemwege, das bereits im Frühsta-
dium kleinste Veränderungen im Lungenbereich
lückenlos erfaßt und dreidimensional darstellt

Spondylitis . . . . Wirbelentzündung; Sp. tuberculosa = tuberkulöse
Deformierung der Wirbelkörper mit Bandscheiben-
verschmälerung; siehe Pottsche Krankheit

Spondylose . . . . nicht entzündliche Wirbelerkrankung

Staphylokokken . . . . »Haufenkokken«, die als Eitererreger in trauben-
ähnlichen Haufen beisammenliegen

Stellar-Ganglion . . . . sternförmige Geschwulstbildung im Bereich der
Gelenkkapsel oder des Sehnengleitgewebes

Sternum . . . . Brustbein

Streptomyzin . . . . . . Antibiotikum gegen tuberkulöse Infektionen bei
Wirbelsäulenerkrankungen, entdeckt 1944 von dem
amerikanischen Biologen russischer Herkunft Abraham Jakob Waksmann (1888–1964)

Sympathikus . . . . . . Teil des vegetativen Nervensystems

Symptom . . . . (einzelne) Krankheitserscheinung

Syndrom . . . . Symptomenkomplex

Therapie . . . . Behandlung und Versorgung des Kranken; Heilverfahren

Thorax . . . . Brustkorb

Thrombose . . . . Blutgerinnsel, Blutpropfenbildung; Gefahr der Embolie

Transfusion . . . . Übertragung von Blut

Trauma . . . . Verletzung, Wunde;»traumatisch« = durch Verletzung entstanden; traumatische Neurosen als Folge
von Hirnverletzungen

Trepanation . . . . . . Anbohrung des Schädels um den Gehirndruck bei
Geschwülsten herabzusetzen und Stauungspapille
zu beseitigen. Siehe Sehnervatrophie

Trochanteritis . . . . . . Entzündung des Bereichs des Rollhügels am Oberschenkelknochen

Tuberkelbazillus	Mycobacterium tuberculosis, entdeckt 1882 von dem deutschen Bakteriologen Robert Koch (1843–1910); er stellte 1890 das Tuberkulin für die spezifische Behandlung der Tuberkulose dar
Tuberkulose	durch Tuberkelbazillen hervorgerufene Erkrankung
Tumor	Geschwulst, Anschwellung (meist bösartiger Neubildungen: Karzinom, Sarkom)
typhös	Umnebelung der Sinne, Benommenheit
Typhus	septische Infektionskrankheit, ausgelöst durch Typhusbazillen (entdeckt 1880) im Wasser oder in Nahrungsmitteln, tritt meist nach 1–3wöchiger Inkubationszeit auf (Unterleibs-, Flecktyphus)
Urämie	Harnvergiftung des Blutes durch Nierenversagen
Vaginafistel	Fistel an der weiblichen Scheide
vegetativ	die unbewußten Funktionen des Körpers umfassend
Venen	leiten das Blut von der Peripherie zum Herzen
Venenentzündung . . .	Entzündung der Blutader, Blutgefäß, das Blut zum Herzen zurückführt (im Unterschied zur Arterie, die unter dem Pulsschlag des Herzens das Blut vom Herzen wegführt an die Peripherie des Organismus)
Wirbeltuberkulose . . .	siehe Pottsche Krankheit
Wirbelsklerose	siehe Sklerose
Zyste	krankhafte Hohlräume in flüssigem oder breiigem Inhalt

Anmerkungen

I. Kapitel

1 R. Cranston, Das Wunder von Lourdes. Ein Tatsachenbericht. München 1973³, 173.

2 A. Läpple, Wunder sind Wirklichkeit. Tatsachenbericht aus den Archiven der Kirche. Augsburg 1989, 19–93.

3 F. Mußner, Die Wunder Jesu. Eine Hinführung. München 1967, 84.

4 Zitiert aus Bulletin A.M.I.L., Nr. 98 vom 1. Oktober 1953. Dieses Bulletin wird herausgegeben von der Association Médicale International de Lourdes (Abkürzung: A.M.I.L.) = Internationales Ärzte-Komitee. Seit einigen Jahren erscheint dieses Bulletin auch in deutscher Sprache; es gibt einen sehr genauen Einblick in die Tätigkeit des Ärztebüros in Lourdes und über den Stand der vorgelegten Heilungen. Vgl. A. Deroo, Lourdes. Stadt der Wunder oder Jahrmarkt der Illusionen? Aschaffenburg 1958, 149.

5 Zur Persönlichkeit und zum Wirken des Papstes Benedikt XIV. siehe als Hauptquelle L. v. Pastor, Geschichte der Päpste. XVI/1. Freiburg–Rom 1961⁸, 3–439.

6 Zitiert nach A. Deroo, a.a.O., 127.

7 Zitiert aus J. M. Tauriac, Wunder in Lourdes. Heilungsberichte. Innsbruck–Wien–München 1957, 143.

8 R. Ferron, Étude sur les guérisons dites miraculeuses. Paris 1939, 31. Es wird darin hingewiesen auf den antiken Äskulap-Kult. Äskulap (Asklépios) war griechischer Heilgott mit Stab und Schlange als Symbol seines ärztlichen Berufes. Sein Tempel und Haupt-Wallfahrtsort liegen in Epidauros, wo auch dessen Tochter Hygieia als Göttin der Gesundheit verehrt wurde. Das bekannteste und kunstgeschichtlich berühmte Heiligtum stand in Pergamon. Asklepios wurde auch angerufen und verehrt als »Heiland« (sotér) für Liebe und Seligkeit.

9 Siehe A. Deroo, a.a.O., 27 (Anmerkung 3) die genauen Namen.

10 Eine Zusammenfassung der heftigen Debatten und Proteste hat vorgelegt Racard, Die wahre Bernadette von Lourdes. Brief an Zola. 1894, vor allem 22–23; vgl. auch Bulletin A.M.I.L. Oktober 1953, 10–11; A. Deroo, a.a.O., 27–30.

11 Dazu äußerte sich als Arzt und langjähriger Präsident des Ärztebüros von Lourdes A. Boissarie, Die großen Heilungen von Lourdes. Luxemburg 1902, 38–42.

12 Siehe dazu die Stellungnahme von A. Boissarie, a.a.O., 76–79.

13 F. Leuret-H. Bon, Wunder, Wissenschaft und Kirche. Wien 1957, 115–147.

14 A. Olivieri, Gibt es noch Wunder in Lourdes? Aschaffenburg 1973, 31.

15 Vgl. dazu die kirchlichen Bestimmungen der Wunderbestätigung bei Selig- und Heiligsprechungsverfahren, für die maßgebend sind das Motu Proprio »Sanctitas clarior« vom 19. März 1969 sowie die Dekrete vom 3. April 1970, vom 16. Dezember 1972 und die Normae particulares von 1972.
Der Codex Juris Canonici 1917 hat sich für die Prüfung und Bestätigung der Wunder ausführlich geäußert in den Canones 2116 bis 2124. Die dort festgelegten Normen sind weithin auch heute für die kirchliche Wunderbestätigung von Lourdes anzuwenden, die der zuständige Heimatbischof der (des) Geheilten nach einem diözesan-kanonischen Verfahren vorzunehmen hat.
In den Debatten der vergangenen Jahrzehnte ist immer wieder die Thematik »Wunder und Naturgesetz« aufgegriffen worden, wobei überstark die naturwissenschaftliche Frage (Wunder als Durchschuß durch die Wand der Naturgesetze?) erörtert wurde. Hilfreich und anregend sind immer noch G. Söhngen, Wunderzeichen und Glaube, in: Die Einheit in der Theologie. München 1952, 265–285 und C. S. Lewis, Wunder. Eine vorbereitende Untersuchung. Köln 1952.
Das Auf und Ab, das Pro und Contra mit wechselnden Positionen der Wunderdiskussion hat A. L. F. v. Helmholtz, Arzt und Physiker (1821–1894), in seiner 1877 erschienenen Schrift »Das Denken in der Medizin« treffsicher formuliert: »Unsere Generation hat noch unter dem Drucke spiritualistischer Metaphysik gelitten, die jüngere wird sich wohl vor dem der materialistischen zu wehren haben.« Zitiert aus J. Thurner, Die Wunder aus medizinisch-naturwissenschaftlicher Sicht, in: Salzburger Wallfahrten in Kult und Brauch (Katalog zur XI. Sonderausstellung des Dommuseums zu Salzburg. Salzburg 1986, 85–89 (Zitat 87).

16 A. Läpple, Lourdes. Augsburg 1994, 62–100.

17 Veröffentlicht in »The American«, zitiert aus W. Schamoni, Das wahre Gesicht der Heiligen. Leipzig 1938, 275. Alexis Carrel hat sich in zwei lesenswerten Büchern zu Lourdes geäußert: »Das Wunder von Lourdes« (Stuttgart 1951) und »Der Mensch, das unbekannte Wesen« (München, 1955, 121 f.).
Eine kurzgefaßte Lebensbeschreibung von Alexis Carrel (1873–1944), der 1912 für seine bahnbrechenden Arbeiten über Gewebezüchtungen den Nobelpreis erhalten hat, bietet G. Siegmund, Alexis Carrel als Zeuge für Lourdes, in: Stimmen der Zeit, Bd. 148 (1950/51), 270–277. In der aus dem

Nachlaß herausgegebenen Schrift »Le Voyage de Lourdes« berichtet Alexis Carrel von den in Lourdes gemachten Beobachtungen eines Arztes L. Lerrac (der umgekehrte eigene Name!).

II. Kapitel

18 Die Reihenfolge der ersten sieben Wunder (wie auch der folgenden) weist bei den einzelnen Autoren eine unterschiedliche Numerierung auf, indem unterschiedlich der Tag der Heilung oder der Tag der kirchlichen Wunderbestätigung die Reihung bestimmt.

19 Zitat aus dem Hirtenbrief des Bischofs Laurence von Tarbes vom 18. Januar 1862 (siehe im Dokumententeil).

20 A. Deroo, a.a.O., 57.

21 A. Olivieri, Gibt es noch Wunder in Lourdes? Aschaffenburg 1973, 14; J. M. Tauriac, a.a.O., 21–25; R. Cranston, a.a.O., 16–32; A. Deroo, a.a.O., 89–172.

22 A. Olivieri, a.a.O., 13.

23 J. M. Tauriac, a.a.O., 21 f. Vgl. A. Deroo, a.a.O., 153, der als Heilungsdatum den 27. Februar 1858 angibt.

24 J. M. Tauriac, a.a.O., 22.

25 Zitiert aus A. Deroo, a.a.O., 55 (genaue Information über die Auffindung der Quelle a.a.O., 45–58).

26 J. M. Tauriac, a.a.O., 155 f.

27 R. Cranston, a.a.O., 43.

28 A. Deroo, a.a.O., 154.

29 A. Deroo, a.a.O., 154.

30 Zitiert aus J. M. Tauriac, a.a.O., 129.

31 R. Cranston, a.a.O., 21; vgl. A. Deroo, a.a.O., 154.

32 R. Cranston, a.a.O., 22.

33 J. M. Tauriac, a.a.O., 24.

34 R. Laurentin, Das Leben der Bernadette. Die Heilige von Lourdes. Düsseldorf 1979, 96–100.

35 R. Laurentin, a.a.O., 99.

36 A. Deroo, a.a.O., 154.

37 Wichtige Daten dieser Tabelle sind entnommen A. Olivieri, a.a.O., 17–20. Der Verfasser war langjähriger Präsident des Ärztebüros von Lourdes

(1959–1971); er hat die Reihung der Heilungen nach den Daten der kirchlichen Wunderbestätigung durchgeführt.

38 A. Boissarie, Die großen Heilungen von Lourdes. Luxemburg 1902, 46–63. Er legt einen ausführlichen Bericht über die Wunderheilung von Pieter de Rudder vor und zitiert eine Vielzahl von Augenzeugen. Vgl. A. Deroo, a.a.O., 158–163; J. M. Tauriac, a.a.O., 29–31.

39 A. Boissarie, a.a.O., 54.

40 A. Boissarie, a.a.O., 54 f.

41 A. Boissarie, a.a.O., 61 f.

42 A. Boissarie, a.a.O., 62. Zum Fall Pieter de Rudder legt G. Siegmund, Wunder. Bedeutung und Wirklichkeit. Stein am Rhein 1981, 39 Fotos des zerschmetterten wie auch des geheilten Beins vor.

43 Ein ausführlicher Bericht über Krankheit, Heilung und die Augenzeugen der Heilung ist abgedruckt in A. Boissarie, a.a.O., 109–122. Zur Zeit der Veröffentlichung dieses Buches von A. Boissarie war das Verfahren der kirchlichen Anerkennung (27. April 1908) noch nicht abgeschlossen. Vgl. dazu den Bericht von A. Deroo, a.a.O., 156; J. M. Tauriac, a.a.O., 32–33; R. Cranston, a.a.O., 23 f.

44 A. Boissarie, a.a.O., 121.

45 A. Boissarie, a.a.O., 121.

46 A. Boissarie, a.a.O., 121–122.

47 A. Deroo, a.a.O., 156.

48 A. Deroo, a.a.O., 165 f.

49 A. Deroo, a.a.O., 163.

50 Einen umfassenden Krankheitsbericht mit Bild der Geheilten bietet A. Boissarie, a.a.O., 3–15. Vgl. A. Deroo, a.a.O., 105. Während A. Boissarie, a.a.O., 9 f. den 2. September 1889 als Tag der Heilung in Lourdes überliefert, nennt A. Deroo, a.a.O., 165 den 1. September 1889.

51 A. Läpple, Das kleine Hausbuch der Heiligen. München 1984, 48–50.

52 A. Boissarie, a.a.O., 12.

53 A. Deroo, a.a.O., 165, Anmerkung 38.

54 A. Deroo, a.a.O., 163 f.

55 J. M. Tauriac, a.a.O., 102.

56 Eine ausführliche Darstellung der Krankheits- und Heilungsgeschichte bietet A. Boissarie, a.a.O., 63–76. Vgl. A. Deroo, a.a.O., 165. Die beiden Verfasser geben unterschiedliche Geburtsdaten an: A. Boissarie, a.a.O., 65, den 17. September 1874; A. Deroo, a.a.O., 165, den 18. September 1874.

57 A. Boissarie, a.a.O., 65–69.

58 A. Boissarie, a.a.O., 70 f., Anmerkung 1.

59 A. Boissarie, a.a.O., 71, Anmerkung 1.

60 A. Deroo, a.a.O., 165.

61 A. Boissarie, a.a.O., 82–85 (Bild der Geheilten 82); A. Deroo, a.a.O., 157.

62 A. Boissarie, a.a.O., 82.

63 A. Deroo, a.a.O., 157.

64 A. Boissarie, a.a.O., 42.

65 A. Boissarie, a.a.O., 38–42; vgl. J. M. Tauriac, a.a.O., 26–29.

66 A. Boissarie, a.a.O., 38.

67 A. Boissarie, a.a.O., 39.

68 J. M. Tauriac, a.a.O., 28 f.

69 A. Deroo, a.a.O., 157.

70 A. Boissarie, a.a.O., 76–79; Vgl. R. Cranston, a.a.O., 30.

71 A. Boissarie, a.a.O., 76.

72 A. Boissarie, a.a.O., 78.

73 A. Deroo, a.a.O., 157.

74 A. Boissarie, a.a.O., 129–135; A. Deroo, a.a.O., 155.

75 A. Boissarie, a.a.O., 131.

76 A. Deroo, a.a.O., 155.

77 A. Deroo, a.a.O., 155.

78 A. Deroo, a.a.O., 163.

79 R. Cranston, a.a.O., 124. Vgl. J. M. Tauriac, a.a.O., 51–53.

80 A. Deroo, a.a.O., 156.

81 A. Boissarie, a.a.O., 33–37; A. Deroo, a.a.O., 156 f.

82 A. Boissarie, a.a.O., 36.

83 A. Boissarie, a.a.O., 37.

84 A. Boissarie, a.a.O., 37.

85 A. Deroo, a.a.O., 157.

86 A. Deroo, a.a.O., 157.

87 A. Boissarie, a.a.O., 145–150; A. Deroo, a.a.O., 155.

88 A. Boissarie, a.a.O., 146.

89 A. Boissarie, a.a.O., 146.

90 A. Boissarie, a.a.O., 146.

91 A. Boissarie, a.a.O., 149 f.

92 A. Deroo, a.a.O., 155.

93 Besorgniserregend ist, daß die Tuberkulose, eine totgeglaubte Krankheit, in der zweiten Hälfte des 20. Jahrhunderts zurückkehrte, wie die Weltgesundheitsorganisation (WHO) mitteilt: Pro Woche sterben 50 000 Menschen an dem Lungenleiden, so daß bereits von dem globalen Notstand gesprochen werden muß. Vgl. S. Kusidlo, Die Rückkehr einer totgesagten Krankheit, in: Deutsche Tagespost Nr. 63 vom 28. Mai 1994, S. 12.

94 A. Deroo, a.a.O., 164.

95 A. Deroo, a.a.O., 164.

96 A. Deroo, a.a.O., 158.

97 A. Boissarie, a.a.O., 299–307; A. Deroo, a.a.O., 158.

98 A. Boissarie, a.a.O., 302.

99 Zitiert aus A. Boissarie, a.a.O., 304.

100 Zitiert aus A. Boissarie, a.a.O., 305.

101 A. Deroo, a.a.O., 158.

102 A. Boissarie, a.a.O., 307–313; A. Deroo, a.a.O., 155.

103 A. Boissarie, a.a.O., 309.

104 A. Boissarie, a.a.O., 311.

105 A. Boissarie, a.a.O., 311.

106 A. Boissarie, a.a.O., 311 f.

107 A. Deroo, a.a.O., 155.

108 A. Deroo, a.a.O., 163.

109 A. Läpple, Lourdes. Augsburg 1994, 100.

110 A. Deroo, a.a.O., 158.

111 Focus Nr. 20 vom 16. Mai 1994, S. 151.

112 A. Deroo, a.a.O., 157.

113 J. M. Tauriac, a.a.O., 104.

114 A. Deroo, a.a.O., 156.

115 A. Deroo, a.a.O., 164. Es mag für nicht wenige Leser wissenswert sein, welches Alter für den Ordenseintritt nach dem neuen Codex Juris Canonici (1983) verbindlich ist. Für den Eintritt in das Noviziat ist erforderlich das vollendete 17. Lebensjahr (Can. 643 § 1); die Dauer des Noviziats muß zwölf Monate umfassen (Can. 648 § 1) und darf nicht über zwei Jahre hinaus verlängert werden (Can. 648 § 3). Für die Zulassung zur Zeitlichen Profeß, deren Zeitraum nicht kürzer als drei und nicht länger als sechs Jahre sein darf (Can. 655), ist erforderlich das vollendete 18. Lebensjahr (Can. 656). Zur Zulassung zur Ewigen Profeß ist erforderlich die Vollendung des 21. Lebensjahres (Can. 658) und die vorgehende Zeitliche Profeß von mindestens drei Jahren (Can. 657). Bis zur Ewigen Profeß kann der (die) Bewerber(in) nach einer Erfahrungs- und Bedenkzeit von etwa acht Jahren! – jederzeit freiwillig aus dem Orden austreten. Vgl. H. Schwendenwein, Das neue Kirchenrecht. Eine Gesamtdarstellung. Graz–Wien–Köln 1983, 262–285.

116 A. Deroo, a.a.O., 165.

117 A. Deroo, a.a.O., 165.

118 A. Deroo, a.a.O., 166.

119 A. Boissarie, a.a.O., 194.

120 R. Cranston, a.a.O., 27–30 (Zitat 27); vgl. J. M. Tauriac, a.a.O., 108–109.

121 R. Cranston, a.a.O., 28.

122 R. Cranston, a.a.O., 29.

123 Cahiers Laënnec. 1948, Bd. I. 14–15.

124 A. Deroo, a.a.O., 164.

125 F. Leuret-H. Bon, Wunder, Wissenschaft und Kirche. Wunderbare Heilungen der neueren Zeit. Wien 1957, 124–125.

126 A. Deroo, a.a.O., 164 f.

127 A. Deroo, a.a.O., 166.

128 A. Deroo, a.a.O., 166.

129 A. Deroo, a.a.O., 166.

130 Zur Urteilsbildung über Henri Philippe Pétain können drei Bücher, in verschiedenen politischen Epochen veröffentlicht, wertvolle Informationen geben: Ph. Pétain, La France nouvelle. Appels et messages 17 juin 1940–17 juin 1941. Montrouge 1941; Ph. Pétain, Maréchal de France 1856–1951. Paris 1951; H. Ph. Pétain, Contributions à un dossier. Paris 1975.

131 F. Leuret-H. Bon, a.a.O., 144 f. Einen wichtigen Einblick in die damals erregt geführten Diskussionen erschließt E. Roudinesco, Wien–Paris. Die Geschichte der Psychoanalyse in Frankreich. Bd. 1: 1885–1939. Weinheim–Berlin 1994.

132 F. Leuret-H. Bon, a.a.O., 146.

133 A. Olivieri, a.a.O., 141.

134 A. Olivieri, a.a.O., 149.

135 A. Olivieri, a.a.O., 71.

136 A. Olivieri, a.a.O., 16.

137 F. Leuret-H. Bon, a.a.O., 118.

138 Die Übersichtstabelle der Wunder im Jahr 1858 siehe Seite 39!

139 Die Übersichtstabelle der Wunder von 1875–1911 siehe Seite 49–51!

140 A. Olivieri, a.a.O., 39–41 (Wunder Nr. 41–62). Die Ergänzung dieser Liste auf den neuesten und letzten Stand durch Nr. 63, 64 und 65 verdanke ich Dr. Rolf Theiß (Chefarzt der Chirurgischen Abteilung, St. Elisabeth-Krankenhaus Dortmund-Kurl), dem einzigen deutschen Mitglied im Internationalen Ärzte-Komitee von Lourdes. Vgl. R. Theiß, Bei der Quelle finden die Pilger Trost, manche Wunderheilungen, in: Deutsche Tagespost Nr. 60 vom 21. Mai 1994, S. 14.

141 A. Deroo, a.a.O., 170–171.

142 Journal de la Grotte vom 16. Januar 1955.

143 A. Deroo, a.a.O., 143.

144 A. Deroo, a.a.O., 143–144.

145 A. Olivieri, a.a.O., 153.

146 Zitiert aus A. Deroo, a.a.O., 144, Anmerkung 25. Vgl. dazu Journal de la Grotte vom 1. Juli 1956.

147 A. Deroo, a.a.O., 166.

148 R. Cranston, a.a.O., 228, 252.

149 R. Cranston, a.a.O., 252.

150 A. Deroo, a.a.O., 166; vgl. Bulletin A.M.I.L. (Juli 1946).

151 A. Olivieri, a.a.O., 63–73; J. M. Tauriac, a.a.O., 67–69; A. Deroo, a.a.O., 169; Bulletin A.M.I.L. vom September 1938, 165–182; Bulletin A.M.I.L. vom Oktober 1952, 2–11.

152 A. Olivieri, a.a.O., 67.

153 R. Le Bec, Die großen Heilungen von Lourdes in ärztlichem Urteil. Wiesbaden 1953, 205.

154 A. Olivieri, a.a.O., 69.

155 R. Le Bec, a.a.O., 205.

156 Deutsche Übersetzung zitiert aus R. Le Bec, a.a.O., 206. Vgl. Bulletin A.M.I.L. vom September 1938, 165–182 (wo u. a. die Fieberkurven, die von Januar bis April 1937 erstellt wurden, aufgenommen sind). Der Fall wurde nochmals behandelt in Bulletin A.M.I.L. vom Oktober 1952, 2–11.

157 R. Cranston, a.a.O., 215.

158 R. Le Bec, a.a.O., 197.

159 R. Le Bec, a.a.O., 197 f.

160 F. Leuret-H. Bon, a.a.O., 156 f.

161 F. Leuret-H. Bon, a.a.O., 157. Die kirchliche Wunderbestätigung vom 31. Mai 1949, die im laufenden Text unmittelbar folgt, ist in deutscher Übersetzung entnommen F. Leuret-H. Bon, a.a.O., 163 f.

162 Aus der Krankheits- und Heilungsgeschichte berichten A. Deroo, a.a.O., 166–167; F. Leuret-H. Bon, a.a.O., 164–170; R. Cranston, a.a.O., 198–205.

163 R. Cranston, a.a.O., 199.

164 R. Cranston, a.a.O., 199.

165 R. Cranston, a.a.O., 201.

166 F. Leuret-H. Bon, a.a.O., 169.

167 F. Leuret-H. Bon, a.a.O., 170. Das Dekret der Wunderbestätigung vom 18. März 1948, das im laufenden Text folgt, ist in deutscher Übersetzung entnommen R. Cranston, a.a.O., 205.

168 A. Olivieri, a.a.O., 159–168.

169 A. Olivieri, a.a.O., 161. Das für die Wallfahrt nach Lourdes 1945 von Dr. Vincent/Limoges ausgestellte Attest ist im laufenden Text in deutscher Übersetzung abgedruckt aus A. Olivieri, a.a.O., 160.

170 A. Olivieri, a.a.O., 166.

171 A. Olivieri, a.a.O., 166.

172 A. Olivieri, a.a.O., 166.

173 A. Olivieri, a.a.O., 167 f.

174 E. Peters, Das Visier bleibt geschlossen. Krebsforschung scheitert beim Gen, in: Rheinischer Merkur Nr. 23 vom 10. Juni 1994, S. 18 (Pharmazie-Verlagsbeilage).

175 Vgl. die Information in R. Le Bec, a.a.O., 194–196; F. Leuret–H. Bon, a.a.O., 170–172; A. Deroo, a.a.O., 167; R. Cranston, a.a.O., 235–240.

176 F. Leuret-H. Bon, a.a.O., 171.

177 R. Cranston, a.a.O., 237.

178 F. Leuret-H. Bon, a.a.O., 171.

179 A. Deroo, a.a.O., 167.

180 F. Leuret-H. Bon, a.a.O., 172.
181 A. Deroo, a.a.O., 167; vgl. Bulletin A.M.I.L. vom Juli 1949.
182 R. Le Bec, a.a.O., 195 (aus dem Bericht der Kanonischen Diözesan-Kommis-
    sion von Nizza über den Fall Rose Martin und ihre Heilung bei der Wallfahrt
    nach Lourdes 1947, beschlossen und unterzeichnet am 5. Mai 1949).
183 Informationen bieten A. Deroo, a.a.O., 169–170; F. Leuret-H. Bon, a.a.O.,
    201–205; R. Cranston, a.a.O., 231–235. A. Olivieri, a.a.O., 84–92.
184 F. Leuret–H. Bon, a.a.O., 203 f.
185 A. Olivieri, a.a.O., 85.
186 A. Olivieri, a.a.O., 85.
187 R. Cranston, a.a.O., 233.
188 A. Olivieri, a.a.O., 86–87; vgl. R. Cranston, a.a.O., 233 f.
189 R. Cranston, a.a.O., 235.
190 A. Olivieri, a.a.O., 88–89.
191 A. Olivieri, a.a.O., 89.
192 A. Olivieri, a.a.O., 90 f.
193 Einblick in die Krankheits- und Heilungsgeschichte bieten: A. Deroo,
    a.a.O., 168–169; J. M. Tauriac, a.a.O., 70–72; R. Le Bec, a.a.O., 206–210;
    A. Olivieri, a.a.O., 74–83.
194 R. Le Bec, a.a.O., 208.
195 A. Olivieri, a.a.O., 77.
196 J. M. Tauriac, a.a.O., 70.
197 A. Olivieri, a.a.O., 79 f.
198 A. Olivieri, a.a.O., 80 f.
199 A. Olivieri, a.a.O., 82.
200 R. Le Bec, a.a.O., 210. Siehe auch Bulletin A.M.I.L., Juli 1949, 14–17.
201 A. Olivieri, a.a.O., 170.
202 A. Olivieri, a.a.O., 171.
203 A. Olivieri, a.a.O., 171 f.
204 A. Olivieri, a.a.O., 172.
205 A. Olivieri, a.a.O., 173.
206 A. Olivieri, a.a.O., 174.
207 A. Olivieri, a.a.O., 174.
208 A. Olivieri, a.a.O., 175.
209 Einblick in die Krankheitsgeschichte bieten J. M. Tauriac, a.a.O., 76–79; F.
    Leuret-H. Bon, a.a.O., 173–181; R. Cranston, a.a.O., 191–198; R. Le Bec,
    a.a.O., 194; A. Olivieri, a.a.O., 52–62.
210 A. Olivieri, a.a.O., 55.
211 A. Olivieri, a.a.O., 52.
212 R. Cranston, a.a.O., 193.
213 A. Olivieri, a.a.O., 58.
214 R. Cranston, a.a.O., 195.

215 R. Cranston, a.a.O., 195.

216 F. Leuret-H. Bon, a.a.O., 179.

217 A. Olivieri, a.a.O., 60.

218 R. Le Bec, a.a.O., 194.

219 Auszüge aus der Krankheits- und Heilungsgeschichte bieten A. Olivieri, a.a.O., 185–194; G. Siegmund, a.a.O., 49–58.

220 Einen knappen, aber durchaus instruktiven Einblick in die gegenwärtige Bewertung der multiple Sklerose bietet F. Homburger, Ich sah den Rollstuhl schon direkt auf mich zukommen. Münchner Mediziner feiert seinen Sieg im Kampf gegen multiple Sklerose, in: Münchner Merkur Nr. 152 vom 5. Juli 1994, S. 3. In diesem Beitrag ist auch auf das neue, aus Japan kommende Medikament hingewiesen.

221 A. Olivieri, a.a.O., 188.

222 G. Siegmund, a.a.O., 51 f.

223 G. Siegmund, a.a.O., 55.

224 G. Siegmund, a.a.O., 56.

225 G. Siegmund, a.a.O., 58; vgl. A. Olivieri, a.a.O., 193 f.

226 Vgl. A. Deroo, a.a.O., 118–120, 171; J. M. Tauriac, a.a.O., 74–76; A. Olivieri, a.a.O., 111–120.

227 A. Olivieri, a.a.O., 112.

228 A. Olivieri, a.a.O., 120.

229 A. Olivieri, a.a.O., 117–118.

230 J. M. Tauriac, a.a.O., 76.

231 A. Olivieri, a.a.O., 119.

232 Informationen finden sich bei A. Deroo, a.a.O., 121–123, 139, 171; J. M. Tauriac, a.a.O., 72–74; F. Leuret-H. Bon, a.a.O., 181–188; A. Olivieri, a.a.O., 103–110. Eine erste Darstellung der Krankheit wie der Heilung aus den Händen der Geheilten wurde veröffentlicht in »La Croix« vom 19., 20., 21. und 22. August 1955.
Mit Edeltraud Fulda hat erstmals eine Geheilte ihre Heilung dokumentiert: E. Fulda, Und ich werde genesen sein! Wien 1959.

233 J. M. Tauriac, a.a.O., 72.

234 A. Deroo, a.a.O., 122 f.

235 A. Deroo, a.a.O., 123.

236 A. Deroo, a.a.O., 122; vgl. Journal de la Grotte vom 31. Juli 1955.

237 J. M. Tauriac, a.a.O., 73 f.

238 J. M. Tauriac, a.a.O., 74.

239 F. Leuret-H. Bon, a.a.O., 183.

240 F. Leuret-H. Bon, a.a.O., 187–188.

241 A. Olivieri, a.a.O., 110.

242 Vgl. A. Deroo, a.a.O., 170; R. Cranston, a.a.O., 205–208; A. Olivieri, a.a.O., 102.

243 R. Cranston, a.a.O., 205.
244 A. Olivieri, a.a.O., 97.
245 R. Cranston, a.a.O., 206–207.
246 R. Cranston, a.a.O., 207.
247 R. Cranston, a.a.O., 207–208; ergänzt durch A. Olivieri, a.a.O., 100.
248 A. Olivieri, a.a.O., 101.
249 A. Olivieri, a.a.O., 101–102; vgl. Bulletin A.M.I.L. vom Juli 1953, 9–13.
250 A. Olivieri, a.a.O., 102.
251 I. Lüthold-Minder, Ich wurde in Lourdes geheilt. Stein am Rhein 1977[2]. Vgl. A. Olivieri, a.a.O., 177–184; A. Läpple, Wunder sind Wirklichkeit. Tatsachenberichte aus den Archiven der Kirche. Augsburg 1989, 223–231.
252 A. Olivieri, a.a.O., 177.
253 A. Olivieri, a.a.O., 178.
254 I. Lüthold-Minder, a.a.O., 114–115.
255 I. Lüthold-Minder, a.a.O., 118–120. Die deutsche Übersetzung von P. Andreas Steck OSB wurden in den »Missionsblättern« der Benediktiner-Missionare (Uznach/Schweiz) Nr. 3 und Nr. 4 des Jahres 1961 veröffentlicht.
256 A. Olivieri, a.a.O., 183.
257 I. Lüthold-Minder, a.a.O., 120–121.
258 A. Deroo, a.a.O., 171–172; A. Olivieri, a.a.O., 121–129.
259 A. Olivieri, a.a.O., 123 f.
260 A. Olivieri, a.a.O., 124.
261 A. Olivieri, a.a.O., 125.
262 A. Olivieri, a.a.O., 126.
263 A. Olivieri, a.a.O., 127.
264 A. Olivieri, a.a.O., 128. Vgl. Semaine Religieuse du diocèse de Poitiers vom 29. Juli 1956, 327–330; Journal de la Grotte vom 12. August 1956.
265 A. Olivieri, a.a.O., 129.
266 A. Olivieri, a.a.O., 195–201.
267 A. Olivieri, a.a.O., 196.
268 A. Olivieri, a.a.O., 198.
269 A. Olivieri, a.a.O., 198–199.
270 A. Olivieri, a.a.O., 200–201.
271 A. Olivieri, a.a.O., 201.
272 A. Olivieri, a.a.O., 201.
273 Informationen über die Krankheits- und Heilungsgeschichte finden sich in A. Deroo, a.a.O., 172; A. Olivieri, a.a.O., 130–140; G. Siegmund, Eine Lourdes-Heilung der letzten Jahre, in: Stimmen der Zeit 163 (1958/59) 346–353.
274 A. Olivieri, a.a.O., 132–134 (Protokoll der Voruntersuchungen und der operativen Schädeleröffnung).

275 A. Olivieri, a.a.O., 135.

276 A. Olivieri, a.a.O., 136.

277 G. Debroise, Un Miracle de Lourdes en 1954. La guérison de Marie Bigot. Rennes 1957.

278 G. Siegmund, a.a.O., 349.

279 A. Olivieri, a.a.O., 136f.; G. Debroise, a.a.O., 44f.

280 A. Olivieri, a.a.O., 137.

281 A. Olivieri, a.a.O., 137f.; G. Siegmund, a.a.O., 350f.

282 G. Siegmund, a.a.O., 351; vgl. P. Miest, Les 54 Miracles de Lourdes au Jugement du Droit Canon (1858–1958). Paris 1958, 239–240.

283 G. Debroise, a.a.O., 58–59. Deutsche Übersetzung zitiert nach G. Siegmund, a.a.O., 352.

284 P. Miest, a.a.O., 240–241. Die deutsche Übersetzung des französischen Originals ist entnommen G. Siegmund, a.a.O., 346–347.

285 A. Olivieri, a.a.O., 209–216.

286 A. Olivieri, a.a.O., 212.

287 A. Olivieri, a.a.O., 214.

288 A. Olivieri, a.a.O., 214.

289 A. Olivieri, a.a.O., 215.

290 A. Olivieri, a.a.O., 215f.

291 A. Olivieri, a.a.O., 216.

292 A. Olivieri, a.a.O., 216.

293 A. Läpple, Das Buch der Gebete. München 1980, 91 (Dank für die Gesundheit); A. Läpple, Exerzitien. Einkehr der Seele. Augsburg 1990, 215 (Gebet eines körperlich Behinderten).

294 A. Olivieri, a.a.O., 202–208.

295 A. Olivieri, a.a.O., 205.

296 A. Olivieri, a.a.O., 206.

297 A. Olivieri, a.a.O., 204.

298 A. Olivieri, a.a.O., 207.

299 A. Olivieri, a.a.O., 207.

300 A. Olivieri, a.a.O., 208.

301 Vgl. G. Siegmund, a.a.O., 40–49.

302 G. Siegmund, a.a.O., 42.

303 G. Siegmund, a.a.O., 42.

304 G. Siegmund, a.a.O., 42f.

305 G. Siegmund, a.a.O., 43.

306 Wiedergeben und übersetzt in G. Siegmund, a.a.O., 44–45.

307 G. Siegmund, a.a.O., 46.

308 G. Siegmund, a.a.O., 49.

309 Die Unterlagen über die Krankheits- und Heilungsgeschichte von Serge Perrin verdanke ich Dr. Rolf Theiß. Sein Vater Dr. Erwin Theiß war seit

1975 eines der 24 Mitglieder des Internationalen Ärzte-Komitee von Lourdes.
310 Auch diese Daten verdanke ich (wie Nr. 64) Dr. Rolf Theiß und seinem Artikel: »Von dem Tumor blieb keine Spur. Ein Bericht über die 65. Wunderheilung«, in: Großer Ruf 39 (1990), 60.
311 Münchner Merkur Nr. 178 vom 4. August 1988.
312 Münchner Merkur Nr. 208 vom 9. September 1993. Auf den gleichen Heilungsfall weist hin der Beitrag »Neueste Heilung von Lourdes«, in: »Betendes Gottesvolk« 1994 (Nr. 178, Seite 2–3).
313 Deutsche Tagespost Nr. 125 vom 19. Oktober 1993.

III. Kapitel

314 Vgl. dazu M. Albus – W. Kaltefleiter – G. Müller, Eine Frau mit der Sonne bekleidet. Papst Johannes Paul II. an Stätten der Marienverehrung. Aschaffenburg 1981.
315 A. Läpple, Lourdes. Augsburg 1994, 36.
316 A. Läpple, a.a.O., 36.
317 R. Schneider, Macht und Gnade. Stuttgart 1946, 156.
318 G. von Le Fort, Hymnen an die Kirche. München 1936, 20. Vgl. H. Edwards, Praxis der Geistheilung. Ergebnisse und Erfahrungen aus vierzig Jahren. Freiburg i. Br. 1976; M. Taniguchi, Geistige Heilkräfte in uns. Wesen, Grundsätze und Erfolge des geistigen Heilens. Freiburg i. Br. 1976[4]; F. Mac Nutt, Die Kraft zu heilen. Das fundamentale Buch über das Heilen durch das Gebet. Graz–Wien–Köln 1979[3]; E. Tardif, Jesus lebt. Münsterschwarzach 1988; dazu A. von Alten, »Gesegnet sind die Augen, die sehen, was ihr seht«. Tausende wohnen der Heilungsmesse von Pater Emiliano Tardif im Frankfurter Dom bei, in: Deutsche Tagespost Nr. 118 vom 2. Oktober 1990, S. 5.
319 B. Haunhorst, Der Gegenwart einen Namen geben: postmodern, multikulturell, religiös indifferent, in: Religionsunterricht an höheren Schulen 34 (1991), 155–164. W. Welsch, Postmoderne Pluralität als ethischer und politischer Wert. Köln 1988; H.-J. Höhn, Religiös im Vorübergehen? Urbanität als Herausforderung für die Kirche, in: Stimmen der Zeit 115 (1990), 363–373.
320 Die These, vorgelegt von G. Augustin, Gott eint – Christus trennt, Paderborn 1993, bedarf einer klärenden Diskussion.
321 Homerische Hymnen. Griechisch und deutsch herausgegeben von A. Weiher. München 1951 (Hymnus 16). Aus der Fülle der Asklepios-Literatur sei herausgegriffen: Th. Schnalke, Heilgott Asklepios. Zur religiösen Medizin in der Antike, in: Kunst des Heilens. Aus der Geschichte der

Medizin und Pharmazie (Ausstellungskatalog: Kartause Gaming. Nieder-
österreichische Landesausstellung 4. Mai – 27. Oktober 1991. Wien 1991,
206–212; H. Schadewaldt, Asklepios und Christus, in: Die Medizinische
Welt 18 (1967), 1755–1761; H. Sobel, Hygieia. Die Göttin der Gesundheit.
Darmstadt 1990; H. Leitner, Heilkunde im frühen Christentum, in: Ausstellungskatalog Gaming, a.a.O., 278–288; H. Rahner, Griechische My-
then in christlicher Deutung. Freiburg 1984; M. Giebel, Das Geheimnis
der Mysterien. Antike Kulte in Griechenland, Rom und Ägypten. München 1990; N. Stefenelli, Ärzte, Krankheitspatrone, heilige Fürbeter und
Nothelfer, in: Ausstellungskatalog Gaming, a.a.O., 438–449 mit reichhalti-
ger Literatur; F. Überacker, Krankheit und Heilung als Wallfahrtsmotiv,
in: Ausstellungskatalog Gaming, a.a.O., 465–470; L. Kriss-Rettenbeck, Ex
voto. München 1972.

322 Pindar, Siegesgesänge und Fragmente. Neu übersetzt, mit einer Einleitung und erklärenden Anmerkungen versehen von O. Werner. Zürich–
Stuttgart 1967 (Pyth. III 3,3 47–53).

IV. Kapitel

323 Deutsche Übersetzung aus A. Deroo, a.a.O., 178–182.

324 Zitiert aus A. Deroo, a.a.O., 183–193.

325 Notre-Dame – de Garaison.

326 Deutsche Übersetzung von G. Siegmund, zitiert aus J. M. Tauriac, a.a.O.,
202–219.

327 AAS = Acta Apostolicae Sedis, einziges Gesetzblatt und amtliches Publi-
kationsorgan des Heiligen Stuhles; begründet durch die »Konstitution«
Promulgandi pontificis constitutione« des Papstes Pius X. vom 29. September 1908 (AAS 1 1909). Die AAS löste die 1865 begründete römische
Monatsschrift Acta Sanctae Sedis (= ASS) ab.

328 Zitiert aus A. Deroo, a.a.O., 55.

329 Vichy, in der nördlichen Auvergne gelegen, war mit seinen zwölf Heil-
quellen das berühmteste Thermalbad der Belle Époque.

330 R. Cranston, a.a.O., 42–44 (Zitat 44).

331 A. Olivieri, a.a.O., 231–233. Ergänzende Angaben in J. M. Tauriac, a.a.O.,
125–129; A. Deroo, a.a.O., 59–64.

332 R. Cranston, a.a.O., 42.

333 Zitiert aus J. M. Tauriac, a.a.O., 128.

334 Zitiert nach F. Leuret-H. Bon, a.a.O., 189–193.

335 Zitiert aus P. Fischer, Lourdes. Das Buch für Pilger. Sankt Augustin 1976,
166–170.

Bildnachweis

Christiana-Verlag, Stein am Rhein (Schweiz): Seite 71, 191

© dpa, Frankfurt: Seite 15 oben, 25, 43 oben (Zentgraf), 43 unten (Schaefer), 157 oben, 205 (Agence France), 261 unten (Zentgraf)

fêtes et saisons, Januar 1979, Seite 13: Seite 15 unten

© Foto-present, Essen: Seite 233 (Stark), 261 oben

© KNA, Frankfurt: Seite 111, 157 unten (Rollik), 257